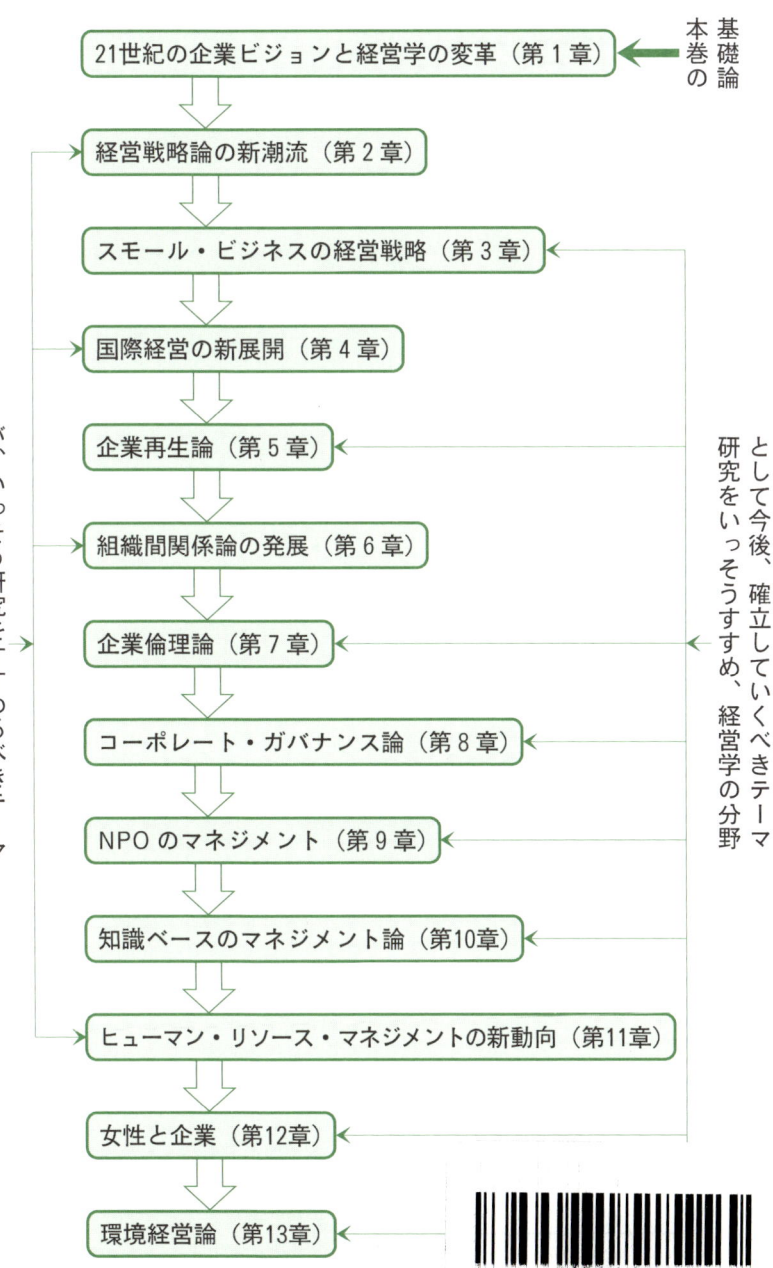

21世紀経営学シリーズ 10

経営学のフロンティア

齊藤　毅憲
藁谷　友紀　編
相原　章

学文社

執 筆 者

* *齊藤　毅憲　　関東学院大学　（第1章）
* 　川口　恵一　　横浜商科大学　（第2章）
* 　佐々　　徹　　横浜商科大学　（第3章）
* 　木村　有里　　杏林大学　（第4章第1，2節）
* 　李　　虎旲　　研究集団・ISS研究会　（第4章第3節）
* 　裴　　俊淵　　研究集団・ISS研究会　（第4章第4，5節）
* 　井原　久光　　東洋学園大学　（第5章）
* 　佐々木利廣　　京都産業大学　（第6章）
* 　村山　元理　　常磐大学　（第7章）
* 　菊澤　研宗　　慶應義塾大学　（第8章）
* *藁谷　友紀　　早稲田大学　（第9章）
* 　内田　塔子　　東洋大学　（第9章）
* 　佐々木圭吾　　東京理科大学　（第10章）
* *相原　　章　　成城大学　（第11章）
* 　池田　玲子　　羽衣国際大学　（第12章）
* 　柿崎　洋一　　東洋大学　（第13章）

（執筆順：＊は編者）

読者へのメッセージ

　本書は,「21世紀経営学シリーズ」の最後の巻であり,経営学が今後も研究をすすめていかなければならない重要なテーマをとり扱っている。もっとも,すべてのテーマを議論しているわけではない。

　世紀が変わり,若い科学としての経営学は,2世紀目の歴史を迎えた。そして,この100年のなかで,経営学も大きく変わった。しかも,企業をとりまく環境は,たえず変動し,21世紀の経営学も,それに対応して,変革されたり,つくりなおされなければならないという状況にある。

　本書を『経営学のフロンティア』という書名にした背景には,このような状況に挑戦したいという強い意図がある。構成としては,第1章の基礎論的な議論のあとには,大きくふたつの流れのものが位置づけられている。

　ひとつは,すでに経営学の分野としては確立しているが,いっそう研究をすすめるべきテーマである。そして,もうひとつは,近年研究が蓄積されはじめているが,いっそう研究をすすめ,経営学の分野として確立していかなければならないテーマである。

　具体的に,前者に属すると思われるものには,第2章の「経営戦略論」,第4章の「国際経営論」,第6章の「組織間関係論」,第9章の「ヒューマン・リソース・マネジメント」の4章がある。ここでは,戦略,国際,組織と組織間関係,働く人間などが,キーワードになっている。

　そして,今後,経営学の分野として創りあげていかなければならない後者には,第2章の「スモール・ビジネスの経営戦略」,第5章の「企業再生論」,第7章の「企業倫理論」,第8章の「コーポレート・ガバナンス論」,第9章の「NPOのマネジメント」,第10章の「知識ベースのマネジメント」,第12章の「女性と企業」,第13章の「環境経営論」など

i

がある。そして、いうまでもなく後者のテーマのほうが多くなっている。スモール・ビジネス、企業再生、企業倫理、コーポレート・ガバナンス、NPO、知識創造、女性、環境などが、具体的なキーワードになっている。

　読者には、まずは自分の関心のあるテーマを発見し、その章から学習と研究をすすめてほしいと思っている。また、本書全体の学習を通じて、経営学が現在きわめて多様なテーマをかかえていることも是非とも理解してほしいと考えている。

　終わりになるが、本書の完成にあたって、執筆者の各位に感謝するとともに、田中千津子社長をはじめとする学文社のスタッフのサポートに、心からお礼を申しあげたい。

2004（平成16）年2月

齊　藤　毅　憲
藁　谷　友　紀
相　原　　　章

第1章　21世紀の企業ビジョンと経営学の変革 …………… 1

1　新世紀の「経営学」　2

2世紀目に入った経営学　2／　バブル経済崩壊後の日本企業の不振　4／　環境の主たる変化と対応　5

2　21世紀企業ビジョンの模索　8

「やさい（野菜）」経営学の提案　8／　「ほうれんそう」から「だいこん」へ　8／　「新ほうれんそう」の意味　10／　「なす」の重要性　10

3　経営学の変革をうながすもの　12

実践への対応と経営学の自己発展　12／　企業と環境の変化　13／　隣接科学との依存関係の進展　14／　個別性のある事例研究の推進　15

第2章　経営戦略論の新潮流 ………………………………… 17

1　時代遅れの戦略　18

1980年代のアメリカ企業の不振　18／　ドイツ・日本などの動き　19

2　競争の戦略　20

産業組織論と競合勢力　20／　戦略グループと移動障壁　21／　基本戦略と価値連鎖　23／　戦略策定の手順　24／　戦略とはなにか──ポーター説への批判　25

3　組織能力と戦略　27

戦略と組織　27／　ロジカル・インクリメンタリズム　29／　学習する組織　31／　中核競争能力とストラテジック・インテント　32／　組織的学習による戦略形成　34

4　戦略と社会性　35

5　今後の展望　36

iii

第3章　スモール・ビジネスの経営戦略　41

1　スモール・ビジネスを含む中小企業の定義と特性　42
中小企業基本法での定義　42／　内面的な特性への着眼　42／　中小企業と大企業　44

2　自活志向型スモール・ビジネスの活躍と起業家社会　45
自活志向型中小企業の特徴　45／　起業家社会のなかでのスモール・ビジネス　48

3　企業の戦略パターン類型とスモール・ビジネスの経営戦略　50
考察対象のスモール・ビジネス　50／　存続・発展のための戦略パターン　51／　戦略パターンに対する評価　54／　大企業とスモール・ビジネスの経営戦略　57

第4章　国際経営の新展開　61

1　変質するグローバル化　62

2　グローバル・ビレッジの時代　63
グローバル・ビレッジの構築　63／　推進役としての多国籍企業の活動　65／　グローバリズムの動き　67／　グローバル・ビレッジの未来―ローカルと多様性の認識へ―　68

3　国際比較研究の推進　70
研究の意義　71／　国際比較研究の主要モデル　72／　日本的経営論との関連性　74／　日本的経営についての代表的な研究事例　75／　アジアへの比較研究の拡大　76

4　IT化と国際経営　78
IT化の進展　79／　グローバル化への影響　80／　変わる経営と変わらない経営　82

5　今後の課題　84

第5章　企業再生論　87

1　企業再生論をめぐって　88
行きづまる日本企業の経営　88／　百花繚乱の企業再生論　89

2 企業再生論の種類と意味　90

企業再生の段階　90／　企業再生の必要性　92／　環境の変化　92／　組織のライフサイクル　93

3 企業の再建　94

企業再建　94／　倒産処理　95／　日本的な企業再建　97

4 企業の再構築　101

リストラクチャリング　101／　リエンジニアリング　102／　企業再構築理論の限界　103／　21世紀型のビジネスモデル　104

5 創造性復活の理論　106

ナレッジ・マネジメント　106／　ナレッジ・マネジメントの限界　108／　革新の理論　109／　イノベーションのジレンマ　110／　煮蛙的破綻とパラダイムシフト　112

6 パラダイム変革モデル　114

パラダイムの意味　114／　科学的集団とパラダイム　115／　暗黙知を含むパラダイム概念　116／　4つの知　117／　4つの領域　118／　アサヒビールの事例　120／　企業再生のために　121

第6章　組織間関係論の発展　……………………………………… 125

1 組織間関係への注目　126

組織間関係の意味　126／　組織間関係の分析単位と分析レベル　128

2 外部環境―組織間関係―組織内関係　129

外部環境と組織間関係　129／　組織間関係と組織内関係　132／　組織間関係と意図せざる結果　133

3 組織間関係のマネジメント　136

組織間関係のマネジメントの過程　136／　組織間学習と組織間信頼　138

4 組織間関係論のフロンティア　139

組織間関係としての企業とNPO　139／　企業とNPOのコラボレーション　141

第7章　企業倫理論 ……………………………………………… 145

1　企業倫理への反論　146

利潤追求だけがビジネスの目的か　146／　大学生の倫理教育は不要か　147／　ビジネスの人間観とその動向　148

2　企業倫理学の登場　151

企業倫理学とその動向　151／　ステイクホルダー理論　152／　社会的責任論の系譜　154／　社会契約論　156／　宗教倫理の復権　157

3　企業倫理の実践　159

経営理念と倫理綱領　159／　倫理の制度化　160

第8章　コーポレート・ガバナンス論 ……………………… 163

1　コーポレート・ガバナンスの目的論　164

アメリカの場合　164／　ドイツの場合　165／　日本の場合　166

2　コーポレート・ガバナンスの方法論　168

アメリカ型コーポレート・ガバナンスの方法　168／　ドイツ型コーポレート・ガバナンスの方法　170／　日本型コーポレート・ガバナンスの方法　172

3　コーポレート・ガバナンスの主権論　174

アメリカ企業のガバナンス主体　174／　ドイツ企業のガバナンス主体　175／　日本企業のガバナンス主体　176

4　要約　177

第9章　NPOのマネジメント ……………………………… 181

1　NPO（No Profit Organization）の意味　182

日本におけるNPOの現状　182／　あいまいなNPO理解　183／NPOの主な要件　185

2　NPOの「非営利性」について　185

NPOの組織形態—NPO法人，NGOとの比較　185／　営利組織（FPO）としての企業　187／　市場経済システムと営利性　187／　NPOが求められる理由　188／　政府の活動と失敗　188／　NPOの役割　189

3 基本機能からみたNPO　190

生産主体としての基本機能　190／　基本機能の観点からみた経営合理性──マネジメントの必要性　191／　マネジメントに関する主要な論点　192

4 NPOの将来展望　195

NPOの問題点　195／　新しい時代のNPO　197

第10章　知識ベースのマネジメント論　201

1 知識へのパワー・シフト　202

ナレッジ・マネジメントの台頭　202／　重要な経営資源としての知識　203

2 知の創造プロセス─暗黙知と形式知─　204

3 企業の知を活性化する要因　206

ナレッジ・マネジメントと組織的知識創造　206／　知識変換の「場」　208／　知識資産　209／　知識創造を加速するリーダーシップ　211

4 真のナレッジ・マネジメントとは──日本ロシュ社の事例　213

SSTプロジェクト　213／　SSTチームの派遣　217／　全社的な変革運動への転換　219／　4つの場　220

5 「知」からとらえた日本企業の現状と課題　221

第11章　ヒューマン・リソース・マネジメントの新動向　225

1 企業の人材ニーズの多様化と知的人材のマネジメント　226

「雇用の動き」からみた人材ニーズ　226／　企業が求める人材像　229／　知的人材のマネジメント　232

2 戦略的人的資源管理の展開　235

人的資源管理における戦略的視点の重要性　235／　戦略的人的資源管理の意味　236／　戦略的人的資源管理のモデルと戦略インプリメンテーション　237／　仕組み・仕掛けづくりの主体の役割変化　242

3 人的資源活用に向けた制度設計上の留意点　244

最近の日本企業によるHR制度設計　244／　制度設計における4つのポイント　246

第12章　女性と企業 …………………………………… 251

1　これまでの女性労働　252

2　女性をめぐる現状　253

　働く女性の増加　253／　働きにくい女性の状況　254

3　女性と企業のかかわり方　255

　マネジリアル・ウーマン　255／　組織のなかの女性　256／　スペシャリストな女性　256／　「自由」に働く女性　257

4　パートタイム労働の問題点　258

　パート労働の問題点　259／　最近のトレンド　261

5　これからの展望　263

第13章　環境経営論 …………………………………… 267

1　環境経営の基本的性格　268

　エコロジーとエコノミーの関係　268／　環境経営の意味　269

2　環境経営の諸類系　270

　アルバッハの環境経営　270／　シェルトンの環境経営　271／　環境庁が重視する環境経営　273

3　環境経営と環境ビジネス　275

　環境ビジネスの意味　275／　環境ビジネスへの期待　276

4　環境経営とパートナーシップ　277

　循環型社会の企業　277／　環境責任主体間の協力　279／　環境経営と経営理念　281

5　今後の展望　282

索　　引 …………………………………………………… 285

第 1 章

21世紀の企業ビジョンと経営学の変革

本章のねらい

本シリーズの最終巻の冒頭にあたって、2世紀目をむかえた経営学を考える視点を本章では考えてみよう。本章を学習すると、以下のことが理解できるようになる。

① 20世紀経営学の考え方の変化
② 企業経営をとりまく環境変化
③ 「21世紀の企業」をイメージさせる「やさい（野菜）」経営学の提案
④ 経営学に変革をもたらす要因

1 新世紀の「経営学」

2世紀目に入った経営学

　経営学は，20世紀の初頭に誕生したので，まさに2世紀目に入ったことになる。この経営学は，企業の経営（ビジネス・マネジメント）の現場で発生する問題を分析・診断し，解決するだけでなく，企業経営の望ましいあり方を設計したり，提案する科学として発展してきた。そして，新しい世紀に入り，変革とそのための創造の局面をむかえている。

　筆者は，20世紀の初頭に誕生した経営学がおおよそ30年ごとに，その主要な考え方，つまり**パラダイム**（paradigm）を変えてきたと述べ，「経営学パラダイムの30年革新説」を主張したことがある（齊藤編『新次元の経営学』文眞堂，1994年）。初期には，**企業内部の合理性**（能率的な製品づくり，経済性や生産性）を追求するという考え方が支配的で，それが経営学を形づくったのである。そして，著名なホーソン実験を契機にして，1930年前後に同じく**企業内部で働く人びと**に配慮する経営を行なうべきという考え方が台頭する。

　これは，最初の考え方が支配しているなかで，すぐには定着しなかったが，第2次世界大戦後の**行動科学**（心理学，社会学などを中心とする人間行動の科学）の発展のなかで，重要な考え方となっていく。これによって，働く人びとの主体性や欲求・動機が重視され，第1の考え方にあった企業や経営者側の求める合理性の追求とのバランスが経営学にとっても大きな課題となったのである。

　そして，1960年代になると，さらに新たな考え方が登場する。企業をとりまく環境が大きく変動するという状況のなかで，経営学はこの外的な環境の変化に注意をむけ，それを受けて経営をどのようにクリエイト

すべきかというものに変わっていく。第1と第2の考え方は，環境との相互作用を切り離したかたちで企業の経営を考え，前述したような企業内部の問題に関心を寄せている。このような企業への理解は，「**クローズド・システム観**」といわれてきた。

これに対して，この第3の考え方は，企業と環境の相互作用を前提とする「**オープン・システム観**」にたち，企業は環境の変化のなかで生き続けることを求められる存在として仮定されている。この第3の考え方では，環境適応的な経営戦略論やコンティンジェンシー理論が重視される。

それとともに，**情報システム**や**研究開発**，および**環境適応を可能にする経営資源の蓄積**や**経営能力**に関する研究などが，生産管理，マーケティング，財務管理，ヒューマン・リソース（人的資源）・マネジメントといった従来の経営学の研究領域に新たにつけ加わることになった。これによって，経営学は，再び大きく転換した（図表1-1）。

図表1-1　経営学の主な考え方の変化

経営学の考え方の基準	基準の発生時期	主たるコンセプト	主たる学説や研究者	システム観
企業内部の合理性を重視する	1900-1930年	経済性，生産性，能率，目的を達成するための合理的な組織編成など	テイラーの「科学的管理」，ファヨールによる経営者の分析	クローズド・システム
企業のなかで働く人びとに配慮する	1930-1960年	人間性，モラール，リーダーシップ，動機づけなど	ホーソン実験と人間関係論，A・マズローの欲求の段階説，行動科学など	クローズド・システム
環境との関連で企業をみる	1960年-	目的志向性，環境適応や創造，保全，マーケッタビリティ，情報収集のシステム，共存共栄など	経営戦略論，コンティンジェンシー理論，顧客志向，マーケティング論，情報管理論，研究開発管理論，コア・コンピタンス，知識創造論など	オープン・システム

出所）齊藤毅憲編著『経営学を楽しく学ぶ』（ニューバージョン），中央経済社，2002年，p.42

「経営学パラダイムの30年革新説」によるならば，1990年代から始まる現在は，新たなパラダイムを創造する渦中の時期に入っていることになる。のちに述べるが，かつては力強さを示した日本企業の全体的な低迷は，いま現在もつづいている。しかも，企業をとりまく環境の変化はいっそうはげしくなり，それへの対応が求められている。そこで，第3の考え方に関連しながらも，新しいパラダイムの胎動，つまり2世紀目に入った経営学の革新がまさに期待されるところである。

バブル経済崩壊後の日本企業の不振

　バブル経済の崩壊によって，日本企業は「**エクセレント・カンパニー**」**（超優良企業）**の座からすべり落ちることになった。1980年代にグローバルな関心と評価を集めた日本企業の経営は，アメリカを中心につくられてきた経営学の世界にこれとは別の「ひとつのモデル」として認められるようになった。

　しかし，バブル経済の崩壊とともに，日本的経営の苦況と不振が始まっている。中高年のホワイトカラーを中心に大規模な雇用リストラが行なわれ，バブル時代に過剰になった労働力の調整が進行した。しかも，それは日本的経営の特徴であった終身雇用制や年功序列制をとり崩すというインパクトをももっていたのである。

　バブル崩壊後の長期にわたる**経済不況**（消費低迷や雇用不安など）や解消されない**不良債権問題**のなかで，日本企業の経営者のマインドは総じて明るくも，前向きなものともいえない。そして，大企業は"つぶれない"という信仰も崩壊してきた。

　実際のところ，よく知られている大企業の経営の失敗や破綻が目立つようになる。それだけでなく，大規模な雇用リストラとともに，不祥事などの非倫理的な活動も顕在化することで，企業への不安感と不信感が高まっている。さらに，地価や株価は大幅に下落し，デフレ経済の傾向

は進行し，それは企業経営に悪い影響をあたえてきた。この間にあって，アメリカを中心とした**外資（系企業）**の進出や攻勢が行なわれ，その支配下に入る企業もみられてきた。

いずれにせよ，健闘している企業もみられるが，日本企業の不振や停滞は，つづいてきた。そして，いわゆる「**失われた10年**」が継続してしまい，「20年」にならないようにしなければならない。要するに，バブル崩壊後のマイナス面を克服し，日本企業と日本的経営の再生を果たすことが要請されている。

環境の主たる変化と対応

もっとも，20世紀末の環境変化は，このような日本企業や日本的経営に後退をもたらしたバブル経済の崩壊だけではない。環境の変化には，こうした特殊な日本の要因に加えて，種々の「**構造変化**」というべきものが指摘できる。20世紀末，とくに1990年代以降，日本企業をとりまく環境はいちじるしく変化した。そして，その潮流は，21世紀に入った現在も，基本的には変わりはない。むしろ，変化のスピードは速くなり，また変化自体とそのインパクトについては，不透明感がつきまとっている。

環境の変化は，以下のものを含んでいる（図表1-2）。

① 「**成熟化**」という要因：工業先進国では企業のつくりだした製品やサービスによって，生活者は豊かさと便利さを享受できるようになり，成熟した社会が出現した。これによって，生活者は消費行動だけでなく，**働くための動機**（ワーク・モティベーション）や意識をも変化させてきた。かくして，生活者には価値観やライフスタイルの多様化も発生した。

② 「**技術の進歩**」という要因：技術の進歩やそれを支える科学の発展が企業や産業の活動に対して大きなインパクトを与えている。たとえば，**情報技術（IT）**の発展は，生活者の行動を大きく変化させただけで

図表 1 − 2　環境の主たる変化

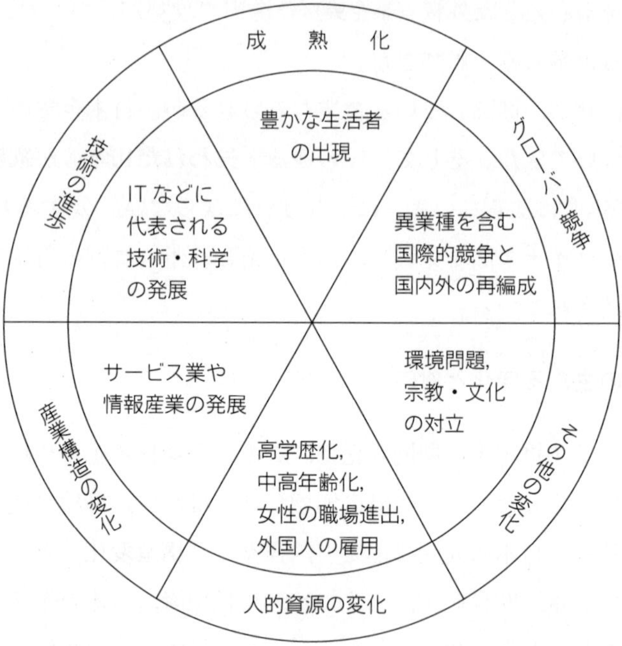

- 成熟化
  - 豊かな生活者の出現
- 技術の進歩
  - ITなどに代表される技術・科学の発展
- グローバル競争
  - 異業種を含む国際的競争と国内外の再編成
- その他の変化
  - 環境問題，宗教・文化の対立
- 産業構造の変化
  - サービス業や情報産業の発展
- 人的資源の変化
  - 高学歴化，中高年齢化，女性の職場進出，外国人の雇用

出所）齊藤毅憲ほか『個を尊重するマネジメント』中央経済社，2002年, p.2

なく，企業の経営をも変革してきた。インターネット販売，ｅビジネスなどは，その事例である。そして，IT以外の分野でも技術の革新が進展している。

③　「**グローバル競争**」という要因：企業間の競争は，同業種や国内の枠をこえるものとなっている。競争は，異業種の企業を含むものとなり，"**大競争**"といわれるように国際的なものに拡大している。さらに，業界の再編成も国内を中心としたものから，国際的なレベルのものに変化してきている。ダイムラー・クライスラー社の誕生や，ルノーと日産の合体，西友のウォールマート入りなどは，その典型である。また，アジアでは中国が日本から「**世界の工場**」の地位を奪いとる動きを示しており，21世紀のモノづくりのセンターになろうとしている。

④　「**人的資源（ヒューマン・リソース）の変化**」という要因：①でも示したが，成熟化のなかで働く人びとの動機づけが変化してきた。雇用情勢も悪いが，働く人びとの具体的には，仕事や社会に対する意識も変わり，価値観は多様化してきている。働きがいが得られない職場を去る人びとも増加している。また，働く人びとの高学歴化や知識・情報処理ワーカーの増加，女性の職場進出，社内の中高年齢化，若者のフリーター化などが進展している。これにより，人的資源の管理は，むずかしくなっている。

⑤　「**産業構造の変化**」という要因：工業先進国では製造業からサービス業への重点移行，情報産業，福祉・ホスピタリティ産業などの発展が顕著となり，モノだけでなく，サービスやソフト，知的所有権などがビジネスの対象となってきた。これによって，企業経営や働く人びとに求められる要件も変化してきた。

⑥　「**その他の変化**」要因：地球レベルでの**環境問題**が深刻化してきた。そして，21世紀を「**環境の世紀**」にしなければならないと主張されている。また，2001年9月の同時多発テロ事件は，ひとり勝ちしてきたアメリカを中心とするグローバル化に対する挑戦でもあった。旧ソ連の解体以来，宗教・文化面の相違による地域間，国家間の紛争が頻発している。このような要因もグローバル時代の企業経営に大きな影響を与えている。

　以上のような各種の「構造変化」が発生しており，これに対応できなければ，企業の存続，つまり生き残りは困難になるのである。したがって，それに対応できるような経営を創造し，実践することが求められている。要するに，構造変化をしっかり認識し，経営を行なうことができる企業は生き残り，そうでない企業は消え去る運命にある。

2　21世紀企業ビジョンの模索

「やさい（野菜）」経営学の提案

　企業や組織体のなかで仕事を円滑に遂行するためには，「ほうれんそう」が必要であるといわれてきた。この言葉は，簡単にいうと，上司と部下との間で，**報告**（ほう），**連絡**（れん），**相談**（そう），の関係をつくりあげていれば，組織は能率的に動き，仕事が円滑に遂行されるというものであった。

　上下間で「報告する，連絡する，相談する」ことが行なわれ，人間関係が良好であるべきというのが，アメリカのマンガ『ポパイ』の力の源泉となった「ほうれん草」である。

　この「ほうれんそう」には，経営学的にいうと，それなりの根拠がある。上司が部下に責任と権限を委任しても，(a)上司には委任した部下を監視するという権限が発生する，(b)部下には上司にたえず報告しなければならないという報告義務が発生するので，それを行なうことが大切である，という。そして，この2つを遂行することで，組織はうまく機能する。

「ほうれんそう」から「だいこん」へ

　21世紀の企業ビジョンを考えるときに，依然として「ほうれんそう」の意味は残っている。しかし，ここでは「だいこん」の重要性を主張したい。それは，ステイクホルダーとの関係づくりを重視しないと，組織は動かず，仕事も円滑に遂行されないことを意味している。つまり，企業内の上司と部下を中心とした人間関係だけでなく，従業員を除く外部のステイクホルダーへの対応のあり方が重要なのである。

だいこんの「だい」は，"代表する"の「代」であり，働く人びとはつねに会社を代表しているという意識をもたなければならないということである。宅急便の「**ヤマト**」などは，これを現場で働く人びとに対して求めていることで知られている。従業員の多くが社内の人びとよりも外部の人びとと直接に接触して仕事をしているところでは，この「代」はきわめて重要であり，ちょっとした対応のまずさによって企業イメージを低下させたり，傷つけてしまうことになる。それは，企業にとって大きなダメージになってしまうのである。

　そして，「こん」のほうは，"懇切ていねいな対応"の「こん」である。会社を代表する意識をもって行動するだけでなく，懇切さやていねいさをもって対応することが必要なのである。とくに，消費者やユーザーに対しては，これはいうまでもなく大切である。"ホスピタリティ"や"サービスの質"などといった言葉が重視されるのは，このようなことが背景にある。要するに，心のこもった対応が必要なのである。

　もっとも，この「こん」にもスピードが求められており，むやみに時間がかかったり，顧客のニーズや状況に配慮しないものは，「こん」とはいえないであろう。その点では，心してかからなければならない。

　このようにみてくると，21世紀の企業ビジョンには，対内的な「ほうれんそう」と対外的な「だいこん」の2つが重要であることがわかってくる。「ほうれんそう」に「だいこん」が加わることで，経営は内的のみならず，外的にもしっかりとしたものとして確立されることになる。要するに，**ふたつの野菜**が現代の企業経営にとって不可欠となる。

　また，セールスなどで顧客とたえず接触している人びとが社外の人間と密着しすぎると，社内的な上下関係のウエイトのほうが減少し，結果的には「ほうれんそう」が無視されてしまうことがある。ことに，取引や売上高を早くあげようとして功をあせる人間の場合，それは企業に迷惑や損害を与えるおそれも生じる。そこで，「ほうれんそう」と「だい

こん」との間には，バランスがどうしても必要となる。

「新ほうれんそう」の意味

ところで，この2つで21世紀の企業の発展，日本企業の再生は，はたして可能になるのであろうか。結論的にいうと，この2つだけでは無理であると考える。その際，重要なのは，「ほうれんそう」の再定義である。それは，これまでの「報告，連絡，相談」ではなく，**報知，連携，創造**」に置き換えるべきである。

まず「報知」の「ほう」は，各種の情報や企業のビジョンを社内で働く人びとに伝達・周知し，それをともに知るという「**情報共有**」を示している。この情報共有によって，社内の人びとは一体感をもって目的の達成にむかって活動することができるのである。

そして，「連携」の「れん」とは，オープン・システムの立場に立ち，企業は外部とのネットワークを弾力的につくることである。具体的には，外部資源の活用をめざす**アウトソーシング**や**戦略的提携**，あるいは各種のステイクホルダーとの**パートナーシップ**などが，そのイメージである。

さらに，最後の「創造」の「そう」とは，企業内のクリエイティビティをできるだけ高めて，新製品開発や経営方法の改善などを重視した革新の経営をつくりだしていくことである。それは，私の主張してきた「**メイクの思想**」に対立する「**クリエイトの思想**」である（本シリーズの第1巻『経営学の構図』の第1章参照）。

「なす」の重要性

このように，新しい「ほうれんそう」が求められているが，このほかに，「なす」つまり（knowledgeの"な"（**知識**）と，skillの"す"（**仕事の熟練**）も必要となる（図表1-3）。

前者のknowledgeは，**野中郁次郎**などのグループによって，その重

図表1−3　「やさい」経営学の構想図

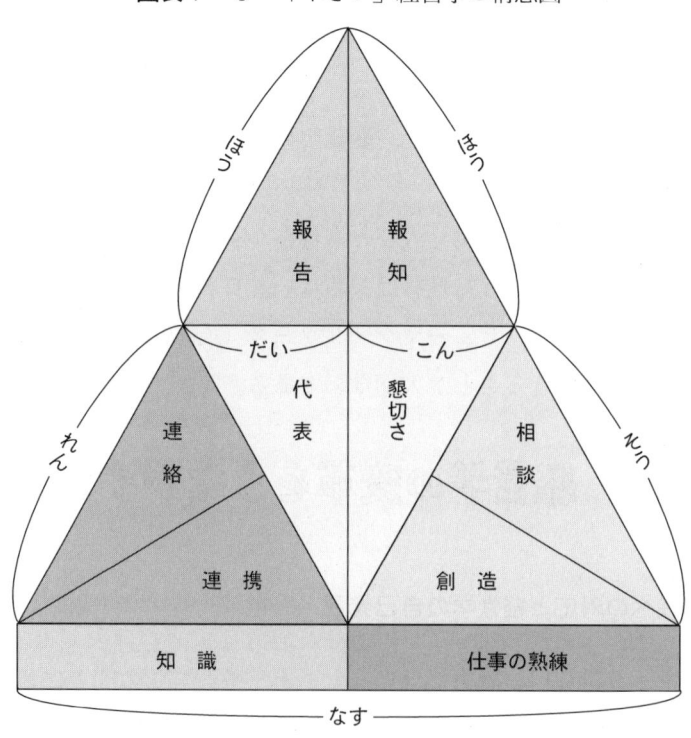

出所）齊藤毅憲「『だいこん』経営論の展開」『経理情報』No.989, 中央経済社, 2002年7月10日号, p.61

要性が主張され，「**知識創造論**」として体系化されてきたものに関連している。しかし，知識創造論を待たずとも，企業経営に対する知識の重要性は，多くの人びとによって主張されてきた。

　経営学が誕生した20世紀初頭においては，工場やそこでつくられるモノづくりが経営学の中心的なテーマであり，人間の労働，つまり労働者の作業に関心が払われていた。しかし，20世紀後半以降の企業では，オフィス（たとえば，企画部門）で働く人びとの知的な生産性や研究開発部門での創造性があわせて重視されるようになってきた。そこでは，質の高い情報である「知識」がキーワードになる。

　そして，後者のskillは，現場で働く人びとの仕事の熟練を開発し，

維持することが大切であることを示している。環境の変化が激しいことについては，すでに述べてきたが，この変化はそれぞれの現場で発生し，企業経営にインパクトを与えている。この変化は現場で働いている人びとの仕事の遂行にも影響を与え，変化の程度が大きい場合には，仕事の遂行は困難になっている。

　その意味では，企業も働く人びとも現在から将来にわたって，仕事を円滑に行なえるようにしなければならない。これが，仕事の熟練の開発と維持の意味であり，ヒューマン・リソース（人的資源）がその仕事の遂行能力を発揮できることが大切なのである。

3　経営学の変革をうながすもの

実践への対応と経営学の自己発展

　経営学が2世紀目の歴史にはいったこと，そしてこの間主に3つの考え方が大きな流れ（トレンド）として支配してきたことを本章の冒頭で述べた。そして，多くの成果，つまりモデル，調査，理論，学説などといわれるものが生みだされてきたが，ここで，それらを説明する余裕はない。詳細については，本シリーズの9巻までや，経営学史学会編『経営学史事典』（文眞堂，2002年）などを参照されたい。

　ここでいいたいのは，20世紀の末までにきわめて多方面にわたって多くの成果が経営学では生みだされてきたことである。1960年代の前半に，**クーンツ**（Koontz, H.）は「**経営学（経営管理論）のジャングル状態**」（Management Theory Jungle）という言葉を使って，この科学の発展を明らかにしようとしてきた。彼は，多様なアプローチや研究成果が生みだされてきたことを「ジャングル（混乱）状態」と称したが，彼の観点からいえば，以前に増してジャングル状態は続いていることになる。

それとならんで指摘しなければならないのは，経営学も科学として自己発展を遂げていることである。経営学は実践的な科学であり，具体的な**経営実践（プラクティス）**からのニーズをとらえて，それに応えるべく，理論的構築がはかられてきた。そして，企業内外の環境の変化から生じる各種の新たなるニーズに対応して，新たな理論展開を続けるものと考えられる。このようにして創造された研究の成果は，再び企業経営の現場にもちこまれ，その改善に役立たなければならない。

しかし，他方で経営学はそのようなニーズにかかわりなく，みずから発展してきた。研究者はそれ以前につくられた先行研究にもとづきながら，それを越えていくことを目標にするから，少しずつ発展する。また，先行研究の価値を低下させるすぐれた成果も生みだされてきたのである。

したがって，ジャングル状態というべき多様なアプローチや研究成果は，経営実践からのニーズを受けながら発展してきたが，他方でそれとは関係のない経営学の自己発展によってももたらされている。そして，経営学は，今後もこの2つの関係のなかで展開されていくことになる。

企業と環境の変化

とはいえ，企業の経営を取り巻く環境変化は今後も経営学の変革に対して大きなインパクトをもってくるであろう。環境の主たる変化と対応については，すでに6つの要因（図表1－2）をあげてみたが，このような変化に経営者やマネジャーたちがいかに対応すべきかという考慮は，具体的な経営実践からのニーズへと転換され，彼らの頭脳からでて，研究者たちに提示されることになる。そして，それは，経営学を変革し，新たに創造しなおすための源泉となる。

もっとも，研究者の側でも企業経営と環境の変化にたえず関心を払っていなければ，そのニーズをとらえることはできない。要するに，現実を認識しようとする鋭いセンスと姿勢，つまり**「現実感覚」**をもってい

なければ，提示されたニーズに対処できないことになる。しかし，変化が激しい状況のなかでは，研究者が現実を認識できたときには，すでに環境が変わってしまうのである。その結果，研究者のつくる経営学は，残念なことであるが，「**現実の後追い**」となり，結果的には経営実践からのニーズには対応できないことにもなりかねない。

その意味では，変化の時代の経営の実践と研究は，ともにきわめて挑戦的なものである。そして，当面する21世紀の経営学は，このような状況のなかにある。経営学は経営の実践に対して，はたしてどのようにしたならば，指導性を発揮できるのであろうか。事後の説明では現実の後追いであり，実践の改善を行なうことや，指導性を示すことはできないであろう。

隣接科学との依存関係の進展

現実の後追いにならないためには，経営の実践からのニーズを意識しつつも，他方で自己発展への努力を怠ってはならない。そこで，現実感覚をとぎすまし，そして，指導性のある研究をつくりあげる必要がある。要するに，創造性のある研究を行ない，経営学の革新をはかることが求められる。

本シリーズ第1巻『経営学の構図』のなかで筆者は，経営学は方法論の確立に失敗し，むしろ企業経営を分析するのに役立とうと思われる**隣接科学**の方法と成果に依存してきたと述べた。その意味では変化する企業経営の分析に有効な科学の援助が必要であるし，そのような科学からの経営学への参入にも寛容でなければならない。経営学と他の科学との間の垣根や壁はできるだけ低くする必要がある。これも，21世紀の経営学の革新を促すことになる。

個別性のある事例研究の推進

それとならんで，経営学は事例研究をいっそうすすめていかなければならない。その際，メディアで注目されている大企業だけでなく，それぞれの産業や地域で健闘しているスモール・ビジネス，中堅企業，あるいはベンチャー・ビジネスなどにも十分関心を払っていく必要がある。キラリと光る企業や経営者の存在をしっかり認識しなければならない。

事例研究とは，個別性を導きだすものであるが，その**個別性**のなかに，ユニーク性や創造性を発見することが大切である。ささいなことや小さなちがいにも注意し，その意味をとらえていく姿勢が経営学においては重要なのである。そして，これも経営学の革新を生みだす源泉となる。

《参考文献》

齊藤毅憲編『新次元の経営学』文眞堂，1994年

齊藤毅憲編『経営学を楽しく学ぶ』(ニューバージョン)，中央経済社，2002年

齊藤毅憲・石井貫太郎編『グローバル時代の企業と社会』ミネルヴァ書房，2002年

《いっそう学習（や研究）をすすめるために》

齊藤毅憲ほか『個を尊重するマネジメント』中央経済社，2002年
　21世紀の企業像を「個尊重のマネジメント」とし，その内容と方向性を示そうとしている。

谷本寛治『企業社会のリコンストラクション』千倉書房，2002年
　21世紀の「企業と社会」のあり方やNPOなどの新しい動向を指し示している。

《レビュー・アンド・トライ・クエスチョンズ》

① 経営学の主たる考え方について，あなたが関心をもつものはどれですか。その理由はどのようなことでしょうか。

② ある業種や企業のレベルで，環境の変化を具体的に考えてみてください。
③ 「やさい」経営学のなかで，「なす」の意味を考えてみてください。
④ 隣接科学のなかで，あなたがとくに注目している科学はなんですか。

第2章

経営戦略論の新潮流

本章のねらい

　経営学では，新たな研究が活発に行なわれている。その理由は，市場の変化や技術の進歩，競争構造の変化が激しくなり，企業はそれに対応しようとして，自らの行動や管理のスタイルを日々変化させているからである。本章を学習すると，以下のことが理解できるようになる。

① 環境条件の変化とそれへの対応に関する基本的な決定を，経営戦略論がテーマとすること

② 経営戦略論の思想的変化と必然化させた課題との関連づけ

③ 変化への適応の本質とはなにか

1 時代遅れの戦略

1980年代のアメリカ企業の不振

　1986年の終わり頃，**マサチューセッツ工科大学（MIT）**に，失われたアメリカの産業競争力を回復させようとの目的をもった委員会が設立された。停滞する生産性向上と不況が，当時のアメリカを苦しめていた。調査の結果，アメリカの諸産業の経営者も従業員も，かつて繁栄の時代に成功した経営戦略に固執するだけで，経営環境が新しくなったことに気づくことができないと，この委員会は結論づけた。同委員会によれば，その時代遅れの戦略とは，**標準的製品の大量生産**と**国内市場中心主義**である。

　約950万平方キロメートルの広大な国土をもち，世界でもっとも富裕でもある国内市場を背景に，アメリカの企業は水平結合による生産規模拡大から始まり，その大規模生産を支える安定した物質フローを確保するための垂直統合によって**規模の利益**を実現した。続いて，多角化によって**範囲の利益**を実現していった。この規模および範囲の利益の追求と実現こそが，アメリカ企業黄金期の成長戦略の基本であった。そしてその戦略を確実に実行するために，**専門経営者の階層的組織**が作りあげられていったのである。

　委員会報告によれば，この基本戦略は世界に比類のない大成功を収めたことで，結果的にアメリカ工業の本質を決定づけた。すなわち，技術革新の努力は，標準設計品を長期にわたって製造することに適した機械や道具の開発に向けられたし，供給業者や顧客との関係は，相互に独立で一線を画したものとなった。そこでは，小さな市場に向けて製品を供給していた頃の**手工業的な方法**，すなわち，水平的協働の場としての作

業所で，熟練工が生産に関するさまざまな決定に直接関与する，といった方法は，まったく姿を消したのである。

また，国内市場至上主義は，当委員会によれば，アメリカ企業に海外市場への販売努力を怠らせ，アメリカ市場を狙う外国企業の努力に目を塞がせたのである。また，海外で出現する科学的および技術的革新を無視させることで，それら革新をアメリカ市場で商業化する道を閉ざしたのである。

ドイツ・日本などの動き

一方，この**手工業的伝統**とアメリカ流の**大量生産システム**との融合努力を余儀なくされてきたドイツ・日本・イタリアなどの諸国は，その苦労のなかから，**市場の限定的セグメント**の需要を効果的に充足することを可能にする生産方式や，新たな現業組織とヨリ柔軟な技術を身につけてきた。そしてその典型例を，委員会は日本の自動車と繊維メーカーに見いだしたのである。

細分化市場の微妙に異なるニーズをきめ細かく充足すると同時に，世界一流の生産効率を達成することを目的に，技術，製品開発の方法，現業組織の構造などが開発された。それによって，コストをあげずに**多品種少量生産**を実現し，製品導入のサイクルタイムが短縮化された。

これを可能にするためには，柔軟なオートメーション設備とともに，熟練した**多能工**が必要であったし，コスト削減と同時に品質やサービス面での向上が強調されたのである。きめ細かくニーズを探索するために，顧客により近づくことが求められたし，原料や部品の質的向上とコスト低減のために，供給業者との親密な関係づくりも進められた。

委員会は，こうした一連のシステムを，個々の事業における競争力の源泉であると考えたのである。1980年代半ば以降の，経営戦略論の研究の流れは，こうした時代背景や思潮のなかで，個々の事業における競争

優位獲得を主要課題にすることになったのである。

2 競争の戦略

　戦略という言葉が経営上で使われるようになった1960年代半ば頃から20年ほどの間は，経営戦略を**長期経営計画**ととらえる立場や，分析にもとづく外部環境と内部資源との適切な組み合わせの発見ととらえる立場が主流であった。しかしながら，1980年代半ば頃から，個々の事業における競争を重視する戦略の立場，とりわけ事業構造における位置取りを重視する立場が，従来のものに代わって急速に普及するようになった。

　この立場とは，**産業組織論**の考え方をもとにしており，それぞれの産業では，その特性から，成功できる戦略タイプは少数に限定されるとする。そして，成功する戦略タイプのいずれか，すなわち，事業領域内の戦略的ポイントに経営資源を集中して，他から不可侵の地位を築きあげることを戦略だと考えるのである。

　したがって，それは，ⓐ産業組織論的な経営環境分析，ⓑ一般的かつ基本的な競争優位の型に照らした自社の競争能力判定，ⓒそれにもとづいた戦略タイプの選択を要素とし，それらの整合性を重視するという，きわめて分析的で合理的，かつ体系的な経営戦略論となっている。

　その代表的論者は，**マイケル・ポーター**（Porter, M. E.）である。以下，ポーターの所論をもとに，より詳細に競争の戦略について述べることとしたい。

産業組織論と競合勢力

　ポーターは，1979年に発表した論文 'How Competitive Forces Shape Strategy' (*Harvard Business Review*（以下，*HBR*), March-April, 1979) で，**競争**と**競争相手**に関する常識的な考え方をくつがえした。これが競

争戦略に対する最初の貢献であろう。

　彼は，ひとつの産業における競争の状態やその原因となる基本的要因は，その産業の根底にある経済的な特性に由来するとした。そして，単に**既存の競合他社**だけではなく，**顧客，資材や原料の取引先，潜在的参入者，代替品業者**，それらすべてが，競争者なのであり，そのいずれが強力であるか，いずれが活発であるかは，産業によって異なるとした。

　企業の経済的成果を良好にするには，まずは全産業の平均値を大きく上回る**収益性**をあげる特定の産業に所属することであり，つぎにその特定の産業のなかで平均値を超える収益性をあげることと考えるポーターは，まずこの論文で，上記5つの競争者の交渉力や脅威の強弱，そして同業者間競争の厳しさによって，特定の産業が平均値を上回る収益性を上げられる構造かどうかを，分析する枠組みを提示したのである。

　そして，5つの競争者の力のもととなる要因を知り，自社を競争者の力からもっともよく守れる位置，もしくは競争者にもっともよく影響力を発揮できる位置を探すことが，基本的な戦略プログラムになるという。そのプログラムは，つぎの3つになる。

　すなわち，① **順応戦略**：競争相手の力に対して，自社の能力が最強の防衛的威力を発揮する位置取りをする，② **攻勢戦略**：競争相手と自社が組み込まれている現在の競争的均衡を打破し，それによって自社の位置を改善できるように行動を起こす，③ **先取り戦略**：事業の産業的変化が，競争相手の力の根元的要因に及ぼす変化を先取りし，いち速くそれに対応する。要するに，競争相手が気づく前に，変化によってもたらされる新たな競争的均衡に適した位置を選ぶ，である。

戦略グループと移動障壁

　ポーターは1980年に"*Competitive Strategy*"（The Free Press）を公にした。この著書が競争戦略に対する学界・実業界の関心を高めるきっ

かけとなった。この著書では，前述した企業の高業績を可能にする2つの条件がともに扱われている。

　第1の条件については，前出の論文の主張によっているので，ここでは後のほうの条件，すなわち，特定産業内で平均を超える収益性をあげることを可能にするための対策について，みることにしよう。

　この対策の手段として考えられた概念として，**戦略グループ**がある。特定の産業内には，互いに異なる数種の戦略類型を採用する企業群があると考える。そして，各戦略類型間には，一貫して業績の差が存在するという。

　したがって，その高業績をあげている戦略類型と低業績に甘んじている戦略類型の間の差異を分析し，また，その戦略類型の実行を可能にしている組織特性との関係を突きとめられれば，自社の競争戦略形成に大いに益するというのである。ポーターは，戦略グループを分類するための次元として，**製品面での特性**，**コストを含む価格づけの面での特性**，**流通面での特性**，**ブランドを含むプロモーション面での特性**，を例示している。

　この高業績を可能にする戦略類型とその実行を可能にする組織特性の組み合わせは，他の戦略グループからこの戦略グループに移動するのを妨げる移動障壁であると考えられるし，また新規参入を妨げる**参入障壁**でもある。

　この**移動障壁**という概念は，重要な示唆を与える。すなわち，高業績戦略グループの移動障壁が非常に強力な場合，戦略的模倣や業務効率改善努力では，低業績戦略グループ内の企業が，その地位を向上させることはできないということである。その産業の基盤をなす経済特性自体をくつがえすような，革新的行動が必要となるのである。

　また，特定の産業の高業績戦略とその移動障壁は，産業の発展によって変化する。したがって，発展の方向性を先取りすれば，低業績企業が

高業績に追いつくことも可能である。こうして，特定産業の構造に対応する基本的な方法として，再び，①順応戦略，②攻勢戦略，③先取り戦略，をあげることができる。

基本戦略と価値連鎖

　ポーターの提示した重要な概念としては，さらに**基本戦略**と**価値連鎖**がある。まず，基本戦略から取りあげよう。

　戦略グループ分析によって，特定産業において成功している戦略類型が明らかになる。その戦略類型が，結局なにを実現することで成功しているかには，4つのパターンがあるとするのである。

　ひとつ目は，その戦略類型が特定産業全体で**コスト・リーダーシップ**を実現する場合，2つ目は，それが**差別化**を実現する場合，3つ目は，特定産業内の細分化市場においてコスト・リーダーシップを実現する場合，最後の4つ目が，特定産業内の細分化市場において差別化を実現する場合である。

　ポーターによれば，成功する戦略は，結局この4つのどれかを実現するのであり，この4つを競争優位獲得の基本戦略とする。これら4つが，企業の顧客にとっての付加価値創造の大きさを決定するからである。

　さて，戦略グループ分析では，成功する戦略パターンの発見とともに，そのパターンを実行できる組織特性が必要であることが主張された。戦略と組織とが適合していなければならないのである。その組織面での能力を分析する上で有用な概念として提示されたのが，**価値連鎖**である。企業活動を個々の要素活動とその統合された全体としてとらえ，さらに利幅まで含めて図示したものである。

　個々の要素活動それぞれについて，卓越した能力を保持しているか否かを分析することの必要性を認識させるとともに，その卓越した能力をもつ要素活動を中心に，全体の活動の方向性を揃えるというシステマティッ

クな統合の重要性を提唱する概念となっている。

価値連鎖の概念は，さらに**多角化**や**垂直統合**，**国際化**，**企業間の戦略的提携**といった戦略課題に対する分析視点を与えている。それは，ひとつの価値連鎖を一事業領域と考えれば，複数の価値連鎖を並行的に自社内で行なうことが多角化となるという具合に，ひとつの価値連鎖を要素とし，その組み合わせと連結の方法を考えて，システマティックな統合を視野に入れられるからである。

こうして，戦略グループ分析による成功する戦略類型の発見は，それが究極的には4つの基本戦略のどれにつながるものか，の分析を通じて，その基本戦略を実行可能にする組織特性をどのように設計するかという問題へと進められていくのである。

戦略策定の手順

ポーターは，競争戦略策定手順をつぎのような4ステップにまとめている。

A．現在の戦略とその基礎となっている仮説の把握
B．企業環境の変化の探索
C．自社の強み弱みの分析
D．将来のためにベストな新戦略の選択

A．では，現在実行されつつある戦略がどのような目的を達成するためのもので，どのような経営環境や経営資源の前提のうえに立案され，実行されつつあるのかを明らかにする。

そして，B．では，一般環境，タスク環境，競争業者の能力と行動といった経営環境における新たな変化が，自社にどのような機会と脅威をもたらすかを探索する。

一般環境とは，経済的環境，政治的環境，法的環境，文化的環境，自然環境といったマクロ環境である。**タスク環境**とは，企業の事業領域に

直接関係する環境であり，ある特定産業の経済的および技術的特性，法的規制の動向，発展段階の変化，戦略グループ分析などが，その分析要素となろう。

競争業者の能力を分析して，現在から将来にわたる強みと弱みを知ること，そして競争業者が将来的にどのような戦略行動をとろうとするかの予測を内容とするのが，競争業者の能力と**行動分析**である。

さらに，C．では，前段階での分析をもとに，現在および潜在的競争者との対比における自社の強みと弱みを分析し，認識する。

最後のD．では，まずA．の仮説がB．の分析と整合しているかどうかを評価する。もし整合的でないならば，新戦略を立案するために，可能な戦略代替案をできるだけ数多く案出してみる。最後に，B．で明らかにした経営環境のもたらす機会と脅威に対して，C．で把握した自社の強み弱みを考えて，D．の戦略代替案のなかから，最良のものを選択する。

この策定手順そのものは，**アンゾフ**以来のオーソドックスなものである。ポーターの特徴は，その手順のなかで，なにを分析するかにあるといってよいであろう。

戦略とはなにか——ポーター説への批判

ポーターの競争戦略の特徴が，データの合理的で精緻な分析と，システマティックな整合性にあることは，これまでに検討してきたとおりである。そして，その分析は，現象の定量的指標と経済学的法則の因果関係にもとづいて行なわれる。

このことは，**経験**や**勘**といった曖昧なものにもとづく分析・判断を，**科学的合理性**の下で行なうことを可能にした，という大きな貢献を果たした。しかし，一方で，現実を狭い視野でしか判断できないという欠陥を露呈させることとなった。

たとえば，企業は決して頭脳と手足からなる一個の全体ではなく，個々の目的や価値観，人間性をもつ個人の協働のシステムである，との**経営学的観点**は欠けているし，また経営の実践の場で日々生起している現象を，限られた数的指標だけで把握しようとするきらいがある。現場の実際を直接知ることなく，戦略を策定してしまうおそれがあるのである。地図だけでは，現実の地理のごく一部分しかとらえられないのである。

また，その狭い視野の数的指標を得るために費やされる分析の手間は，膨大なものである。この分析的処理をこなすためには，多くの**専門スタッフ**と多大の**コスト**が必要となる。そうした経営資源的余力があるのは，ごく限られた企業にしかすぎない。

こうした視野の狭さは，また，現実説明力の狭さにもつながっている。すなわち，ポーターの企業像は分厚い**戦略スタッフ**の存在と戦略立案，トップ・マネジメントを頂点にして一糸乱れず行動する全体としての企業を前提にしている。しかし，このような企業像とは異なる経営スタイルをとっている企業の競争上のパフォーマンスは，これでは説明できないのである。

ポーターは，1996年に 'What is Strategy'（*HBR*, November-December, 1996）と題する論文を発表した。そして，そのなかで，日本企業は戦略と呼ぶに値するものをもたなかったと断じた。しかし，アメリカが国内産業の保護を名目に，政治的圧力まで動員して自国市場への日本製品進出を制限しようとした現実に照らしても，**日本企業の競争力**が，産業や個々の企業によって違いはあるものの，一方的に劣弱だということはできない。

そうすると，戦略とよぶに値するものをもたない企業であっても，十分に競争優位を獲得できることになるわけで，競争戦略など無用の長物だということになってしまう。

ポーターは，**国際競争力**を説明するために，地域的特質とそれを活か

す経営戦略の制度的補完の概念を提唱した。そこでは，日本の**地域的特質**については，要求水準の高い顧客，厳しい競争，乏しい天然資源とされている。しかし，このような企業活動にとっては逆境ともいうべき地域的特質のなかで，経営戦略をもたないとすれば，日本企業は，なぜ存立どころか発展まですることが可能になったのだろうか。その説明ができないのである。

　これまでの日本企業は日常業務的効率追求だけで競争力を得られたが，今後は競争戦略がなければ成功しないとポーターはいうが，それは，現実説明力の貧弱さを示す逃げ口上といえよう。

　こうして，競争戦略に対する別の視点が必要となる。それは，経営学が積み重ねてきた組織に関する基本的考え方を基礎とし，現場における**日常業務と環境との相互作用**に注目する視点である。

3　組織能力と戦略

戦略と組織

　組織と戦略との間の関係は，長年の関心の的である。その理由はつぎのようである。戦略は経営環境変化に対して従来の適応方法を変化させるという，**「変化」**の本質をもっている。これに対して，複数の人間の諸力の体系である組織は，分業の設計とそれにもとづく協業を構造化することで，すなわち，安定して同じ分業と協業の行動方式を継続することで，能率のいちじるしい改善をもたらすという，**「安定」**の本質をもっている。すなわち，戦略と組織とは，本質的に相反する課題だからである。

　チャンドラー（Chandler, Jr., A.D.）は，ⓐ市場の趨勢的変化に対応して，長期的な基本目的と目標の決定，その実現に向かう行動の方向の

選択，そしてそれを可能にする経営資源の配分の実施，すなわち，戦略を担当する統合本社と，ⓑ日々の業務における能率改善，すなわち，戦術を担当する事業部とが存在する**分権的多事業部制組織構造**によって，企業はこの変化と安定の二律背反的課題を解決できることとなったとする。

すなわち，組織は本来の能率の改善に加えて，それまでは**企業家の役割**と考えられてきた戦略を，みずから創りだすことをも可能にしたのである（*Strategy and Structure: Chapters in the History of the American Industrial Enterprise*, The MIT Press, 1962）。

この組織構造は，戦略担当の経営管理層を日常業務に関する管理から解放して，より大きな見地から，時間と情報を十分に利用して戦略を策定することを可能にする。また，一方で，事業あるいは地域担当の経営管理層には，行動範囲を限定することで，複雑性を減少させ，経営資源の集中を可能にして，能率改善をいっそう促進することを可能にする。

しかし，戦略の課題が，拡大する市場と技術革新とがもたらす**成長機会**を，どのような方向性で実現するかということから，個々の事業あるいは市場領域での永続的な競争優位の獲得へと変わると，個々の事業レベルでの競争環境への対処を，戦術レベルでの問題として，全社的関心事の外に置くことはできなくなった。

個々の事業あるいは市場領域でも，変化する環境条件への適応と資源配分の見直しという戦略が要請されることとなった。そして，統合本社には，従来の企業戦略の課題に加えて，個々の事業あるいは市場領域の戦略を，部分最適化させることのないように，**全体戦略**へとまとめあげることが重要になった。しかも，その実現を可能にし，促進する組織構造を創るとともに，全体目的の達成に向けて組織行動を促すという課題を担うことになった。

こうした過大ともいえる要請に対して，現実の企業はどのように対処

しているのであろうか。現実に，戦略は組織のなかで誰によって，どのように創りだされ，どのように実現されているのであろうか。実現された戦略は，策定された戦略とどの程度差異があるのだろうか。その差異はどのような理由から発生するのであろうか。これらは，チャンドラーが個々の企業レベルで認識していたにもかかわらず，その後の理論的研究では顧みられなくなった問題でもある。

この問題の究明は，明示的な戦略とか，戦略策定のためのプロセス，組織を必ずしも揃えているわけでもない日本企業が，強力な競争力を発揮し，わずかな期間の間に驚異的発展や成長を遂げたという現実にも促されて，経営戦略研究の大きな流れを形づくることとなった。

ロジカル・インクリメンタリズム

クイン（Quinn, J.B.）は，1980年に著書 "Strategies for Change: Logical Incrementalism"（Irwin）を著し，上記の問題意識に立つ研究成果を公にした。そのなかで戦略とは，「組織の主要な目的，政策，行動の因果的連鎖を，ひとつの結合した全体に統合する計画もしくはパターン」としたのである。

ここで**組織**とは，企業全体から下位部門にいたるあらゆるレベルの組織をさしている。**目的**とは，達成されるべきことがらであり，達成の時期は示されるものの，達成の方法は示されていないものである。当然，高度に価値的なものから，より短期的，具体的なものまで多くの目的が存在する。そのなかで主要目的とは，組織の方向性および存続可能性に影響するものであり，戦略的な目的である。

政策とは，行動の規則あるいはガイドラインであって，組織はその定められた範囲内で行動することが求められる。組織の方向性および存続可能性に影響する政策は主要な，すなわち戦略的な政策である。

主要目的を達成するための一連の因果的**行動連鎖**が，プログラムであ

り，政策の枠内での主要目的の達成方法の表現である。

　戦略的意思決定は，もっとも重要な経営環境のなかで生起する可能性のある，予見可能な，あるいは不可能な，知りえない変化に照らして，企業の全体的方向性を決定するものであり，最終的存続可能性を決定するものである。それは，企業目的の達成効率に関する決定であり，技術的な能率に関するものではない。

　クインの戦略についての考え方の特徴は，単位組織から複合組織まで企業組織のすべてのレベルが射程に収められていること，組織過程すべてを統合するものとされていること，であろう。すなわち，戦略かどうかはトップ・マネジメントが決定した行動かどうかによるのではなく，その内容によるということ，戦略は先験的な構想であることも，事後的に現出する行動パターンであることも，ありうるということが主張されている。

　クインが，欧米の著名企業に対するインタビューを通じて発見したところによれば，有効な戦略は，下位組織の活動を結合して全体パターンとする過程の進行に合わせて，漸進的かつ日和見主義的に生みだされる。しかし，組織には，どのレベルにおいても**認知限界**と**プロセス限界**（最適のタイミングと活動手順を事前に知りえないという限界）とがあるので，この戦略形成は，放任的にではなく，意図的な管理と関連づけのもとで進められなければならない。

　すなわち，戦略形成の実際は，計画的でも場当たり的対処でもない。それは，ランダムで漸進的な外形をとりつつも，深層では強力な論理に導かれるものであり，これを**ロジカル・インクリメンタリズム**（論理に裏づけられた漸進主義）と名づけたのである。

　これは，戦略形成の分析的側面と組織行動的側面の両方を，ともに改善し，統合する，という目的志向的で効率的そして積極的な経営管理技法である。さらに，それは戦略形成の情報的側面，価値的側面，政治的

側面を同時に扱えるので，事後反応的であるというよりも，むしろ**事前対応的**なものである。

学習する組織

　ロジカル・インクリメンタリズムに比べて，**組織の自律的成長**により重点を置く考え方がある。組織は具体的業務目的の達成に向けて，さまざまな経営環境条件の変化に対処しながら，活動を展開していく。しかし，その経営環境条件の将来の変化については事前には不可知であるので，一連の行動を継続するなかで，より良い知識を獲得しながら組織の目的達成の程度を高度化していくことになる。ここでの知識は，環境条件と自社の経営資源に関する認知限界を徐々に押し広げたり，行動手順とその実施タイミングの最適化に関するプロセス限界を徐々に拡大するのに役立つ知識である。

　このより良い知識の獲得に着目するのが，**学習する組織**（learning organization）あるいは**組織的学習**（organizational learning）という考え方である。**野中郁次郎**は，1990年に『知識創造の経営』（日本経済新聞社）を著したが，そのなかで，**組織的知識創造理論**と**組織的知識創造のマネジメント**を主張している。

　前者においては，暗黙知と形式知の相互作用，知の変換過程の類型という概念を使い，組織的知識創造のプロセス・モデルを構築している。後者においては，前者の実現のために要請されるマネジメントのあり方が検討され，**ミドル・アップダウン・マネジメント**という概念が提唱され，それをもとにトップとミドルの役割の見直しが提言されている。

　野中郁次郎と**竹内弘高**は，1995年に公刊された"The Knowledge-Creating Company"（Oxford University Press）で，野中の前著の主張を競争優位の獲得とアメリカのマネジメントとの比較という文脈のなかで敷衍した。すなわち，知識創造と競争優位の関係では，知識創造が

革新の連続をもたらし,革新の連続が競争優位を生みだすという模式が提示される。これが日本企業の,とくに自動車とエレクトロニクス産業における,強力な競争力につながっているとしている。したがって,戦略の本質は,知識の獲得,創造,蓄積,活用のための組織能力にあると主張する。

中核競争能力とストラテジック・インテント

組織能力の不断の向上に競争優位の源泉を求める考え方は,企業の**中核競争能力**(コア・コンピタンス, core competence)に着目した**プラハラッド**(Prahalad, C.K.)と**ハメル**(Hamel, G.)にもみえる。彼らは,1990年に発表した論文 'The Core Competence of the Corporation' (*HBR*, May-June)で,**多角化企業を一本の木にたとえている。**

多角化企業を木とすれば,個別事業は枝であり,製品は花であり,果実であるから,個々の事業における競争優位というと,花や果実に目を奪われがちであるが,むしろその花や果実を生みだすもとになっている根や幹のシステムの特性こそが,花や果実の競争優位の源泉であることを忘れてはならないとしている。

また,その前年に発表された論文 'Strategic Intent' (*HBR*, May-June)では,彼らは,現代多角化企業のように,大規模で複雑な活動を営む企業には,全体を一個の有機体にまとめあげるだけでなく,将来にわたって進むべき方向を指し示す,**長期的かつ本質的な目的**(戦略的意思,strategic intent)が必要であるとしている。すなわち,それは,将来における全体像であるとともに,その目的の内包する価値によって,競争優位の獲得や企業構成員の動機づけの指針となり,成員個人や集団のより大きな貢献意欲をかき立て,経営環境変化に応じて業務の新たな方法論を創出させるものである。

多角化企業を個々の事業と本社機能の単なる寄り合い所帯としてでは

なく，一個のゲシュタルト（Gestalt，単なる要素の総計でない統一的な全体構造）とするために，全体としての企業が伸びる方向性の設定と，その組織内部への周知徹底を強調するものである。この方向性に向けて，企業は，中核競争能力を長期にわたり，自社内に営々として蓄積・開発していくのである。

プラハラッドとハメルは，企業が一貫して追及すべき高度な価値を内包する戦略的目的とその追及のための根元的能力との関係のバランスにも注目する（'Strategy as Stretch and Leverage' *HBR*, March-April, 1993）。この２つの間に不均衡があれば，それは企業行動に大きな影響を及ぼす。

すなわち，十分な経営資源を保有しているが，高い戦略的目的を欠いていれば，その企業は宝の持ち腐れ状態に陥る。逆に，高い戦略目的を持つが，それを達成する十分な経営資源を欠いている場合，その企業は経営資源の不足を補うなんらかの工夫をつけようと必死に努力するであろう。企業の地位の逆転が起こるのは，こうした理由があるからである。なお，彼らは，上述の不均衡を**ストレッチ**（stretch），経営資源の不足を補う工夫を**レバレッジ**（leverage）としている。

組織的学習や中核競争能力の蓄積・開発が，このストレッチ概念のような，組織に不均衡状態をもたらすなんらかのストレスによって促進される考え方は，不均衡を意図的に創り出すことによって，組織的学習を意欲的に継続させるという発想へとつながる。その点を，前述の野中は，1985年に出版した『企業進化論』（日本経済新聞社）のなかで「ゆらぎ」という概念で説明している。

彼によれば，「**ゆらぎ**」とは，多様性，迷い，遊び，ランダムネス，曖昧性，不安定性などの総称である。そして，戦略やリーダーシップ，異なる価値観の導入，組織・管理システムを通じて組織に喚起される「ゆらぎ」は，組織構成員（メンバー）に既存の知識に依存していては問題が解決できないことを認識させ，それが新しい知識の創造を促進さ

せるという。

組織的学習による戦略形成

　この節では，組織がその生存のために遂行する活動のなかから浮かびあがってくる，それら活動を統合する働きを果たすものとして戦略を考えてみた。この立場は，前節の競争戦略の問題点を解決しているし，実証的で記述的な研究が根底にあるので，より現実の経営戦略に関する企業行動に近似的なものと考えられる。しかし，次のような若干の問題点も考えられる。

　まず，組織の行動の方向性が実質的に保たれる保証がないことである。組織のはじまりに高度に価値的意義のある全体目的が設定されたとしても，長い時間的経過のなか，組織が日々活動していく過程で，その目的が徐々に時々の組織構成員にとって都合の良いものに換骨奪胎（これまでのものを自分の考えに変えていく）されていくおそれがある。その換骨奪胎は，目的設定そのものにも認知限界があるため，組織的学習の結果行なわれる，目的の改良という外形を取ることが多い。そうなると，あるべき方向性への回帰は，不可能に近いのである。

　また，学習は必ずしも戦略形成に結びつくわけではないことも，指摘しなければならない。知識の集積が多くの改良を生みだし，そこから革新が生まれることもある。しかし，知識の集積が独創の十分条件でないことは明らかである。

　現場任せというトップ・マネジメントの無責任な態度が生ずることもあろう。現場組織の活動に重点を置くことは，ややもすると**現場に丸投げ**というおまかせの状態を招く。いつの間にか，現場の部分最適戦略が全体戦略になってしまう場合がある。

　成功した日本企業の戦略が，この組織能力から創出される戦略という考え方で，多くを説明できることは明らかである。しかし，失敗した日

本の組織や企業が，上述した欠陥を露呈することの多いことも，銘記しなければならない。現場組織に重点を置けば置くほど，本社組織による全体目的が社会の役割期待に応ずるものであり続けているかの検討，全体目的の現場組織への周知徹底，全社的に獲得，蓄積，創造されている知識の相対化といった機能の強化が必要になるであろう。

4 戦略と社会性

最後に，戦略と企業の社会性に関する議論を簡単に紹介しよう。ポーターは，多くは共同研究の形で，社会的問題の解決のために競争戦略の枠組みを使った論考を発表している。アメリカと日本・ドイツとの**コーポレート・ガバナンス**の相違による国際的競争優位の差に関する論考では，**短期的キャピタル・ゲイン**の獲得をめざすアメリカのシステムを，経営者が企業の**長期的価値**を最大化するための投資システムへと変えるために，政府・機関投資家・企業はなにをなすべきかが論じられている（*HBR*, September-October, 1992）。

そして，健康福祉を競争戦略の枠組みで考察した論文では，**健康福祉活動**については一時的コスト削減しか論じられていないことを批判し，長期的かつ劇的にコストを削減できる対策，すなわち，予防と治療の新たな方法，医療サービス提供の新たな方法，より効率的な設備を総合的に実現させる対策の重要性が指摘されている。そのためには，この分野に競争を導入し，より大きな顧客にとっての価値創造を促進すべきという（*HBR*, July-August, 1994）。

また，アメリカ合衆国の内陸部にある**都市の経済的遅滞と格差の問題**を競争戦略の枠組みで考察する論文では，補助金や所得援助といった社会政策の行き詰まりを指摘している。これにかわって，内陸都市を基地とする，経済的に存続可能なビジネスと雇用機会を，どのようにすれば

育て，発展させることができるのかが問題であり，その主体は私企業であるべきであり，内陸都市を基地にして全国レベル，地球レベルの規模で競争することも可能であるとの発想に立つことができるから，だとしている。それを可能にする第一歩として，内陸都市の競争優位を明らかにすることが主張されている（*HBR*, May-June 1995）。

自然環境保護と競争優位の関係を論じた論文では，自然環境保護と企業活動という，通常は相容れないと思われるものの両立可能性を論じている。自然環境保護へのプレッシャーが，企業に経営資源の利用における革新を促し，それは結局，競争優位につながるとしている（*HBR*, September-October 1995）。

さらに，**企業のフィランスロピーと競争優位**を論じた論文では，現在のアメリカ企業の戦略的フィランスロピー（philanthropy，慈善活動）とよばれる行動を「まがい物」として批判し，真に戦略的なフィランスロピーは，彼ら企業の活動拠点における事業インフラストラクチャー（戦略的コンテクスト）の強化に役立つよう，慈善的資金を投ずることだとしている（*HBR*, December 2002）。

彼と共同研究者が取りあげたいずれの問題も，世界的にみても，特定の国や地域的にも未解決の問題である。競争戦略の枠組みが，その解決になんらかの貢献を果たせるのか，今後の議論の進展が待たれるところである。また，組織創発型戦略の論理は，こうした社会的問題にどのような解決策を提案できるのかも興味深いところである。

5 今後の展望

経営戦略とはどのようなものであるのか，どのように形成されているのかという疑問と，どうあるべきか，どう策定すべきかという問題とは，本来，相互に補完しあって考究されるべきものである。その際には，企

業という組織を，また経営管理という機能とその主体をどのようにとらえるか，ということが重要であろう。**経営戦略**は，長期的，本質的，総合的という特性を備えるので，企業や経営管理に関しても同じように深い研究が行なわれ，それにもとづいて考究することが求められる。

経営戦略を，経営環境における新たな現象に対応して，すぐに利益を生みだす，魔術的な技法のように扱うものがある。しかし，本来の経営戦略は，みずからの生存と存在意義を，長期的にどの領域で果たし，発揮するかに関わる，企業の全組織レベルの叡智を結集すべき決定である。それは決して一種の流行を追えばいいというものではない。

この章でみてきた戦略に関する議論は，いずれも**個々の企業の個性**に着目している。自社が活動の場として選択した経営環境の個性，自社の全体的個性，その要素である経営資源の個性，活動の方向性における個性を明らかにし，その個性をもとにした他の組織には真似のできない独特の方法で，社会への個性ある貢献を行なうのである。社会的観点からは，社会的資源の配分の決定を実質的に担っている個々の企業に，その資源をムダづかいすることなく，それぞれの個性に合わせた独特の価値を創造し，社会に提案することが望まれている。

経営戦略論の今後の議論が，企業経営に対しては，個性発揮のための洞察を与え，その実行の指針を提供することに貢献し，他方で，社会やそれを構成する個人には，企業経営の提案する個性的に創造された価値の選択の自由度を拡大することを通じて，貢献できる方向で深化することが必要であるように思われる。

《参考文献》

Dertouzos, M.L., et al., *Made in America: regarding the productive edge*, The Massachusetts Institute of Technology, 1989.（依田直也訳『メイドインアメリカ』草思社, 1990年）.

Mintzberg, H., Lampel, J., Quinn, J.B. & Ghoshal, S., *The Strategy Process: Concepts, Contexts, Cases*, the 4th edition, Prentice-Hall, 2003.

Mintzberg, H., Ahlstrand, B. & Lampel, J., *Strategy Safari: a guided tour through the wilds of strategic management*, The Free Press, 1998.（斎藤嘉則ほか訳『戦略サファリ―戦略マネジメント・ガイドブック』東洋経済新報社，1999年）

Porter, M.E., On Competition, *The Harvard Business Review Book* series, 1998.（竹内弘高訳『競争戦略論(1), (2)』ダイヤモンド社，1999年）

《いっそう学習（や研究）をすすめるために》

Chandler, A.D., Jr., *Scale and Scope: The Dynamics of Industrial Capitalism,* The Belknap Press of Harvard Business Review, 1990.（安部悦生ほか訳『スケールアンドスコープ―経営力発展の国際比較』有斐閣，1993年）

　　企業発展の基本戦略と組織能力の形成過程の比較歴史的研究である。

Stalk, G. & Hout, T.M., *Competing Against Time: How Time-Based Competition Is Reshaping Global Markets*, Simon & Schuster, 1990.（中辻萬治，川口恵一訳『タイムベース競争戦略：競争優位の新たな源泉……時間』ダイヤモンド社，1993年）

　　競争優位の源泉として時間をとらえる。開発から生産・流通，市場情報のフィードバックの過程を迅速に進められる組織的能力が競争優位獲得の鍵である。

Clark, K.B. & Fujimoto, T., *Product Development Performance: Strategy, Organization, and Management in the World Auto Industry,* Harvard Business School Press, 1991.（田村明比古訳『実証研究　製品開発力―日米欧自動車メーカー20社の詳細調査』ダイヤモンド社，1993年）

　　戦略と組織の実証研究。実証データに基づく貴重な研究業績である。藤本隆宏『生産システムの進化論―トヨタ自動車にみる組織能力と創発プロセス』有斐閣，1997年も勉強してほしい。

《レビュー・アンド・トライ・クエスチョンズ》
① 関心のある同じ製品やサービスを提供している日本の企業を複数選び，その製品やマーケティングに，各社の個性がどのように発揮されているかを検討しよう。
② 関心のある企業を1社選び，その歴史を調べて，創業期や発展期，現在という時間経過のなかで，その企業が経営環境との関係をどのようにつくりあげてきたかを調べてみよう。
③ ①と②に関して，できれば他国の企業との比較をしてみよう。

第 3 章

スモール・ビジネスの経営戦略

本章のねらい

スモール・ビジネスを含む中小企業は，日本経済の発展や雇用機会の提供においてきわめて重要な役割を果たしている。しかし，大企業を前提に理論構築を図ってきた経営学では，こうした企業の経営を正面から扱ってはいない。そこで，大企業とは異なるスモール・ビジネスの経営モデルをあらためて考察する。本章を学習すると，以下のことが理解できるようになる。

① スモール・ビジネスを含む中小企業の特性
② 起業家やスモール・ビジネスの活動を主体とする起業家社会の到来と，そのなかでの自活志向型スモール・ビジネスの特徴と役割
③ 大企業とスモール・ビジネスの経営戦略の相違

1 スモール・ビジネスを含む中小企業の定義と特性

中小企業基本法での定義

　スモール・ビジネスを含む中小企業は，非常に多様であり，それを正確に定義づけることは困難である。しかし，中小企業基本法では，資本金や従業員数といった外形的な規模にもとづいて，以下のように定義している。

　① **製造業**，およびその他の業種（鉱業，建設業，電気・ガス業・熱供給業・水道業，運輸・通信業，金融・保険業，不動産業）の場合は，資本金3億円以下の会社，もしくは従業員数300人以下の会社および個人事業者。

　② **卸売業**の場合は，資本金1億円以下の会社，もしくは従業員数100人以下の会社および個人事業者。

　③ **小売業**の場合は，資本金5000万円以下の会社，もしくは従業員数50人以下の会社および個人事業者。

　④ **サービス業**（情報サービス業を含む）の場合は，資本金5000万円以下の会社，もしくは従業員数100人以下の会社および個人事業者。

　⑤ 従業員20人以下（商業・サービス業の場合は5人以下）の会社や個人事業者を「小規模企業者」（スモール・ビジネス）とする。

　ただし，この定義はあくまで中小企業政策における基本的な政策対象の範囲を定めることを目的としたものであり，中小企業の諸特徴を十分にふまえた定義であるとはいいがたい。

内面的な特性への着眼

　中小企業と大企業との相違は，外形的な側面（資本金や従業員数の規模，事業規模など）ばかりではなく，マネジメントや経営文化などの内

面的な特性にもみられる。たとえば，以下のような点を指摘できよう。

① **所有と経営の分離**

基本的に大企業では所有（出資）と経営の機能は，別個の主体によって担われている。しかし，中小企業（とくにスモール・ビジネス）では，**所有と経営の結合・一体化**が一般的で，分離が行なわれていないケースが多い。そればかりでなく，**テイラー**（Taylor, F.W.）の主張した経営と労働の分化さえ十分に行なわれていない企業や商店もみられる。零細規模の製造業や商店，SOHOでは経営と労働も結合・一体化している。

② **マネジメント階層**

マネジメント階層は，トップ・マネジメント，ミドル・マネジメント，ロワー・マネジメントからなるといわれている。しかし，これは大企業で行なわれている経営における階層分化であり，中小企業にはあてはまらないことが多い。とくにスモール・ビジネスの場合には，トップ・マネジメントがミドルやロワーの職能をも担当しており，オペレーターを直接監督している。

③ **仕事の分担**

多くの人びとが働き，複雑な組織構造をしている大企業では，組織メンバーの仕事の分担はかなり明確になっている。しかし，中小企業では個々人の仕事の分担が不明確な状態になっていることが多い。この点は中小企業のマネジメントの後進性として指摘されるが，中小企業においてはこうした状態のほうが効果的に業務の遂行ができるという側面もある。

④ **リーダーシップ・スタイル**

現代社会には，民主的もしくは参加型のリーダーシップ・スタイルが望ましいという価値観がある。それゆえ大企業においては，民主的もしくは参加型リーダーが尊重されている。中小企業においても，こうしたリーダーの育成や登用が重視されているが，実際には高圧的な**ワンマン**

型リーダーが経営を担っている場合が多い。また，企業自体の知名度が低い中小企業の場合には，そういうリーダーがトップにいるほうが周囲から信頼されるという側面もある。

⑤ 経営文化

大企業の場合でも，トップ・マネジメントの考え方を組織の末端にまで浸透させることは重要であるので，トップ・マネジメントはその企業の経営文化に影響をおよぼしている。しかし，中小企業の場合はその影響が非常に強く，トップ・マネジメントの個性がそのまま企業の経営文化となっている場合が多い。また，経営と労働が一体化しているようなスモール・ビジネスでは，企業内が家族化していたり，仲よしクラブ化しているケースもみられる。

中小企業と大企業

上述のような内面的特性の相違と外形的規模の相違とを組みあわせて整理すると，図表3－1のように，企業は4つに類型化することができる。

このマトリックスのなかでAのセルに該当する企業，すなわち外形的

図表3－1　内面的特性と外形的規模からみた企業類型

		外形的規模	
		中小規模	大規模
内面的特性	中小企業的	A 中小企業	B 大型企業
	大企業的	C 中・小型企業	D 大企業

規模が大きくなく，内面的特性も中小企業的である企業を狭い意味での中小企業ということができよう。これとは逆に，Dのセルに該当するような企業こそ，真の大企業であるといえる。

　そして，Bのセルには，立ち上げ期を過ぎた直後に事業規模や組織規模が急激に拡大した企業の多くが該当する。これらの企業では，中小企業的な内面的特性がマネジメントの後進性として問題化する場合が多い。そして，Dのタイプの企業へと変化していく。このように，個人の**起業家**によって創業された企業のなかには，A→B→Dのように成長していくところがよくみられる。

　一方，Cのセルには大企業の子会社として設立された企業や，社内ベンチャーとして立ち上げられた企業の多くが該当するほか，大企業をスピンアウトした起業家によって立ち上げられた企業のなかにもこれに該当するものがみられる。こうした企業では，設立の経緯や創業者の有する経験から，立ち上げ期にあって事業規模や組織規模が小さい段階より大企業的なマネジメントが導入されている。

❷ 自活志向型スモール・ビジネスの活躍と起業家社会

自活志向型中小企業の特徴

　それでは，Aのセルに該当する企業（狭義の中小企業）に焦点をしぼって，さらに考察を深めていきたい。これまで筆者（佐々）は，こうした企業を対象にした研究を進めてきた。そして，そのなかで多くの経営者にインタビューを行なってきたが，その結果，（狭義の）中小企業は経営者の意識によって大きく2つに類型化できることが明らかになった。すなわち，自営志向型の中小企業と自活志向型の中小企業である。それぞれの特徴を整理したものが図表3－2である。

図表 3 − 2 　自営志向型中小企業と自活志向型中小企業の比較

	自営志向型 中小企業	自活志向型 中小企業
社業に対する 経営者のとらえ方	アウア・ビジネス	マイ・ビジネス
利益に対する 経営者の考え方	利益の確保 →生計の維持	夢の実現 →利益の確保
貢献の対象	家族，会社	社会
製品・サービスの開発	分析先行型ニーズ志向	行動先行型ニーズ志向
経営文化	保守的 惰性的，刹那的	エネルギッシュ チャレンジング

① 　社業に対する経営者の捉え方

自営志向型中小企業の経営者は，社業すなわち，みずからが率いる会社が営む事業を「われわれのビジネス」ととらえている。つまり，自分は家族のためにこの事業に取り組んでいるとか，従業員の職場や生計を維持するための事業の推進を自分が担当していると考えている。

これに対して，**自活志向型中小企業**の経営者は，社業を「私のビジネス」，すなわち自分の自己実現のためのビジネスととらえている。そのため，こうした経営者へのインタビューでは，いまの自分の仕事を「天職」と考えているという話が頻繁に出てくる。

② 　利益に対する経営者の考え方

双方の経営者にみられる上記のような相違に起因するものと考えられるが，自営志向型ではとにかく利益を確保して自分たちの生計を維持していかなければならないという考えが強い。これに対して，自活志向型は自分たちの夢が実現した結果として利益の確保ができればよいという考えが強く，あくまで自分たちが実現したいことを優先させる傾向があ

る。

③ 貢献の対象

　自営志向型の経営者は，自分や社員の家族，会社への貢献を強く意識している。他方，自活志向型の経営者は，自分たちが行なっている事業が社会に貢献できるものになることを強く意識している。また，こうした経営者は自分たちの事業が社会に貢献するという確信を，自営志向型よりも強く有している。

④ 製品・サービスの開発

　自営志向型中小企業は，とにかく消費者や取引先などのニーズの分析に力を注ぎ，それに従った製品やサービスの開発を推進する傾向がある。そのため，消費者や取引先への迎合が生じ，自社の基本コンセプトや経営戦略があいまいになってしまう場合もある。

　これに対して自活志向型中小企業は，自分たちが提供したいと考える製品やサービスの開発を優先する。そのため，ときには独善的になり，社会に受け入れられないこともある。しかし，そのなかでも成功にいたる企業は，どうして受け入れられないかを考え，試行錯誤をくり返しながらニーズにフィットした製品やサービスへと進化させていくというアプローチをとっている。

⑤ 経営文化

　自営志向型中小企業の経営文化は，おおむね保守的である。売上高が減少していたり，利益が計上できていない企業のなかには，惰性的もしくは刹那的雰囲気すらうかがえるところもある。これに対して，自活志向型中小企業では経営者の夢に同調する従業員が多く，社内にエネルギッシュでチャレンジングな雰囲気の満ちているところが多い。

　ところで，自活志向型中小企業のなかには成長意欲（もしくは事業拡大意欲）が強く，新規性や普遍性をキーワードとするビジネスの展開をめざしている企業がある。こうした企業こそが「ベンチャー・ビジネス」

であると筆者は考えている。

　一方，自活志向型でも成長（拡大）意欲が強くなく，新規性や普遍性よりも特異性（特定顧客や特定地域への密着）をキーワードとするビジネスの展開をめざしている企業もある。筆者は，こうした企業を「**アステロイド（小惑星）・ビジネス**」とよんできた。すなわち，事業規模や組織規模は小さくとも，特定の領域で高い存在価値を発揮して輝き続ける企業という意味である。現在でも特定の顧客に非常に強く支持されている地場の老舗企業や，昨今，注目を集めている**コミュニティ・ビジネス**などはこれに含まれる。

起業家社会のなかでのスモール・ビジネス

　中小企業をとりまく経営環境は非常にきびしくなっている。とくに，スモール・ビジネスは，昨今の不況の影響を強く受けており，廃業に追いこまれる企業や商店が多い。

　しかし，その一方で新たなスモール・ビジネスの誕生への期待が高まっている。とくに1990年代後半以降，政府も地方自治体も起業家の育成とそれによる新たなスモール・ビジネスの創業への支援に対して積極的に取り組むようになった。従来とは異なる発想をもつ起業家や彼らの立ち上げた企業が，長引く不況からの脱却や産業構造の変化への対応を推進する役割を果たすことが期待されているからである。

　しかし筆者は，スモール・ビジネス（とりわけ，上述の自活志向型スモール・ビジネス）の果たす役割が重要であることの背景には，もっと根源的な社会の変化があると考えている。それは，以下のとおりである。

　20世紀の社会は「**企業社会**」であった。企業社会とは，企業というシステムの活動が高度に発展し，個人の生活や社会全体に対する企業の役割・影響力が非常に大きくなった社会である。

　企業というシステムが本格的に発展するのは，産業革命以降である。

そして，大量生産・大量消費のシステムが社会にビルト・インされていくのにあわせて企業は大規模化していくとともに，社会におよぼす影響力を強めていった。

20世紀，企業はわれわれに多くの恩恵をもたらした。企業が創出する製品やサービスはわれわれの生活を非常に豊かなものにしたし，企業は雇用機会の提供や地域社会の活性化などの面でも大きな貢献をしてきた。しかし同時に，われわれに数多くの負の影響もおよぼしている。**公害問題，欠陥製品問題**，くり返される**企業犯罪，大量浪費社会化**などである。

とくに，大規模化が進んだ企業は多くの雇用者や固定資産を内包するために，大きな利益の創出が必要となる。それゆえ，利益至上主義に陥りやすい。これを抑止するのが高邁な精神を有する経営者のリーダーシップであるが，それが欠如していると上述のような逆機能が露呈してしまうのである。

一方，20世紀の間にわれわれの生活は格段に豊かになった。そして，社会の成熟化が進行した。成熟化した社会では，生活者ニーズの多様化・個性化が進行するため，大量生産・大量消費のシステムが従来のようには有効に機能しなくなってくる。また，「**サービスの経済化**」が進行し，初期投資が大きくないサービス業の分野に多くのビジネス・チャンスが創出されるようになる。

このような状況のなかで，企業社会から「**起業家社会**」への移行が標榜されるようになっている。起業家社会とは，さまざまな起業家や彼らが立ち上げた自活志向型のスモール・ビジネスが自律分散的に活動し，個人の日常生活や社会に発生する細かなニーズを機敏にとらえた多様な製品やサービスを創造することを発展の原動力とする社会である。

要するに，企業社会は企業（とくに大企業）というシステムを主役とする社会であるのに対して，起業家社会は独創性や革新性のあるアイデ

アをもとに生業としてのビジネスに取り組む起業家や自活志向型スモール・ビジネスを主役とする社会である。それゆえ，社会の成熟化にあわせて多様化・個性化が加速する生活者ニーズにきめ細かく対応していくことや，過度に利益至上主義的なビジネスの横行に歯止めをかけることができるのである。

ただし，**起業家社会**は大企業による支配を否定する社会であって，大企業の存在を否定する社会ではない。生業的なスモール・ビジネスには担うことのできない装置型・資本集約型のビジネスも存在するし，次世代の基盤技術を創造するための基礎研究においては大企業の貢献も必要である。つまり，起業家社会は，大企業やスモール・ビジネス，個々の起業家がそれぞれの有する強みを活かして対等に競争し，ときには自在に連携をとって発展していく社会なのである。

このような根源的な社会の変化の進行にあわせて，とくに企業社会化が進んだ先進国では，起業家の活動や彼らが立ち上げた自活志向型スモール・ビジネスの果たす役割が重要になってくるのである。

3 企業の戦略パターン類型とスモール・ビジネスの経営戦略

考察対象のスモール・ビジネス

以下では，本章のテーマであるスモール・ビジネスの経営戦略について詳細に考察していきたい。なお，ここであつかうスモール・ビジネスとは，前節で述べた自活志向型中小企業のうち，外形的規模の小さい企業（中小企業基本法における「小規模企業者」に相当する規模）を想定している。それは，自営志向型には経営戦略の立案と遂行に関する積極的な姿勢があまりみられないからである。

また，本章では筆者が開発したモデル（このモデルについての詳細は，

日本経営教育学会編『21世紀の経営教育』学文社，2000年を参照されたい）にもとづいてスモール・ビジネスの経営戦略を分析していく。ただし，このモデルは，前述のアステロイド・ビジネスに関する研究のなかから生まれたものであり，こうした企業の経営戦略の解明に主眼が置かれたモデルである。

存続・発展のための戦略パターン

　企業は存続や発展のために，みずからをとりまく経営環境や，自社が有する経営資源の状態にあわせて，さまざまな戦略を繰り広げている。そして，それらの戦略には，大きく分けて，「守りを志向した戦略（受動的戦略）」と「攻めを志向した戦略（能動的戦略）」の2つがある。

　後者の「攻めを志向した戦略」とは，自分のほうから積極的にしかけていくという能動的な戦略を意味している。これを実行するには，十分な経営資源の蓄積や強力な競争上の武器が必要となる。逆にいうと，これが十分に備わっているとき，もしくは備わっていると判断されたときに，こうした戦略が選択される。

　これに対して，前者の「守りを志向した戦略」とは，自分からしかけていくようなことは決してしないという受動的な戦略である。防衛のための戦略が基本であるが，競争相手と対決するのではなく相手のパワーを活用して存続をめざす戦略や，ニッチ戦略に代表されるように特異な環境のなかで存続をめざす戦略も含まれる。

　また，それぞれの戦略は，それらが繰り広げられる場面の状況によってさらに分類できる。この戦略展開の場面は，自社の本業分野か否か，脅威となる競争相手と直接競合しているか否か（競争相手が顕在化しているか否か）の2つの軸によって，4つに整理できる。

　「守りを志向した戦略」には，この戦略展開の場面に応じて，図表3－3に示したような4つの戦略パターンがある。

図表3-3　受動的戦略における戦略パターン

		直接的に競合する競争相手の存在	
		顕在化していない	顕在化している
戦略展開の場	新分野	漂流戦略	潜入戦略
	本業分野	維持戦略	迎撃戦略

① 維持戦略

非常に限定された特定の地域，特定の顧客を対象とするビジネスを本業として直接的な競合を回避しながら，そのビジネスを維持していく戦略である。ただし，人びとの嗜好や流行の変化に適応できるように，製品・サービスに若干の改良を加えたり，それらの新しい使用法・活用法の提案をするなど，みずからのビジネスを地道に軌道修正していくことは必要である。

② 迎撃戦略

これは，基本的には「共生戦略」であるといえよう。あくまで本業分野で競合する競争相手との共生を重視し，相手とは棲み分けを図りながら相互補完関係を構築して本業であるビジネスを持続していく戦略である。そして，相手が非好意的な態度をとった場合に限ってそれに対抗する。

③ 漂流戦略

自社の本業分野での競争が激しくなった場合に，そこを抜け出して競争相手が顕在化していない分野へと本業を移していくという戦略である。すなわち，競合する競争相手のいない分野へと本業を転換していく戦略

である。

④ 潜入戦略

基本的には「漂流戦略」と同様であるが、競争相手がいる（顕在化している）ビジネスへそっと侵入していくという戦略である。いわゆる「おこぼれをもらう」戦略であるともいえよう。

これに対して「攻めを志向した戦略」には、図表3－4に示したような4つの戦略パターンがある。

① **本業拡大戦略**

特定地域や特定顧客を対象とする本業の維持を前提とした「維持戦略」とは異なり、本業分野を積極的に開拓してニーズや市場の拡大を図っていく戦略である。これは、基本的にはアンゾフのいう「拡大化戦略」（市場浸透戦略、市場開拓戦略、製品開発戦略）に該当する。また、本業と関連の深い分野から徐々に多角化を進めていく「漸進的多角化戦略」も、これに含まれる。

② **駆逐戦略**

前述の「迎撃戦略」とは逆の戦略であり、自社の本業分野に存在する

図表3－4　能動的戦略における戦略パターン

		直接的に競合する競争相手の存在	
		顕在化していない	顕在化している
戦略展開の場	新分野	新事業開拓戦略	奪取戦略
	本業分野	本業拡大戦略	駆逐戦略

顕在化した競争相手をそこから追い出すという戦略，つまり排他的戦略である。たとえば，低価格攻勢をかけて同業他社を退出させるという戦略などが該当する。

③　新事業開拓戦略

自社の本業を維持しつつ，それとは異なる新たな事業分野を探求し確保するという戦略である。もっとも端的には「非関連型多角化戦略」が該当するが，市場や技術における関連性が希薄な分野への多角化を図る戦略は，おおむねこれに含まれる。

④　奪取戦略

上記の「新事業開拓戦略」と同様に，新たな事業分野を探求・確保するという戦略のひとつであるが，すでにその分野でビジネスを展開している競争相手を排斥したり，M＆Aなどで買収し，そのビジネスを事実上奪取してしまうという戦略である。

戦略パターンに対する評価

これら8つの戦略パターンを，図表3－5に示すように，「**遂行難易度**」という観点から評価してみよう。まず，縦軸の「**戦略展開の場**」についてみると，「**本業分野**」の場合は，取引先との協力関係，本業での知名度，その分野独特の商慣習など自社の経営環境に蓄積された資源も活用することができる。しかし，「**新分野**」のときは，それらを活用することはできず，自社の組織内に蓄積された経営資源のみで戦略を遂行しなければならない。したがって，「**新分野**」で戦略展開する場合のほうが戦略の遂行難易度は高くなる。

一方，横軸の「**競争相手の存在**」については，競争相手が存在する，つまり顕在化している場合のほうが当然のことながら経営資源や競争上の武器を（相手よりも多く）有していることが重要となる。競争相手が存在しない，つまり顕在化していない場合は，経営資源や競争上の武器

図表3－5　8つの戦略パターンにおける遂行難易度

	組織内部の経営資源のみでの戦略遂行	自社が有する経営資源の総量	戦略的頭脳	遂行難易度（＝○の数）
維　持　戦　略				0
迎　撃　戦　略		○		1
漂　流　戦　略	○			1
潜　入　戦　略	○	○		2
本業拡大戦略			○	1
駆　逐　戦　略		○	○	2
新事業開拓戦略	○		○	2
奪　取　戦　略	○	○	○	3

は問題化しない。したがって，戦略の遂行難易度は競争相手が顕在化している場合のほうが高くなる。

そして，「**攻めを志向した戦略**」（図表3－4）を遂行するときは，高度な状況把握能力，情報分析力，判断力などの戦略的頭脳が必要となる。したがって，遂行難易度が高い。以上の結果を整理すると，図表3－5のようになる。

つぎに，これらの戦略パターンを，「**リターン（利益）の獲得**」という観点から評価したい。まず「**戦略展開の場**」についてみると，「**本業分野**」の場合のほうが，リターンが多いか少ないかは別として，リターンを確実に得ることができる。他方，「**新分野**」では，リターンを得ることができるかどうかは不確実である。

そして，「**競争相手の存在**」については，競争相手が存在しないとリターンの獲得は容易である。しかし，競争相手が存在する，つまり顕在化していると，当然のことながらパイを分けあうことになるので，リター

ンを獲得することはむずかしくなると考えられる。

「攻めを志向した戦略」は，そもそも現状よりも高いリターンの獲得をめざした戦略であるし，実際のところ成功すればハイ・リターンを得ることができる可能性が高い。これに対して，基本的には現状維持のための戦略である**「守りを志向した戦略」**は，ハイ・リターンを獲得できる可能性は低い。以上の結果を整理すると，図表3－6のようになる。

規模を問わず，企業の存続や発展のためには，リターンを得ることが重要である。したがって企業は，基本的にはこれをより確実に，より多く得ることができる戦略パターンから選択していくことが望ましい。

いま，8つの戦略パターンを，「リターンの獲得」においてスコアが高いものから順に並べると，「本業拡大戦略」（3点），「維持戦略」「駆逐戦略」「新事業開拓戦略」（いずれも2点），「迎撃戦略」「漂流戦略」「奪取戦略」（いずれも1点），「潜入戦略」（0点）となる。

図表3－6　8つの戦略パターンにおけるリターン獲得

	リターンを確保する確実性	リターン獲得の容易さ	成功によってハイ・リターンを得られる可能性	リターンの獲得（＝○の数）
維　持　戦　略	○	○		2
迎　撃　戦　略	○			1
漂　流　戦　略		○		1
潜　入　戦　略				0
本業拡大戦略	○	○	○	3
駆　逐　戦　略	○		○	2
新事業開拓戦略		○	○	2
奪　取　戦　略			○	1

一方，リターンを得るのに冒さなければならないリスクは，なるべく低いほうがよいので，実際には「遂行難易度」の低い戦略パターンのほうが選択しやすい。いま，8つの戦略パターンを，「遂行難易度」の低いものから順に並べると，「維持戦略」（0点），「迎撃戦略」「漂流戦略」「本業拡大戦略」（いずれも1点），「潜入戦略」「駆逐戦略」「新事業開拓戦略」（いずれも2点），「奪取戦略」（3点）となる。

大企業とスモール・ビジネスの経営戦略

　多くの人的資源（雇用者）や固定資産を内包する大企業が存続していくためには，スモール・ビジネスよりも多くのリターンが必要である。他方，大企業は，豊富な経営資源や（スモール・ビジネスに比較すると）強力な競争上の武器を有しているので，基本的にはどのような戦略パターンでも選択することができる。つまり，スモール・ビジネスに比較して「遂行難易度」に左右されることが少ないのである。

　したがって，**大企業**では「リターンの獲得」を優先して戦略パターンの選択が行なわれるし，行なわれるべきである。そして，「リターンの獲得」において同等な戦略パターンについては，基本的には「遂行難易度」が低いものから選択していくのがよい。

　要するに，大企業では第1に，拡大化戦略や漸進的多角化戦略を含む「**本業拡大戦略**」の遂行を検討し，独占状態にあるなどの理由からそれに踏みきる必要がない場合には「維持戦略」を検討すべきである。そして，経営環境の変化が大きいなどの理由からこれらの戦略の遂行では不十分な場合には，技術や市場における関連性が希薄な分野への多角化を図る「**新事業開拓戦略**」や，競争相手を退出させる「**駆逐戦略**」の遂行の検討が必要になる。

　これに対して，**スモール・ビジネス**は，「遂行難易度」を第1に考えて戦略パターンの選択を行なわなければならない。なぜなら，みずから

の内に豊富な経営資源を有していないからである。基礎体力や武器が劣っている状態では，難易度の高い戦略を遂行していくことはむずかしい。

したがって，スモール・ビジネスでは「遂行難易度」が低いことを優先的な条件として戦略パターンの選択が行なわれるし，行なわれるべきである。そして，「遂行難易度」において同等な戦略パターンについては，当然のことながら，より確実に，より多くのリターンが獲得できるものから選択していくのがよい。

このように考えると，スモール・ビジネスにおいて第1に遂行が検討されるべき戦略は「**維持戦略**」である。スモール・ビジネスにとっては，競争（とくに大企業との競争）をなるべく回避できるよう特定地域や特定顧客を対象にしたビジネスを本業とし，そのなかで顧客の嗜好や流行の細かい変化を機敏にとらえ，それらに地道に対応していくことがもっとも重要である。

そして，そうした戦略の遂行によって経営資源を蓄積し，体力に余裕が生じてきた場合には，積極的な拡大化戦略や漸進的多角化戦略を含む「**本業拡大戦略**」の遂行に挑戦するとよい。ただし，その際には，事業を展開する地域や顧客層の拡大を安易に志向せずに，マニアや熱狂的ファン，ヘビーユーザー，リピーターを増大させることによる事業拡大から着手すべきである。要するに，大企業の進出をなるべく回避できるようなかたちで本業の拡大を進めるべきなのである。

一方，同業他社との競争が問題化してきた場合には，競争相手との相互補完関係の構築をめざして棲み分けを図る「**迎撃戦略**」の検討が必要になる。また，本業をとりまく経営環境がきびしくなり，上記のような戦略の遂行では対応できない場合には，思いきって本業自体を切り換えていく「**漂流戦略**」の遂行を検討するべきであろう。

なお，これら4つ（維持戦略，本業拡大戦略，迎撃戦略，漂流戦略）以外は，スモール・ビジネスにとってはリスクが過大であったり，リスク

とリターンのバランスがよくない戦略である。したがって，特殊な事情がない限りは遂行を避けるべきであろう。

《参考文献》

佐々徹「ITとベンチャー・ビジネス―起業家社会への離陸をめざして」横浜商科大学公開講座委員会編『IT革命と新世紀の社会』南窓社，2002年

佐々徹・池田玲子・川口恵一・権藤説子・齊藤毅憲「スモール・ビジネスの経営戦略論―『岩場のカニ』モデルを中心にして」日本経営教育学会編『21世紀の経営教育』学文社，2000年

佐々徹・池田玲子・川口恵一・権藤説子・齊藤毅憲「スモール・ビジネスの経営モデル開発―経営学の転換をめざして」ISS研究会編『現代経営研究』第7号，2000年

佐々徹・池田玲子・川口恵一・権藤説子・齊藤毅憲「スモール・ビジネスの経営モデル開発―経営学の転換をめざして(1)」日本経営教育学会第38回大会（四日市大学）配付資料，1998年10月3日

齊藤毅憲「ベンチャー・ビジネス（1，2，3）」『マネジメント・コンサルタント』2003年5月，6月，7月号

中小企業庁編『中小企業白書（2002年版）』ぎょうせい，2002年

ロバート・ガブロン，マーク・コーリング，ジェラルド・ホルサム，アンドレア・ウェストール著，忽那憲治・高田亮爾・前田啓一・篠原健一訳『起業家社会』同友館，2000年

早稲田大学アントレプレヌール研究会編『ベンチャー企業の経営と支援（新版）』日本経済新聞社，2000年

松田修一『ベンチャー企業』日本経済新聞社（日経文庫），1998年

横浜市中小企業指導センター編『研究開発型ベンチャーの企業戦略と組織構造』横浜市中小企業指導センター，1997年

《いっそう学習（や研究）をすすめるために》

ロバート・ガブロン，マーク・コーリング，ジェラルド・ホルサム，アンドレア・ウェストール著，忽那憲治，高田亮爾，前田啓一，篠原健一訳『起業家社会』同友館，2000年
本書は，イギリスにおける起業（新規開業）の実態や問題点，起業支

援政策に関する本格的な研究書である。理論的・実証的な裏づけのある多くの提言も盛り込まれており，日本における起業関連政策のあり方を考えるうえで非常に参考となる書である。

池田　潔『地域中小企業論―中小企業研究の新機軸―』ミネルヴァ書房，2002年

本書は，これまでの中小企業研究を分析したうえで，今後は地域とからめて中小企業の諸活動を考察することが重要であると主張している。そして，工業，卸売業，小売業のそれぞれに関して，地域と中小企業の問題を深く探求している。

《レビュー・アンド・トライ・クエスチョンズ》

① 自活志向型スモール・ビジネスとはどのようなものか，説明してください。

② スモール・ビジネスの経営戦略とはどのようなものか，説明してください。

③ 自分の周辺のスモール・ビジネスはどのような戦略をとっているか，具体的に考えてみてください。

第4章

国際経営の新展開

本章のねらい

　企業活動の国際化がすすみ，その経営について各方面で議論されるようになってから，すでに20年以上の時間がたっている。21世紀の大競争・大変化の時代にあって，国際経営もまた，いまひとつの転機をむかえている。

　本章では，これからの国際経営の新しい方向性について「多様性」「アジア」「ＩＴ」の３つの視点から考える。

　本章を学習すると，以下のことが理解できるようになる。

① 「グローバル・ビレッジ」とよばれる状況とその課題
② アジアを中心とした国際比較研究の推進
③ 急速なＩＴ化が国際経営に与えた影響

1　変質するグローバル化

　東西冷戦終了によって，イデオロギーの時代が終焉を迎えると，1990年代から世界の潮流となったのは，**「市場主義」**と**「グローバリゼーション」**であった。とくに，アメリカにおいて，インターネット技術，暗号技術，通信衛星などが商業利用されるようになると，ＩＴ（情報技術，Information Technology）が急速に発展した。ＩＴ，とくにインターネットとは，距離や時間といった物理的な隔たりを埋めるので，国際間の取引，コミュニケーションが飛躍的に拡大した。これが，金融・投資・企業間取引のグローバル化を加速させた。

　今日，企業はＩＴのネットワークによって，調達・生産・販売などの企業活動をグローバルに行なっており，国際的な分業体制をつくりあげている産業も少なくない。たとえば，Ｅコマースでは，BtoC（企業と消費者との取引関係），BtoB（企業間取引）を通じて，中小企業でさえも世界を相手にビジネスを行なうことが可能になっている。

　ＩＴ技術によって大量の情報が，迅速に，安価に，ボーダレスに動くことが可能となった。これによってグローバリゼーションの流れは，究極まで進むようにも思われる。しかし，その一方でグローバル化はさまざまな問題を引き起こしている。金融のグローバル化は，投機主義的な方向にすすみ，問題を生み出している。貿易取引や海外との資本取引など，実際の取引の裏付けのある為替取引を**実需**とよんでいる。しかし，実際には，実需の裏付けのない利ざや稼ぎの投機的な取引が多い。

　いまや，世界の為替市場で１年間に取引される金額をドル換算すると約300兆ドルに達する。世界の貿易額の約50倍の額であり，投機的な取引の比重が高まっている。巨額の投資資金を運用する**ヘッジファンド**など，投機家筋の動きが為替相場を大きく左右するようになった。1997年

の投機家によるアジア通貨売り浴びせは，アジア通貨危機という深刻な事態をもたらした。

また，企業活動のグローバル化は，多くの場面でローカル，つまり現地の社会・文化・価値観と対立する場合がある。そこでは，**グローバル・スタンダード（国際基準）**と，ローカルな基準との比較・対照が行なわれる。技術や経営方式の移転なども，それにあたる。

近年，東南アジア諸国，インド，中国などが，グローバル経済のなかで台頭してきている。これらの国ぐには，長い歴史をもち，多様性に富んだ複合的な社会である。したがって，ここでは欧米基準に立った，一元的な比較・対照はむずかしいのである。

そこで，グローバルとローカルの中間に位置する**地域主義（リージョナリズム）**の動きも具体化している。世界の政治・経済にあって，EU（European Union）欧州連合，APEC（Asia-Pacific Economic Cooperation）アジア太平洋経済協力，ASEM（Asia-Europe Meeting）アジア欧州会合，NAFTA（North American Free Trade Agreement）北米自由貿易協定，などといった地域的集合体による基準も重要になってきている。

2 グローバル・ビレッジの時代

グローバル・ビレッジの構築

今日のグローバル経済では共通の市場競争ルールが支配し，ヒト・モノ・カネ・情報が，ボーダレスに動き回っている。そこで，市場は，一方でローカルな文化的自律性を維持しながらも，他方では，ダイナミックに統合されつつある。

このグローバルな統合とは，技術革新が進んだ結果，企業がグローバルな生産をするようになり，消費者の趣向とニーズが世界的に均一化し

ていく状況をさしている。このような状態は，「**グローバル・ビレッジ**」（地球村）とよばれる。

　グローバル・ビレッジ化した産業では，企業は経営資源を**世界規模で相互補完**し，グローバルな効率を求める戦略をとる。そして，世界を舞台に寡占企業がはげしい競争を行なっている。

　たとえば，悪意のコンピュータウイルスによって，たびたび世界各地で被害が発生する状況は，グローバル・ビレッジの存在を実感させる。Windowsを攻撃するコンピュータウィルスは，基本ソフト（OS）と電子メールを含むソフトウエアで，世界市場を制圧している「マイクロソフト帝国」の存在によっている。

　Eコマース（電子商取引）の世界も，グローバル・ビレッジである。Eコマースによって企業の商圏は，国境を越えて広がっている。世界中の人びとがひとつのウェブサイトから同じ商品を同じ価格で購入できるようになる。そして，Eメールを使ったコミュニケーションは，地球上の生産者，企業，消費者をひとつの村にするだろう。

　グローバル産業である自動車産業では，国内・輸入の線引きがむずかしくなっている。そして，企業の国籍も意味を失いつつある。日本国内でGMグループは，トヨタに次いで2番目に大きな自動車メーカーグループになっている。一方，日系自動車メーカーも，いまやアメリカ社会の重要な一部をになっており，AAM（米国自動車工業会）の会長は，日系企業のトヨタが務めている。また，フォードは，ボルボやジャガーといった国際ブランドを所有している。このように，自動車メーカー各社は，国籍に縛られることなく，一番効率的なプロセスで開発・調達・製造を行ない，世界中のマーケットでそれぞれ一番売れる製品を販売している。

推進役としての多国籍企業の活動

　世界の**多国籍企業**の生産高は，約8兆ドルに達し，世界のGNPの5分の1を占める。また，多国籍企業は，20万を越える海外子会社をコントロールし，世界中で7,300万人以上の雇用を実現しているといわれる。世界の製造部門生産量の40％は，多国籍企業によって占められている。なかでも，自動車は85％，清涼飲料の65％，コンピュータの75％が，多国籍企業によって作られている。

　企業が多国籍化した時代は，それぞれの国によって，産業によって異なるが，その存在が本格化したのは，第2次世界大戦以降である。国連の"World Investment Report"によると，現在，世界全体で38,000社以上の多国籍企業が存在し，このうち先進諸国を母国とする企業が約9割を占めている。

　現在は，先進諸国を母体とする多国籍企業の存在が圧倒的であり，世界経済に大きな影響を及ぼしているが，1990年代に入り，変化がみられる。急速に経済成長をとげたアジア諸国の企業や，東西冷戦終結後の旧社会主義国企業も多国籍化し，世界市場に参入してきた。当初，それら新しく参入してきた企業の比較優位は，低い賃金にあったが，年々製品の質や技術力が高まってきており，先進国の多国籍企業にも大きなインパクトを与えるようになってきている。

　多国籍企業は，合併，買収，連携などによって**世界経済のボーダレス化**をすすめるだけでなく，相互依存関係を強化し，あるいは世界的な技術の発展をもたらしている。つまり，今日のグローバル経済，グローバル・ビレッジは，まぎれもなく多国籍企業の活動によってもたらされたものなのである。

　なかでも，世界市場をグローバルに統合されたものとして戦略的アプローチをとる多国籍企業は，「グローバル企業」（英語のターム）とよば

れ，グローバル・ビレッジの中心的存在となっている。グローバル企業は，世界的な規模で最適生産を行ない，徹底して生産コストを節約し，標準化製品を大量生産し，世界市場に投入するという戦略をとっている。

さらには，国境をこえて活動を展開するなかで，会社としての本来の国籍をほとんど失ってしまった「世界企業」(World Company) もあらわれている。たとえば，ネスレは，世界85ヵ国に工場をもち，約25万人の社員を有している。法的にはスイスの企業であるが，従業員のうちスイス国籍の者は1割にも満たない。売り上げ，収益，資産，そのいずれもほとんどはスイス以外で稼得されたものである。各国ごとにその地域の嗜好文化にあわせて製造・販売することで，製品も世界中に浸透し，いまやこの地球上にネスレのコーヒーが飲めないところはないとまでいわれている。

その一方で，多国籍企業の台頭は，輸出市場の限定や，為替レートの変動を利用した投機や**タックス・ヘイブン**（税率の低い国に子会社を作り，企業内取引をして節税を図ること）などの問題を引き起こしている。

また，その活動範囲の広さ，影響力の大きさから，自然保護や，労働条件の改善など，企業責任もまた，世界規模で求められるようになっている。多国籍企業は，世界的に大きな影響力をもっており，その企業責任も大きい。

多国籍企業は，展開する活動範囲の広さや従業員数の多さから，内外の多くの要因に影響される組織でもある。法律・制度，市場環境，消費者のニーズ，流通チャンネル，労働者の状況などは，企業活動の展開地域によって異なる。そして，それらに対応するための世界的に通用する「唯一最善の方法」は存在しない。そのため，多国籍企業の組織は，戦略的に統一されつつも，多様性を管理し，それぞれの環境によって最適な調整方法を学習，蓄積していくものでなければならない。そこで，**組織の現地化**と**異文化インターフェイス管理**，**異文化シナジーアプローチ**

などが注目されるようになっている。

グローバリズムの動き

　世界のグローバル・ビレッジ化のなかで，「**グローバル競争**」はますます激しくなっている。原材料，製品，資金，情報，人材，労働力，ノウハウなど生産に必要な要素が，単一な世界市場のなかで最大効率を達成するために国境をこえて移動している。

　サロー（Lester C. Thurow）は，『資本主義の未来』（1996）のなかグローバル化を「地球上でもっともコストが安いところで，生産などの事業活動を行ない，もっとも高い価格を設定でき，もっとも大きな利益をあげられるところで，製品やサービスを販売できることを意味する。コストを最小限に抑え，売り上げを最大に伸ばして，利益を最大限に増やす。これこそが資本主義の革新だ。愛国心や感傷などで地球のどこかにしがみついている必要はない」と述べている。これは，今日の多国籍企業の行動原理を端的にあらわしている。

　日々進展するグローバリゼーションが経済成長の主要因であり，人類に経済的繁栄をもたらすものだと考える人がいる。しかし，一方で，ある人びとは，それを「脅威」ととらえている。グローバリゼーションこそが，経済搾取の推進力であり，世界の文化的同一化を強要し，国民的アイデンティティを奪い，地球環境の破壊をもたらすものなのだと考える人びとも数多く存在し，いわゆる「**反グローバリズム**」の動きとなって表面化している。

　反グローバリズムの主張によれば，先進国と途上国との間で拡大しつづける経済格差は，多国籍企業の力が強まり，ヒト・モノ・カネ・情報が一部の先進国に集中した結果もたらされている。かつては人類共有のものであった，あらゆる天然資源も，水，森林などの自然資源も，多国籍企業によって私有化されてしまった。その結果として，世界各地の豊

かな自然とともに共存していた固有の文化も破壊されて，**グローバル・スタンダード（国際標準）**の名のもとに，アメリカを中心とするアングロサクソン標準が世界を席捲することになった。多国籍企業は，経済格差を利用して発展途上国の労働を搾取し，自然環境を省みずに生産を行なうことで，コストを抑え，それを高く売りつけて利潤を追求している。

このような極端な主張に，妥当性があるかないかは別として，ある人びと，とくに多国籍企業の進出先である発展途上国の人びとに，そのように「受けとめられている」という事実は無視できない。そして事実，反グローバリズムの動きは，各地で高まりをみせている。

すでに述べたように，多国籍企業は，直接的にだけでも20万をこえる海外子会社をコントロールし，世界中で7,300万人以上の雇用を担っている。このようにして，地球規模で利潤追求を行なう以上は，社会的責任や社会的貢献においても，グローバル化が求められることは当然である。また，燃料，食料，医薬品といった人間の生命に直接関わる多くの分野において，先進国の多国籍企業が**寡占状況**をつくりだしており，その責任は重い。

世界では，人口の50％，30億近い人びとが，1日わずか2ドル以下で生活している。貿易や知的財産権についてのルールが，先進国の主導で，つぎつぎに作られる一方で，基本的な労働基準の設定など，社会目的のためのルールの整備は一向に進んではいない。グローバリゼーションに対する強い反動は，それらに対する是正措置がとられるまで，今後も続いていくと思われる。そして，多国籍企業に対しては，労働，環境基準，人権を守る姿勢と，そのための具体的な方策が，なおいっそう求められていくであろう。

グローバル・ビレッジの未来——ローカルと多様性の認識へ——

グローバル・ビレッジは，国際的な協調体制を意味し，世界の国ぐに

の相互依存性が高まることを意味する。つまり，グローバル・ビレッジの住人にとって，隣国の失業率はもちろんのこと，地球の裏側の貧困や自然破壊も他人事ではなくなる。地球上のあらゆる人びとが，同じ村民として尊重され，排除されることのない社会を目指すのがグローバル・ビレッジのあるべき姿のはずである。

　しかし，現実をみれば90年代のグローバリゼーションは，冷戦後の世界で唯一の経済・科学・軍事大国となったアメリカの主導で進んできた。アメリカ型市場主義原理が世界を席捲し，グローバル・スタンダードは，実際は「**アメリカン・スタンダード**」であると認識されている。アメリカ型市場原理主義の核となるのは競争原理であるが，これは一部の勝者と，その他多くの敗者を生み出した。そもそも，最貧国や多くの発展途上国は，最初から競争の舞台にのぼることすらできないのである。勝者と敗者，富める者と貧しき者の格差は広がるばかりである。そして，グローバル規模での過剰な競争は，発展途上国においては，伝統的な共同体や人間関係を破壊し，**多様な文化と価値観**の喪失を招いている。

　このような状況について，**ハンチントン**（Huntington, S.P.）は，以下のように書いている。「民主的自由主義のイデオロギーが世界で勝利をおさめたのだから，自由主義こそが普遍的に価値があるという考えが，西欧で強まった。西欧，とくにアメリカはつねに伝導を旨とする国であり，西欧以外の人びとは西欧の価値観を尊ぶべきだと信じている。その価値観とは，民主主義，自由市場，小さい政府，人権，個人主義，法治主義であり，世界の人びとは西欧の制度を取り入れるべきだというのである。他の文明圏の一部の人びとは，この価値観を受入れ，広めようとするが，非西欧文化圏の大多数の人びとは懐疑的で，これに激しく抵抗する者も多い。西欧人には普遍的と映るものが，他の文化圏の人びとには帝国主義と思えるのだ。」(『文明の衝突』1998)。

　このようなアメリカ型のものが世界を席捲することに対する反作用と

して，各地で**ローカリズムの再生**が促されている。極端な例としては，中東・イスラム社会におけるイスラム原理主義の強化などがあげられる。ローカリズムは，それぞれの地域の歴史・気候風土・社会に根ざしたものであるから，多様な文化と価値観を含んでいる。したがって，グローバル社会のなかで出会う異文化どおしは，互いにインパクトを与えつつも，共存し，ときには融合していかなければならない。

現在，あらゆる意味で，企業がその活動域を水平方向に拡大すること（国際化）は容易になったといえる。だが，それぞれの活動地域において，垂直方向へ深度を増すこと（地域に根ざす）は，依然として困難である。グローバリゼーションが，単に世界的な活動領域の拡大を意味するのではなく，文字どおり「**地球化**」を意味するものであるとするならば，今日の企業に求められるのは，まさしく，この困難への挑戦ではないだろうか。

市民団体・地方自治体による国際交流，NGOによる環境保護活動など，さまざまな草の根のグローバリゼーションも広まっている。21世紀のグローバリズムの行方は，現時点での支配的現象，つまり，アメリカン・スタンダードによる一極支配ではないことは確かだろう。それは，価値観の多様性，文化の多様性を包みこむ分散多極型の世界ネットワークであり，それこそが，本当の意味での「**地球村**」なのではないだろうか。

③ 国際比較研究の推進

21世紀に入り，企業経営のグローバル化は世界的規模で広がっており，それに伴う各国の経営システムの比較研究がますます重要になっている。企業経営の比較研究は，各国の多様な企業経営の間にみられる類似性や相違を比較分析し，そこから各国経営の特殊性や一般性を明らかにする

ものである。

研究の意義

　企業経営の国際比較研究は，欧米からはじまっている。とりわけ，アメリカでは1960年代に入ってから活発化するようになった。その背景としては，製造業を中心とするアメリカの多国籍企業の海外直接投資が増加していることがあげられる。つまり，1950年代のアメリカでは，国内の収益率が低下し，海外からの競争の激化，海外での高収益という状況が発生し，これに対処するため，企業の多国籍化を急激に進めてきた。多国籍企業が独自の国際戦略を展開するためには，どうしても経営の国際比較が必要になってきたのである。とくに，直接投資を行ない，多数の海外子会社を設置するためには，進出国と自国との経営を正しく比較することが必要となったのである。

　世界的規模の企業の国際化が進むにつれ，企業経営の国際比較の必要性がますます増大した。こうした国際比較研究の基本的課題は，それぞれの国の企業経営の特徴や一般性を明らかにし，これにもとづいて各国の経営の改善と深化をはかることである。

　分析視点はさまざまである。たとえば，国や地域間に存在する文化の相違よりも類似性を強調し，企業経営の理論はある文化から他の別の文化にも容易に移転できると主張する**普遍主義的な立場**がある。また，企業経営は，企業を取り巻く環境（文化・経済・社会など）に影響されるという**文化・制度論的な立場**もあるし，さらに企業環境の多様性と経営戦略や経営組織間の適合関係の重要性を強調する環境適応理論もある。とくに，企業経営の国際比較研究の流れをみると，普遍主義的な立場から，さまざまな状況における関係のパターンを追求する方向に進んできた。

　具体的に，その主要なモデルとして，「経済発展モデル」「環境モデル」

「行動モデル」「オープン・システムズ・モデル」の4つを取りあげることができる。以下で、これらのモデルの要点を述べることにする［ミン（1998），22-27項］。

国際比較研究の主要モデル

① **経済発展モデル**：このモデルは，ミクロ・レベルの経営実践より，経営動向の検討に集中するマクロ・モデルである。このモデルの代表である**ハービソン**と**マイヤーズ**（1959）の仮説によれば，あらゆる国の産業化プロセスの背後には，普遍的な理論が存在する。すなわち，農耕的社会，封建主義的社会，工業的システム，民主的システムと，4つの段階を経て発展する。また，その4つの各段階に対応して，4つの経営システムが存在すると，説明している。

このモデルは，異なった文化や社会をもつすべての組織に対して，一定の経営システムが適用可能であると主張する伝統的な普遍主義的な立場とほぼ同じである。

② **環境モデル**：**ファーマ**と**リッチマン**（1965）は，文化や社会を，経営の有効性に影響を及ぼす重要な変数とみなすマクロ・モデルを展開した。法律・政治，経済，社会，文化，教育など，多数の外的な制約要因がマネジャーの行なう仕事の過程にインパクトをもつとしている。

彼らの主張によれば，伝統的な普遍主義的研究は，「ブラック・ボックス」のなかで行なわれており，環境要因を除外している。こうした研究は，外部環境が同じ企業には有効であるが，国境を越えた環境は非常に多様であるために，環境の相違を説明するには不適切である，と指摘している。

③ **行動モデル**：このモデルは，基本的にミクロ・モデルである。経営の実践と有効性は，態度，信念，価値体系，欲求階層などの文化変数に依存するというのが，基本的前提である。この研究は，経験的方法を用

いてきた。この学派は，操作可能な文化変数をあげ，それを3つの異なるカテゴリーに分けている。すなわち，① 国民性のプロフィール，② 主要な経営活動に関する経営者の態度や知覚，③ 特定の社会で支配的な信念，欲求階層，価値体系，である。

④ **オープン・システムズ・モデル**：**ネガンディとプラサド**（1971）は，マネジャーの行なう仕事の過程は外部環境の制約や文化だけでなく，マネジャーのもっている経営哲学にも依存していると主張した。経営哲学は，必ずしも一定の文化や環境の産物ではないという前提の下で，経営哲学がマネジャーの行なう仕事の過程や有効性に相当な影響を及ぼす，というオープン・システムズ・モデルを提示した（図表4－1）。このモデルでは，環境要因はマネジャーの実践に対してだけでなく，経営の有効性に対しても直接影響を及ぼすとしている。

オープン・システムズ・モデルに関連して構築されたが，**コンティンジェンシー・モデル**である。このモデルは，組織と環境の関係の性質について明らかとし，経営システムが人員やタスクや環境の性質と両立可能なものでなければならない，と指摘した。

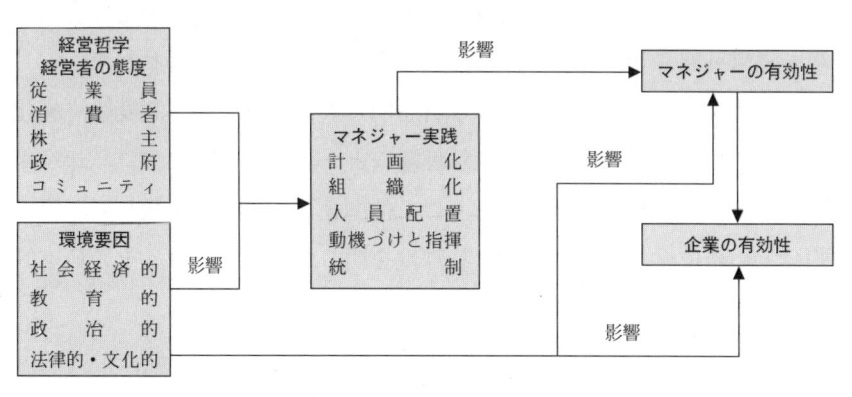

図表4－1　ネガンディとプラサドのモデル

出所）：ミン（1998），p.26.　元典：Negandhi, A.R. and Prasad, S.B., 1971, p.23

日本的経営論との関連性

　アメリカを中心に発展してきた国際比較研究は，さまざまな国や地域に広がり，各文化間での経営の類似性や相違を説明するための概念的な枠組を開発する試みが続けられてきた。とりわけ，第2次世界大戦後の日本の高度経済発展やその後の日本企業の海外直接投資の増加を背景として，1970年代から，**「日本的経営論」**への関心が高まった。欧米との比較研究や，世界各国に進出した日系企業に関する比較研究など，日本企業の経営について多くの国際比較研究が進められている。

　日本的経営の特徴には，終身雇用制，年功序列の昇進制，企業別労働組合，取締役会のトップ・マネジメント組織，コンセンサス重視の意思決定制，生産管理システムなどがあげられている。その特徴から日本的経営の本質を解明しようとする主な研究として，日本特有の経営制度（雇用・人事・教育制度など）の形成，実態，機能を分析する**「制度論的研究」**と，企業にみられる集団主義（経営家族主義，生活共同体，組織編制など）を分析した**「集団論的研究」**がなされてきた。

　とくに，集団論研究の多くは，文化論に傾斜し，日本人論や日本社会論への志向を強め，日本の特殊性を強調した。また，日本企業の現場重視の経営戦略や管理システムに焦点を合わせた研究も行なわれた。

　このように，日本的経営論の本質を明らかにするため，制度論，文化論，あるいは経営戦略論や生産管理論など，さまざまなアプローチを用いた分析が行なわれてきた。とくに，他国企業との比較を通じて，日本的経営の優位性，普遍性または特殊性を明らかにしてきた。その日本的経営における国際比較研究の事例を次に示しておく。

日本的経営についての代表的な研究事例

(1) 環境適応理論による日米比較

　加護野ら（1983）の研究グループは，環境適応理論にもとづき，日米の大企業それぞれ約1,000社を対象としたサーベイ型調査を行なった。このグループは，日米両国企業の経営環境，生産技術，経営目標，経営戦略，組織構造，組織過程，経営者という項目を取り上げ，日米企業の経営の特徴を分析し，日米企業の環境適応パターンの違いを明らかにしている。そして日本型の環境適応パターンを「**有機的適応**」とし，米国型を「**機械的適応**」とよんだ（図表4－2）。

図表4－2　機械的適応と有機的適応

	機械的適応（アメリカ）	有機的適応（日本）
目　　標	投資資本収益率（ROI），株主利益の重視	市場占有率，新製品比率の重視，多元的目標
戦　　略	より広い活動領域の定義，機動的な資源展開と経営資源の有効利用，高い花形製品比率，正攻法の競争志向，製品戦略の重視	経営資源の長期蓄積，高い負け犬製品比率，ニッチ戦略，生産戦略の重視
技　　術	ルーチン性の高い生産技術	ルーチン性の低い生産技術
組織構造	高度の公式化・集権化・標準化（機械的組織），横断関係の制度化，財務・会計部分の大きなパワー，高い事業部制採用率，より高度な業績評価，業績－報酬関係の結びつきが強い，高度の細分化と自己充足性，垂直的統合機構	低度の公式化・集権化・標準化（有機的組織），現業部門特に製造部門の大きなパワー，低い事業部制採用率，単純な業績評価，業績-報酬関係の結びつきが弱い，低度の細分化と自己充足性，横断的統合機構
組織過程	個人のイニシアチブによる決定，問題直視によるコンフリクト解消，アウトプット・コントロール	情報志向的リーダーシップ，集団的決定，強権と根回しによるコンフリクト解消，価値・情報の共有によるコントロール，変化志向的組織風土，ローテーションと内部昇進
経営者の個人属性	スペシャリスト，高い価値主導性，革新イニシアチブ，実績	ジェネラリスト，高い対人関係能力
組織改革	トップ交替と結びつく，トップ・ダウン，第1次機能重視の漸進的改革	高い変化率，第2次機能重視の変革

出所）加護野ほか（1983），p.47

(2) 多国籍企業論における日米比較

安保 (1988 ; 1991) を代表とする多国籍企業研究グループは，日本における親工場とアメリカ現地の子工場 (4産業・34工場) とを比較調査し，親工場にみられる生産方式の諸要素が現地工場にどの程度移転 (適用と適応) されているかを明らかにしている。

このグループの焦点は，「日本企業の競争優位である日本的経営・生産システムの国際移転可能性」にある。その仮説は，「このシステムの強みである人間がらみの諸側面が日本社会の歴史的文化的特性と強く結びついているとすれば，制度，習慣など社会的環境の対極的なアメリカへの移転はかなり困難を伴なうのではないか」ということである。

こうした仮説の下で，独自に開発した「**ハイブリッド(適用と適応)評価モデル**」を作り上げ，日本企業のアメリカ現地工場が日米のどのモデルに近いのかを分析した。

そして，この研究の総合的な評価は，やや日本よりの適用度になっており，日本システムの対米移転のむずかしさ(制度，慣習など社会的環境の違い)を考慮すれば，予想を相当上回り現地に適応していると評価している。また，パフォーマンス評価では，日本の親工場の60−70％程度であり，現地工場ベースで採算にのっているものはまだ少ないが，それでもアメリカ市場においてアメリカ企業の工場との競争で優位に立ち，これに代替しつつあるとしている。

アジアへの比較研究の拡大

1970−80年代，シンガポール，台湾，韓国の経済は大きく成長した。また，ベトナムやタイなどASEAN諸国でも工業化が進展した。そして，1980年代以降の中国経済の驚異的な発展によって，アジア経済への世界的な関心が高まりつつある。こうしたなかで，欧米や日本の多国籍企業を中心に，アジア諸国への直接投資が拡大しており，とりわけ中国

は，「世界の工場」ともいわれるほど，多国籍企業の生産工場の中心になっている。インドの発展にも注意がむけられている。

アジア経済に関する関心が高まるにつれ，欧米や日本的経営のモデルを用いてアジアとの比較研究がなされてきた。その国際比較研究の主な焦点は，欧米や日本の経営・生産システムのアジアへの**移転可能性**であり，文化や経済，社会などが異なる環境において，欧米や日本の経営・生産システムが移転可能であるのか，である。

とくに，1990年代以降，日本のアジア現地企業に対して，日本企業対アジア企業の国際比較が行なわれ，日本的経営のアジアへの移転可能性に関する議論が活発に行なわれ，その研究も蓄積されている。その主な研究として，板垣編（1997），岡本（1998）などがある。

板垣の研究グループは，上述した安保を代表とする日本多国籍企業研究グループのメンバーであり，日米比較と同様の分析枠組「ハイブリッド評価モデル」で，台湾・韓国における日系工場（25工場）を比較分析している。また，岡本康雄（1998）の研究グループは，東アジアの7カ国（58社：台湾，タイ，マレーシア，シンガポール，インドネシア，中国，韓国）における日系企業の現地化問題を取り上げ，経営戦略，組織管理，人的資源管理，素材・部品メーカーとの関係，生産管理，技術移転などについて，多面的に分析している。

これらの研究成果を総合的にまとめることは，かなり困難ではあるが，筆者の感想としては，日本的経営の特質の諸要素はアジア諸国へかなり移植されており，また企業環境の相違による適用し難い部門は現地に適応しながら移転活動を行なっている，と受けとめている。

こうした総合的な評価は，ほぼ同感しうるものである。しかし，筆者（2003）は，生産管理の側面から日韓自動車部品産業を工程単位までに分け，比較分析した。その分析結果から，日本的経営の移植は表面的な部門（日本製の機械導入，5S活動など）にとどまっており，肝心な部門

(JIT, 多能工化, 段取り時間の短縮など) は移転されていない, ということを明らかにした。理由は, 一次的問題として, 工場内での生産管理技術不備の問題にある。それは, 企業内・外の労働環境問題からもたらされ, 企業内・外の労働環境の問題は, 社会構造に影響されていることがわかった。

このように, 日本的経営のアジアへの移転について, 総合的には移植されているとしても, 各論においては肝心なところが移転されておらず, それは, 各国の企業を取り巻く環境に強く影響されていることを示唆している。

欧米や日本の企業経営に関する国際比較研究に比べれば, アジア諸国の経営システムの解明は, まだ初歩的段階にある。しかし, 日本的経営に関する国際的な議論の拡大を経験したように, 中国をはじめとするアジア諸国の経営システムの解明は, 世界的に広がるであろう。なぜならば, 既存の欧米や日本的経営を基準としたアジア諸国との比較研究は, 歴史的, あるいは多様な社会構造の背景を下に発展してきた各国の経営システムを一元的に捉えること自体が困難であり, そのため, **国別の経営システム**の解明がますます必要になってきている, からである。

4 IT化と国際経営

1990年代以後のアメリカ経済は, 急激な成長を遂げた。このアメリカの急成長の原因を説明しようとしたのが,「**ニュー・エコノミー**」の主張である。それにしたがうなら, コンピュータをはじめ, 多くの情報通信機器の開発・発展と, その拡大によって経済活動のあり方が大きく変わることになるという考え方である。このニュー・エコノミーを可能にしたのが, IT (英語参照) であり, IT (英語参照) の発展と拡大による経済の構造変換が, アメリカの高い成長をもたらしたといわれる。

他方この考え方によると，日本の1990年代の経済が不況にとどまっているのはこれら情報技術の発展にのりおくれた点にその原因があると考えられる。この考え方が全面的に正しいとはいえないが，少なくとも大きな原因であろう。

そうだとすると，IT化がもつ意味を知ることは，日本の経済を説明する上でも重要なことである。本節では，このIT化と国際化について考えていくことにする。

IT化の進展

日本においては，1960年前後から大規模メーカーなどに大型汎用コンピュータが導入されはじめ，その後**オフコン**（オフィス・コンピュータ）が開発され，小型化・低価格化が進み，卸売業者・小売業者を含む中規模業者にも普及がはじまった。しかし，当初の利用は，部門別・取引先別売上管理など，社内の経理処理業務がほとんどであった。

1970年代になると，コンピュータの容量アップ，低価格化などにより，商品アイテム別管理と複数のコンピュータ端末をオンラインで接続した社内システムが普及しはじめる。つまり，本社と営業所・倉庫，あるいは営業部門と経理部門をオンラインで結び，営業部門での受発注と倉庫での出荷指示，経理部門での代金請求処理などが，コンピュータ端末間で行なえるようになる。このシステムでは，社内の事務処理合理化ということに主眼が置かれており，その代表のシステムが，**POS**（Point Of Sales）**システム**である。

1980年代になると，データ通信システムは，企業の外に広がる。商取引を行なおうとする企業同士が標準化されたルールによってオンラインで結合し，データ交換が行なわれる，すなわち企業間情報システムが作りあげられた。**EOS**（Electronic Ordering System），**EDI**（Electronic Data Interchange）のような情報システムがその代表例である。これら

のシステムは，主として取引企業間を結ぶものであった。

ところが，1993年2月以降の円急騰の下で，日本の製造業は，国際競争力を維持するために，調達について急速にグローバル化をはじめた。同時に製造業は，海外への生産移転を急速に進めた。ここにこれまでの国内における部品メーカーと完成品メーカーを結ぶだけの情報システムでなく，**国際情報通信ネットワーク**活用の必要性が高まってきた。

国際情報通信ネットワークを構成するためには，異機種間通信が必要である。そして，この異機種間接続を可能にしたインターフェースの国際標準ツールとして登場したのが，インターネットである。インターネットは，標準規格に基づくオープンなフラット・フォームであるため，前世代のITに要した投資額と比べると，大幅に少ない額で，そのメリットを享受できる。

このインターネットをベースに海外を含む各事業所をネットワーク化し，文書だけでなく，画像も送受信し，資材調達，開発，流通の管理を行なうグローバルな情報システムの構築が活発になっている。

日本企業は，系列を超える取引をはじめているとはいえ，まだ部品や資材の調達先を，アメリカの企業よりはるかに狭く限定する傾向が強い。インターネットは，そのオープン性から，調達の面で大きな利用効果をもたらすといわれる。日本企業は，その効果を充分にうけているとはいえない。

グローバル化への影響

日本の企業間には，長期継続的な取引関係が一般的であり，「**系列**」とよばれる。この系列間では，製品の開発・設計・製造が緊密な情報交換のもとで行なわれ，効率的な製品開発・製造システムが維持されているといわれてきた。そのため自由な市場が成立せず，海外の企業にとって，系列は，参入障壁になってきた。

ところが，ITの進展は，日本の産業構造を足元から揺らしている。IT化が進み，情報交換の能力が飛躍的に向上した。また，IT化により，取引における情報流通コストがいちじるしく低減した。そこで，多くの企業は，系列にこだわるより，自由な市場取引をすることでより効果的なシステムを作りあげるようになった。

ITの進展はボーダレスつまり，国境を壊し，製品開発・製品生産や商取引を世界中で行なうことを可能にした。たとえば，「オートモーティブ・ネットワーク・エクスチェンジ」(ANX)は，世界最大のエクストラネットであり，すでに世界各国の自動車業界サプライチェーンに属する5,000社以上の企業が参加している。大手自動車3社(GM，フォード，クライスラー)の出資によりスタートした同社は，インターネットをベースに構築された，誰でも参加できるグローバルなコミュニケーションを自動車業界全体に提供している。

ANXのような**デジタル・マーケットプレース**の登場により，多くの買い手と売り手は，インターネットを介して結びつけられ，企業の調達活動も効率化できる。買い手のメリットとしては，取引コストの低下，価格・製品情報へのアクセスの容易さ，関連サービスの購入の便利さがあげられる。場合によっては，共同購買も可能となった。

売り手には，販売コストと取引コストの低下，より広範な市場へのアクセスの可能などのメリットがもたらされた。とくに，他者より優れた商品をもつ企業にとってのIT化の進展は，大きなチャンスを意味する。

ITの進展により，低いコストで世界中の多数の取引相手がみつけられる。パソコンという接続手段の普及とインターネットという標準規格の確立は，取引において時間的・空間的な制約をなくし，国際化を大きく加速させた。

変わる経営と変わらない経営

　インターネットは，ある企業が電子商取引市場に参入する際の流通コストや売上コストを限りなくゼロに近づけることができる。これはとくに電子出版，情報サービスのように物流をともなわないデジタル製品関連の企業にとって，もっとも起こりやすい現像である。

　たとえば，デジタル製品などは，即時に配送することができ，このような業種では，介在する販路における仲売を大幅に減らすか，最終的には，媒介をまったく使わなくなることすら考えられる。

　それ以上に，買い手と売り手は互いにアクセスしたり，コンタクトすることが可能であり，実際におけるやりとりなどにかかわる制約や，ある種のマーケティングコストを削減することもできる。このように，企業がインターネットという新たなチャネルを利用できるようになり，既存流通チャネルの交渉力が弱まる傾向がみられる。

　さらに，インターネットは**オープン・システム**であるので，企業が差別化を保つことが今まで以上にむずかしくなり，競合他社との競争関係が激化する。

　また，企業が顧客の購買行動に関する情報をこれまで以上に集積できるようになり，より顧客に適した内容を提供し，サービスを改善し，購入の利便性を高めることが可能になる。

　以上のように考えてみると，インターネットをはじめとするIT化の進展によって産業と企業はすべてが変化するように感じられるが，果たして従来の競争のルールは変わるのか。

　現在多くの企業は，明確な戦略を立てずに，他の企業に遅れをとることを意識しすぎたあまりに，先立って**E-ビジネス**の導入をはかっている。この成り行き任せの投資は，E-ビジネスの生成期ならば投資家から高い評価を得られたかもしれないけど，今日は企業に大きな負担をか

けることになる。もっと論理的なアプローチが必要とされている。

そこで，重要になるのが，従来の競争優位や競争手法である。その代表的な考え方のひとつが，**事業ポートフォリオ戦略**である。

古典的なポートフォリオ戦略は，限りある経営資源をいかに選別的に配分するかを中心課題とする。多種多様な事業を慎重に分散させたポートフォリオに投資することで，長期的にみて，より高いリターンを持続的に得ることができる。

インターネットは，ビジネス上の要素を数多く変化させた。しかし，バランスの取れた体系的なアプローチによる投資の必要性まで変えてはいない。インターネットがもたらすビジネスチャンスは，経営効率の改善からまったく新たなビジネスモデルの創造まで幅広く適用される。それだけに，事業投資のポートフォリオ全体を包括的にとらえることが，これまで以上に重要になっている。

また，**ポーター**（Porter, M.E.）は，ITの進展によりオペレーション上での競争優位を維持するのがむずかしくなったぶん，戦略的ポジショニングがますます重要になると主張した。彼は，今日の企業は，インターネットが絡んだ競争を，オペレーション効率からのみ定義していると指摘し，激しい変動の時代においても，独自のポジショニングを絶えず改善・向上しつつ，みずから決めた戦略的方向性をとまどうことなく，突き進まなければならないという**戦略的ポジショニング**の重要性を力説した。

以上みてきたように，インターネットをはじめとするITの進展は，あらゆる産業や企業に大きな変化を起こしている。このようなIT化によるE-ビジネスは急速な発展を遂げ，またこれからも発展しつづけるだろう。いまのところ，E-ビジネスは，経済活動のごく一部にすぎない。にもかかわらず，多くの企業はE-ビジネスに巨額の投資を続けている。

ここで重要なのが明確な戦略の必要性である。明確な戦略というのはまったく新しい戦略を意味することではない。E-ビジネスの成否は，ネットに関する最新かつ短いトレンドやテクノロジーに精通しつづけるのと同時に，古くからの経営の手法をインターネットと組み合わせることにかかっているといってよいだろう。

5　今後の課題

　21世紀経営を読み解くキーワードのひとつが，国際化であることについて異論はないだろう。この国際化の急速な進展によって世界経済はもとより，国際政治も大きく変化し，さらに各国の文化まで大きな影響を受けている。国際化によって世界は国境を越えてひとつになり，今日の経済はもはや国民経済を単位としてはとらえきれなくなっている。

　国境を越えた経済活動の国際化は，**世界の単一市場化**をおし進め，国際資本主義を構築してきたといえるが，そうしたことが**メガ・コンペティション**といわれるような世界市場をめぐる激しい国際競争を引き起こしている。このような国際競争の激化の下で企業の国際的なレベルでの再編が進んでおり，最近は多くの産業で巨大な多国籍企業同士の買収，合併が進行し，世界的な産業再編成が起こりつつある。

　ところが，国際化の進展は**産業空洞化**の問題，**アメリカ・スタンダード**のような問題点も抱えているのが現状である。とくに，アメリカの多国籍企業の事業活動や国際金融資本の動きが各国の経済のあり方に直結しており，国内の経済不況や失業問題などが国際化の下で生じているため，国際化への批判を招いている。

　このような国際化の進展の下で日本の経済も，企業も新たな課題に直面している。日本の経済・社会のこれからを考えるうえで，国際化の意味を考え，その影響について検討することはとても重要なことであろう。

《参考文献》

奥野正寛，池田信夫編『情報化と経済システムの転換』東洋経済新報社，2001年

片岡幸彦編『地球村の思想――グローバリゼーションから真の世界化へ』新評社，2001年

齊藤毅憲，石井貫太郎編『グローバル時代の企業と社会』ミネルヴァ書房，2002年

サスキア・サッセン著，伊豫谷登士翁訳『グローバリゼーションの時代』平凡社，1999年

サミュエル・ハンチントン著，鈴木主税訳『文明の衝突』集英社，1998年

マイケル・E・ポーター著，沢崎冬日訳「戦略の本質は変わらない」『ハーバード・ビジネス・レビュー』ダイヤモンド社，2001年

レスター・サロー著，岡本洋一・仁平和夫訳『資本主義の未来』TBSブリタニカ，1996年

安保哲夫編『アメリカに生きる日本的生産システム』東洋経済新報社，1991年

板垣博編『日本的経営生産システムと東アジア』ミネルヴァ書房，1997年

加護野忠男，野中郁次郎，榊原清則，奥村昭博『日米企業の経営比較――戦略的環境適応の理論――』日本経済新聞社，1983年

ミン・チェン著，長谷川啓之・松本芳男・池田芳彦訳『東アジアの経営システム比較』新評論，1998年

岡本康雄編『日系企業in東アジア』有斐閣，1998年

大島國男『国際比較経営論』森山書店，1979年

高橋俊夫監修『比較経営論』財務経理協会，2002年

《いっそう学習（や研究）をすすめるために》

片岡幸彦編著『地球村の行方―グローバリゼーションから人間的発展への道』新評社，1999年

　グローバリゼーションの進展は同時に，地球環境破壊，エネルギー枯渇，貧富の差など，地球村全体に危うい影を投げかけている。その現実と対策について具体的な提言が示されている。

《レビュー・アンド・トライ・クエスチョンズ》
① 日の企業活動を，グローバルとローカルの2つの視点からまとめてみよう。
② 国際比較研究の必要性と今後の方向について述べてください。
③ ITの進展により変わる経営と変わらない経営を簡潔に述べてください。

第 5 章

企業再生論

本章のねらい

　企業再生の理論は，企業のおかれた状況によって異なるが，本章では，① 倒産→再建，② 危機→再構築，③ 平時→活性化の3つの段階に分ける。本章を学習すると，以下のことが理解できるようになる。

① 　倒産を前提とした再建論は「救済の論理」が優先するため倒産関連法との関係がテーマとなること

② 　企業が危機的状況にある再構築の理論では，短期間に再生させる「効率の論理」が支配的であるため，バリューチェーンを再構築する手法が重要になること

③ 　平時における企業活性化の理論はさまざまあるが，「創造性の論理」としてナレッジ・マネジメント論が重要であること

④ 　すべての段階で必要な「断絶（飛躍）の論理」としてのパラダイム変革に関する独自モデルが有効であること

1 企業再生論をめぐって

行きづまる日本企業の経営

　バブル経済の崩壊を機に，日本企業にプラスだった要因はマイナスに作用しはじめ，まるで，あらゆる歯車が逆回転しているようである。

　たとえば，土地神話の崩壊にともない固定資産を担保とする銀行の審査と貸付のシステムが機能しなくなり，株式の持ち合いによる企業集団の仕組みが，逆に不良債権化を促進してしまった。

　護送船団方式，業界団体による調整など「**日本株式会社**」とよばれた官民協調のシステムは，天下り，談合，丸投げなど負の側面が露出し，省庁との関係が深いとされる金融，ゼネコンなどの業界で破綻が表面化した。

　系列，フルセット生産方式，メインバンク制など，完成品メーカーや銀行を中心とする共存共栄の仕組みも，中小企業の自律をさまたげてしまったがゆえに，中国をはじめとするアジア諸国の追い上げにあって，逆に国内産業の「空洞化」を加速する要因となった。

　「三種の神器」と賞賛された雇用慣行（終身雇用，年功序列，企業内組合）や一括採用，社内教育などの人事教育制度には，ダウンサイジングに不可欠な労働市場を未整備にしたツケがまわってしまった。社内昇進によるゆっくりとした経営層育成，温情主義的経営，人間関係論的手法とも合わせて，IT化やスピード化の障害になりつつある。

　意思決定の遅さや，ゆがんだ愛社精神は，リスク・マネジメントの面でも裏目に出た。消費者意識の台頭や情報公開を求める声を背景に，雪印や三菱自動車，日本ハムなど伝統ある優良企業の不祥事が重なって，この面でも企業再生が求められている。

なにもバブルの崩壊や不祥事だけが問題ではない。背後には，情報化やサービス化の進展，少子高齢化による組織の逆ピラミッド化，若者を中心とした労働観の変化など，製造業（とくに大企業）をモデルとした日本的経営の仕組みが行きづまる構造的要因が見え隠れしている。

百花繚乱の企業再生論

企業再生論が収束しないのは，さまざまな視点から論じられて，議論の次元が異なるからであろう。

第1に，企業再生には**日本経済の構造改革**が不可欠という議論がある。経済再生論である。この次元でも政府の政策を是とするか非とするかで，異なる議論がある。不良債権処理や雇用対策を急ぐべきという意見もあれば，労働市場の育成，年金制度の改革，少子化対策，地方分権，教育改革など，企業再生を可能にする長期的プランを求める声もある。

第2に，日本的経営をめぐる議論もある。成果主義や実力主義的人事制度の採用など，日本的合意形成・調整型マネジメントから脱却すべきという意見がある一方で，**リーン・プロダクション**など日本から学んだ手法が海外で開花しているとして，いまこそ日本的経営の良い面や，ものづくりの原点を見直すべきという見方もある。

第3に，知識社会に適合した21世紀型の**ビジネスモデル**を構築すべきという意見がある。たとえば，垂直統合的な**バリューチェーン**（付加価値を高めていく企業内外の連鎖の輪）を解体してネットワーク型のビジネスモデルを構築すべきという主張もあれば，高品質（Quality），低価格（Cost），短納期（Delivery）だけを目的にする**QCD的経営**から脱却して，研究開発や知的資産の活用に重点を置くべきという議論もある。

第4に，情報開示が企業再生のポイントだと考える人びともいる。たとえば，甘い会計原則や会計・財務上の曖昧性を克服して，財務基準を国際化し，社外重役を登用しながら**コーポレート・ガバナンス**（企業統

治)を強化していくべきという主張である。

　そもそも、どの業界でも通用する企業再生モデルはなく、大企業と中小企業では再生の方法が異なる、というコンティンジェンシー（条件別理論）的主張もある。

　まさに百花繚乱の企業再生論であるが、本章では、それぞれの議論を一部紹介しながら、再生のポイントを、資金（体力）の度合いと、事業（ビジネスモデル）の適否という観点から考えてみたい。

　第1に、事業やビジネスモデルが適切でも資金や体力がなければ再生ができない。その場合は、法律の枠組みや政府の政策が実践的な意味をもつ。本章の前半では、主に再建関連の法規や制度的な側面について学ぶ。

　第2に、事業やビジネスモデルに問題がある場合は、事業内容の再構築や再編、あるいは新しいビジネスの創造が必要になる。本章の後半では、独自の組織パラダイム変革の理論を展開する。

2 企業再生論の種類と意味

　再生には、英語の「rebirth」（生き返る）という意味と、「reproduction」（作り直す）という意味が含まれている。前者は、緊急時（死に至る直前）に復活することで「再生手術を受ける」という場合にあたる。後者は、平時に再生産することで「音楽や映像を再生する」という場合に使う。いずれにしても、「命を吹き込む」という**活性化**（activation）や「変身」にあたる**革新**（innovation）や**変革**（transformation）に近い意味が込められている。

企業再生の段階

　企業再生（rehabilitation of corporation）でも、瀕死の状態で蘇生・

復活するのか，平時における再生なのか，によって企業再生の論理が異なる。

　第1に，経営が破綻し，倒産に追い込まれた段階で企業の復活をはかるのが，**企業再建**（reconstruction of corporation）である。ここでは企業を危険水域から引き上げて，存続させることが至上命令になる。経営面では，つぎにみる企業再構築や活性化の手法も活用されるが，この段階では具体的に法律を活用しながら，危険水域から，企業を救い出すという「**救済の論理**」が優先される。

　第2に，業績が悪化して危機的状態になったときの企業再生には，「再構築」がある。この段階は，危険水域にきわめて近い危機的状態であり，時間的制約があって短期間に企業の業績を回復させなければならない。企業を再生するためには，まずはスリム化して赤字部門を削減し，コストを削減し経済性を追求しなければならない。つまり，企業再構築

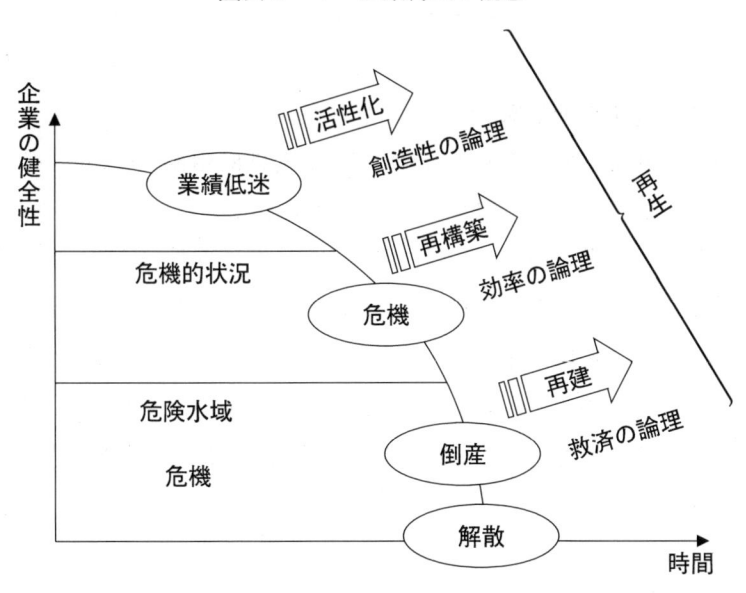

図表5－1　企業再生の概念

出所）田作朋雄『図解　民事再生法』東洋経済新報社，p.13に加筆，修正した。

の段階では「**生産性の論理**」あるいは「**効率の論理**」が優先されがちである。本章では，**リストラクチャリング**（restructuring），**リエンジニアリング**（reengineering）と，21世紀型のビジネスモデルをあげる。

第3に，平時あるいは業績低迷の段階で論じられる企業再生は，「活性化」という言葉で表わせる。活性化には，生産性を向上させる意味も含まれているが，企業の創造的な活動を維持していくことが，企業再生のテーマになっている。つまり，「**創造性の論理**」が中心になる。

企業再生の必要性

企業が再生を必要とするのは，企業が衰退するからにほかならない。企業が衰退する理由は，外部と内部に求められる。

環境の変化

第1に，組織衰退の外部要因は環境の変化である。古典的な研究では，**バーンズ**（Burns, T.）と**ストーカー**（Stalker, G. M.）が1961年に発表したスコットランドの調査がある。彼らは，職能的に専門化・細分化された官僚的な**機械的組織**（mechanistic organization）と自由なコミュニケーションがとれて臨機応変に対応できる**有機的組織**（organic organization）に類型化して，環境との関連を調査した。

その結果，変動の激しい業界に参入した企業のうち，成功した企業は有機的組織へ転換できた企業であり，これに対して失敗した企業は機械的組織のままで転換できなかった企業であった。

いまや激変の時代が到来している。情報化／ＩＴ化，国際化，業種の壁を越えて市場に参入する業際化が進み，系列を超えた事業統合や業界再編が進んでいる。

組織のライフサイクル

　第2に内部要因がある。企業は，なにもしなければ日々官僚化して衰退の道を歩む。バーンズやストーカーのいう機械的組織になって環境適応力が低下するわけである。そのひとつの根拠にライフサイクル論がある。**シューマン**（Schuman, P. A. Jr.）は，生産性と創造性を軸にして成熟化の過程を説明する（図表5－2）。

　① **創業時**：企業は，創業時には創業者の創造的アイデアによって成長する。この段階では，企業規模が小さいために高い生産性はあまり期待できない。

　② **大企業化**：企業が大きくなってくると，分業（仕事の分担）が進み，大量生産のメリットが生まれるために，生産性が高まるが，しだいに創造性が軽視されるようになる。

　③ **衰退**：企業は，そのままにしておくと定型的な仕事（ルーチン・

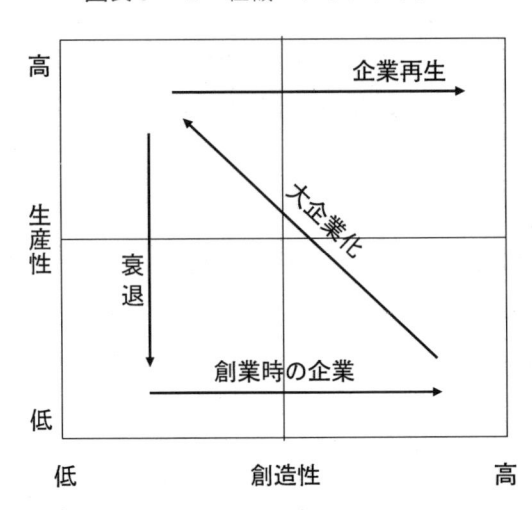

図表5－2　組織のライフサイクル

出所）十川廣國『企業の再活性化とイノベーション』中央経済社，1998年，p.15にあるSchuman（1993）の図を参考に加筆

ワーク）が優先され，官僚的な組織文化が生まれて，生産性も低下する。それは，「大企業病」といわれる現象である。

　④**企業再生**：大企業病を克服して，高い生産性を維持しながら，創造性を高めていくことが，企業再生の道である。

　このモデルから，生産性と創造性は必ずしも両立しない，あるいは「効率の論理」を追求すると「創造性」を犠牲にしてしまうことがわかる。

　日々の生産性は分業／専門化によって達成されるが，日常業務が効率化されると，同じ業務に埋没し，挑戦的な意欲が失われ，規則や前例にしか従わない人びとを生みだす。創造的なアイデアは生まれず，分析ばかりに明け暮れ，会議と書類だけが多くなる。これが，成熟化の過程である。

3　企業の再建

　企業再建の段階の企業再生論は，企業を危険水域から救い出す「救済の論理」が中心になる。このため，やや技術的になるが，法律的な処理に焦点を絞って企業再建の仕組みを紹介したい。

企業再建

　企業再建とは，**企業倒産**（collapse of corporation）を前提にした概念で，自力で事業（企業活動）を続けることができない（あるいは，困難な）企業を立て直して事業を軌道に乗せることである。

　「倒産」とは，企業活動ができなくなった状態で，その原因には，**支払不能**（不渡り手形を出して銀行取引を停止された状態）と**債務超過**（債務の総額が資産の総額を超えた状態）がある。類似の言葉に「破産」があるが，これは経済的に破綻して借金を返せない状態のことで，企業のみ

ならず個人にも使う。

倒産処理

　倒産後の処理には，法律によらない私的整理（任意整理）と，法律にもとづき裁判所の指示を受ける法的整理がある。

　① 私的整理

　不渡手形を出して銀行取引が停止されると，現金取引のみで事業を行なうことになる。そのような状態で，企業が存続する場合もごくまれにあるが，仕入れなどができなくなるので，一般には企業活動が停止する。

　その際，裁判所に申し出ることなく関係者で適当に財産を処分することを「私的整理」または「任意整理」という。法律によらないので，不明瞭な処分が行なわれたり，整理屋とよばれる裏社会の人びとが介入したりすることもある。また，営業活動を停止したまま解散せず，休眠状態で放置する場合もあるが，こうした放置状態が不良債権の処理をむずかしくしてきた原因にもなってきた（後述の「日本的な企業再建」参照）。

　② 法的整理

　これには，図表5−3のように，清算型と再建型がある。倒産に関連する法律には，破産法（1922年），会社更生法（1952年），民事再生法（2000年）などがあるが，こうした法律をまとめて「倒産法」とよぶことがあるので，「破産法」と混同しないようにしなければならない。なお，本章では混乱を防ぐため「倒産法」とはよばず，「倒産関連法」とする。

　A．清算型（破産法）：清算型は，破産法にもとづいて残された資産を債権者に返すもので，法人にも個人にも適用される。清算は債権者あるいは債務者が破産を裁判所に申し立てることで始まる。債務者自身が申し出る場合が「自己破産」にあたる。

　裁判所は財産が散逸するのを防ぐために「保全処分」を行ない，破産

法にもとづいてその妥当性を判断し,「破産宣告」を出す。債務者の財産で破産財団が構成され,破産管財人が財産の管理処分をする。会社は解散し,再建されることはない。

　B．**再建型**：再建型は,① 会社更生法にもとづく更生,② 商法による会社整理,③ 民事再生法による再生,に分かれる。

　更生（会社更生法） は,経営が困難になったが,再建の見込みのある企業に対して,債権者や株主の利害を調整しながら事業を継続させる目的で制定されたもので,株式会社にしか適応されない。

　債務者（株式会社）,債権者,株主が裁判所に申し立てを行なうが,破産法と違って,破産の「おそれ」がある場合でも申し立てができる。裁判所は,清算の場合と同じく「保全処分」を行なうが,その後,再建手続きに入るかどうかを調査して,手続きに入る場合に「開始決定」を下す。

　その後,管財人が選ばれ,管財人を中心に再建される。企業の経営陣は追放され,株式総会の機能は停止され,経営権はすべて管財人に移る。手続きが厳格で時間も費用もかかるため,大企業に適応される場合が多い。

　会社更生手続は,民事再生手続と対比すると,担保権の制限や経営陣の交代などで裁判所の関与する度合いが高いが,そのぶん,再建手続きの透明性では,民事再生手続より優れている。

　会社整理（商法） は商法にもとづき,株式会社のみに適用される。取締役,監査役,株主,債権者に加えて,監督官庁も申し立てができ,「保全処分」→「開始決定」を経て,債務者あるいは整理委員の作成した整理案を債権者にみせる。その後,債権者の同意を得て,整理計画を実施する。

　なお,一般には,法人が財産関係を整理して解散することを「清算」というため混乱しがちだが,「会社整理」という言葉は,法律上では再

建のための手続きを意味する。したがって，ここでいう「整理計画」とは「再建計画」のことである。

再生（民事再生法）は，株式会社ばかりでなく，病院のような法人や，個人にでも適用される。アメリカ的な企業再生の仕組みをいかしたもので，経営陣が主体的に企業再生に取り組むよう，のちに述べるDIP制が採用され，再建手続きにはいる「開始決定」も従来（会社更生法や商法）よりずっと短くなっている。

また，手続きが会社更生手続に比べて低コストですみ，迅速なため中小企業向きといえる。ただし，民事再生法で制限される権利は無担保債券者に限られているため，（担保権者の権利も制限する）会社更生法に比べて手続きの効力が弱い。

日本的な企業再建

救済の論理は，①過去の経営責任と，②将来の再建計画を明確にした上で，③必要な資金の投入などで速やかに事業を軌道に乗せることにある。ところが，日本の倒産関連法の未整備や日本的風土もあって，

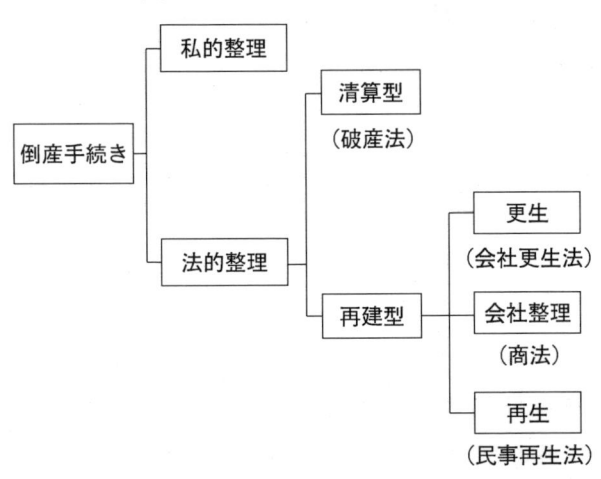

図表5－3　倒産手続きの分類

```
倒産手続き ─┬─ 私的整理
            │
            └─ 法的整理 ─┬─ 清算型
                          │    （破産法）
                          │
                          └─ 再建型 ─┬─ 更生
                                      │    （会社更生法）
                                      ├─ 会社整理
                                      │    （商法）
                                      └─ 再生
                                           （民事再生法）
```

第5章　企業再生論

この3つが中途半端になりがちである。

① 日本の倒産関連法体系

日本の倒産関連法は，1922年にできた破産法と和議法にルーツがあるが，当時はドイツ法を模範にしており，破産処理が中心であった。「**倒産＝破産**」であり，再建して企業を再生させるという発想自体がなかった。また，手続きが面倒で，使い勝手が悪く，1938年に商法の会社法に関する部分に特別清算と会社整理の手続きが追加された。それに，第2次世界大戦後，アメリカの連邦破産法を模してできたのが，1952年の会社更生法である。

しかし，いずれも時間や費用がかかり，ドイツ法とアメリカ法の混在という不統一性もあって，あまり使われなかった。そのため，私的整理や整理そのものも行なわない放置の状態が多くなってしまい，これがバブル景気の崩壊後に不良債権の処理をむずかしくしてしまった。

また，日本の倒産関連法は，国内で起きた倒産を国内だけで処理するもので，日本企業の倒産は海外にはなにも影響しないし，海外の企業倒産の影響もないという前提にたってきた。いわば鎖国の状態だったのである。

こうした倒産関連法の未整備・不統一を正し，不良債権処理を促進し，国際化に対応するために成立したのが民事再生法であり，これによって和議法は廃止された。また，会社更生法も1967年の一部改正を経て，2003年には，手続きの簡素化・迅速化がはかられた。

しかし，これによって倒産関連法が統一されたわけではない。再建手続きが会社更生法，商法，民事再生法と，入り口から異なる状態は好ましくない。今後は，つぎに述べるアメリカ連邦倒産法のように統一したひとつの法律のもとに体系的な法整備を進める必要があろう。

② DIP制とDIPファイナンス

アメリカの再建手続きは，連邦倒産法の第11章で扱われているためチャ

プター・イレブン（Chapter 11）といわれるが，経営陣が事業を継続しながら，早く企業を再生できるように，さまざまな配慮がなされている。

経営陣が退陣せず，事業を継続することをDebtor-in-Possession（債務者が企業を所有する意味）の頭文字をとってDIP制とよぶが，アメリカではチャプター・イレブンの手続きに入った企業にあえて積極的に融資するDIPファイナンスという形態が生まれている。

チャプター・イレブンの手続きに入ると，原則として債権は，全額凍結される。申し立てた後は即日，凍結開始決定がなされるから，債権は確実に筆者に保護されるので，その企業と安心して取引が継続できる。さらに，一般債権より**優先度の高い超優先**（super-priority）として融資でき，担保も設定できるという規定がアメリカ連邦倒産法にあるから，積極的なDIPファイナンスが行なわれる。

③ 情報開示とスピードの重要性

日本で企業再建がなかなかスムーズに進まない原因は，ほかにもある。

第1は，日本的なネガティブ発想である。日本には，「**投資**」を「**借金**」ととらえ，「**チャレンジャー**」を「**変わり者**」「**山師**」のようにみて冷遇する風土があるが，同様に「**旧経営陣**」を「**罪人**」として扱う傾向がある。経営責任は明確にしなければならないが，事業を熟知する経営陣を追放するだけでは企業再建の道は閉ざされる。

第2は，情報に関する閉鎖性である。倒産を「恥」とする風土があるため，面子にこだわって，再起不能の段階までやせ我慢してしまう傾向がある。再建の過程でも「保護」を名目に密室で処理されるため，高額な弁護士費用が支払われたり，再建ビジネスをハゲタカにたとえたりする。

第3は，対応スピードが遅いことである。早期発見と早期手術が大切なことは医療と同じであり，企業にまだ体力のある段階で再建手続きを開始し，法的な処理もスピードを速めることで，企業再生の可能性も高

まる。

④ 構造改革と企業再生政策

政府は，2003年に産業再生法（「産業活力再生特別措置法」）を改正し，**産業再生機構**（IRCJ）を発足させた。これは，企業再建よりも債権回収を優先してきた**整理回収機構**（RCC）とは異なり，再建可能な企業の再生を担う受け皿機関で，再生企業の債権を非主力銀行（メインバンク以外の金融機関）から購入し，主力行（メインバンク）と連携して支援していこうというものである。

RCCは，旧住専7社から買取った貸付金債権等の回収にあたった「住宅金融債権管理機構」をルーツとするもので，担保物件の売却などで債権を回収してきたが，IRCJはウェイトを企業再建におこうとしているわけである。

産業再生法の特徴は，支援の対象を「企業」でなく「事業」におこうとしている点にある。これまでの担保主義は，「貸し渋り」や「貸しはがし」を引きおこし，経済は**デフレスパイラル**におちいってしまった。そこで，評価基準を「担保」（過去）ではなく事業の「収益性」（将来）におこうというものである。このため，事業の収益性をもとめる**DCF**（Discounted Cash Flow）法が注目されている。

また，機構内に民間人らからなる**産業再生委員会**を設置し，委員会が再建可能な企業を選別したり，対象となる企業の認定基準を明確にしたりするなど，IRCJ自体の**コンプライアンス**（法令遵守）を厳しくしている点にも特徴がある。

たしかに，再建方法について取引銀行間で対立がある場合など，IRCJのような中立の政府機関が入ることによって短期間で再建計画が合意できるメリットがある。利害を調整して計画を軌道に乗せる役割が期待されているわけである。

しかし，政府系の政策投資銀行や都道府県に設置された中小企業支援

協議会も含めて,政府が企業の生死を決定することに対する反対論もある。再建計画に政治的な配慮が影響するからである。また,企業再生の仲介手数料が民間より低いことから,民業圧迫との批判もある。

そのほかに,政府は,規制緩和を目的とした構造改革特区の指定,産学協同研究など知識集約型ベンチャーの支援,1円設立を可能にする株式会社の最低資本金に関する特例,就業支援センターの創設などで企業再生や新事業の育成をはかっている。

皮肉なことに,経済低迷の長期化で,政府・行政レベルのプランは,それなりの総合性ができてきたが,問題は実行性である。構造改革を阻止しているものに行政組織そのものがある。いまこそ「縦割り」あるいは「縄張り」の自縛から脱却できるかが問われている。

4 企業の再構築

危機的な状態で導入される企業再生手法に**リストラクチャリング**と**リエンジニアリング**がある。これらの正確な定義をふまえて,21世紀型のビジネスモデルについて考えてみたい。

リストラクチャリング

リストラクチャリング(restructuring)は「企業再構築」ともいわれ,ヒト・モノ・カネ・チエといった経営資源の組み換えによって企業の基本的な構造を再構築し経営革新をはかることである。

リストラクチャリングの基本は,組織構造をスリム化し,赤字部門をなくして,得意な分野に経営資源を集中しながら企業を再構築していくことで,その方法には,少なくとも2つのアプローチがある。

① **ファイナンシャル・リストラクチャリング**
財務的な見直しにもとづいてバランスシート(貸借対照表)上の改善

をめざすもので，借入金の洗い替えや不良債権の売却，本社機能の縮小や間接部門の削減，工場や店舗の統廃合，生産の海外移転などがある。

② ポートフォリオ・リストラクチャリング

事業，市場，製品を見直して，不採算事業から撤退したり，事業分野を統合したり，市場や製品を絞り込んだりする例があたる。

ファイナンシャル・リストラクチャリングとポートフォリオ・リストラクチャリングの両者は，表裏一体である。赤字部門を縮小したり売却したりするだけでは，企業の再構築は実現しない。事業・市場・製品などのポートフォリオを見直して，採算の悪いものを削減することが重要である。

しかし，リストラクチャリングは，短期的かつ緊急避難的なものになりがちで，持続的な競争力を生みだすものではなかった。また，それは**ダウンサイジング（企業のスリム化）**に主眼を置くため，ヒト・モノ・カネなどの経営資源を縮小するだけになりがちであり，このうち，とくに人的資源の縮小が注目された。このため，リストラクチャリングの省略形である「リストラ」が「人員削減」とみなされるようになってしまった。要するに，それは構造壊しと人減らしに終わってしまったのである。

リエンジニアリング

リストラが経営資源の見直しを中心とするのに対して，業務プロセスの見直しを通じて，仕事のやり方を再設計することが**リエンジニアリング**（reengineering）である。このため，BPR（Business Process Reengineering）ともよばれる。

リストラとリエンジニアリングには，つぎのような違いがある。

第1に，リストラは企業の構造を変えることであるから，組織図（静止画）を見直す作業になったが，リエンジニアリングは仕事のプロセスを変えることであるから，フローの概念（動画）でとらえられる。

第2に，構造（組織図）を変えるリストラが，トップ中心であったのに対し，仕事のフローを見直すリエンジニアリングでは，仕事の最終目的である顧客満足という視点が重要になる。リストラが上を向くのに対して，リエンジニアリングは顧客志向になる。

　第3に，業務プロセスの見直しを進めるためには，組織の壁を取り除き，横ぐしを通して組織の横断的な連携を進めなければならない。また，実際に業務に携わる人びとの積極的関与も重要であり，現場における権限の委譲が大きな役割をはたすことになる。リストラが組織の縦方向のフラット化であったとすると，リエンジニアリングは横方向の短縮化・スピード化になる。

　第4に，リエンジニアリングでは，部署間の関係が問題になるから，**情報技術**（IT）がポイントにもなってくる。従来，人間関係や手作業で行なわれていた情報交換を，ITを活用して円滑にスピードアップする方法である。

　最後に，リエンジニアリングでは，リストラにない発想が必要である。従来の仕事の流れを踏襲していては，企業再生は期待できない。プロセスを見直す際には，斬新で，創造的なブレークスルーの発想が必要になってくる。

　したがって，リエンジニアリングでは，① 業務プロセスを重視すること，そのために，② 顧客志向の立場に立って，顧客価値や顧客満足をはかり，③ **エンパワーメント**（横ぐしを通したり，権限を委譲したりすること）や，④ IT技術を活用し，⑤ 創造的なブレークスルーを進めることが大切とされている。

企業再構築理論の限界

　リストラやリエンジニアリングは一時ブームになったが，必ずしも成功しなかった。

第1の理由は，人間に対する理解を忘れて，コスト削減を中心とした「効率の論理」に走ってしまったことにある。ダイエットをしすぎると健康を損なうのと同じように，企業もダウンサイジングしすぎると活力を失う。組織をスリム化・フラット化してしまったために，中間管理層が担っていた目にみえない知的資産や，トップと現場をつなぐ駆動円滑材としての役割，付加価値を生みだすエネルギーがなくなってしまったのである。

　第2の理由は，分析的になってしまって，「創造性の論理」が抜けていたことである。コスト削減は，同質化競争を生み，コスト削減で得た競争力は，すぐに失われる。創造性を欠いた企業再生論は，持続的な競争優位をもたらさないのである。そこで，顧客志向の立場に立って，他社と違う**コア・コンピタンス**を見いだすという議論が起きる，

　しかし，ここでも分析的な枠組みから脱することができないために，既存の技術からコア・コンピタンスを発見しようという発想に陥りがちである。リエンジニアリングでは，ブレークスルー志向も大切とされるが，現実には，ゼロから新しいものを創造するための手法は少ない。

　第3の理由は，IT技術を強調するあまり，表面的な組織構造や業務プロセスに主眼がおかれたことにある。実際の組織で**非公式組織（インフォーマル・グループ）**が重要な役割を果たしていることは，ホーソン実験以来，経営学でも常識になっている。実際の業務プロセスも，分析的なフローチャートのようには動いていない。さまざまな例外，相互作用，個人プレイ，組織文化などが複雑に絡み合っている。こうした現実を無視して，業務改善を行なおうとしたことに，問題があった。

21世紀型のビジネスモデル

　業務プロセスの見直しは，第1段階では，部署・部門単位で行なわれるが，この改善の限界が明らかになると，第2段階として，企業全体の

統合と最適化が検討され，さらに第3段階として，企業の枠を越えた企業間連携による全体最適を求めるようになる。

これは，新しい**バリューチェーン**を構築していくことにつながるが，それには，① **サプライチェーン**（原材料の調達から製品を顧客に届けるまでの供給活動の連鎖）を見直す垂直的な戦略と，② 顧客がのぞむ各種サービスを連結して付加価値を生む水平的なバリューチェーンの戦略がある。

20世紀型ビジネスは製造業が中心で，系列のように「前工程」の材料・部品産業を組織化する垂直的統合が重視されたが，経済のサービス化／情報化が進展する中で，「後工程」にあたる各種サービスをどのように統合していくかという水平的事業展開が注目されている。

たとえば，自動車メーカーは，顧客情報を活用して，リース事業，損害保険，自動車電話，ナビゲーション・サービスなどへ広げる水平結合的バリューチェーンを構築することができる。

企業の「**強み**」（Strength）や「**弱み**」（Weakness）をビジネスの「**機会**」（Opportunity）や「**脅威**」（Threat）と結びつける**ＳＷＯＴ分析**でいえば，下請けや自社流通網などをかかえた「大量生産＝大量販売の体制」が，コストやスピードの面で負の資産になりつつある。一方では，**ＯＥＭ**（相手先ブランド）などを活用しながら，工場は**ファブレス化**し，業務を**アウトソーシング**することで，小規模組織の方が，多様な顧客ニーズにスピーディに応えられるネットワークを作ることが可能になりつつある。

この場合，第1に，真のキャッシュを生んでいるのはどの事業分野なのかという，事業の収益構造分析を行なった結果，**プロフィット・プール**（利益の源泉）を移動することが企業再生のポイントになる。

第2には，顧客との**コラボレーション**（collaboration＝協働）や**生涯価値**（LTV：Life-time Value）を重視する**関係性マーケティング**（relationship marketing）を活用して，ひとりの顧客（ひとつの取引先）から長期

的な利益を獲得することである。

コラボレーションとは，顧客と企業との双方向的な情報のやり取りのことで，生涯価値とは，将来にわたって一人の（一取引先の）顧客からもたらされる全利益の現在価値のことである。

第3に，各種事業を組み合わせて，「情報の経済性」の特質である「自己組織化」を活用し，競争ルールを変えていける**ビジネスモデル**を「創造」する必要がある。

「規模の経済」は大量生産など大規模投資と垂直統合で実現するが，「情報の経済」は特定の顧客層に多様なサービスを提供する「範囲の経済」であり，それは情報財の共有化を通じてビジネスを拡大する「自己組織化」ともいえる。たとえば，マイクロソフトが顧客リストを使って，各種のソフトを無償で提供し，その結果，広範囲な情報サービスをカバーして競争優位にたつことができた。これが「自己組織化」の例である。

5 創造性復活の理論

企業の創造性を高めるアプローチは，さまざまな視点から考えられてきた。アンゾフが関連ある事業を組み合わせることでシナジー効果が発生すると主張したのは1960年代のことである。

ここでは，**ナレッジ・マネジメント**（knowledge management）を取りあげたい。とくに，**野中**と**竹内**らが提示した**ナレッジ・クリエーション**（知識創造）の理論は，創造性と暗黙知に着目した日本的な企業再生理論といえる。

ナレッジ・マネジメント

ナレッジ・マネジメントには2つの流れがある。

第1は，IT技術を活用し組織内の知的資産を共有化しようというも

ので，書類をデータベース化し，**イントラネット**（インターネットを活用した社内情報システム）や**グループウェア**（共同作業をするソフト）などを通じて誰もが使えるようにする動きの一環である。

リストラやリエンジニアリングの結果，組織のフラット化・流動化・自律化が進み，中間層が蓄積していた知識が流出しがちなため，知識の創造や共有化を組織的にはかる必要性が増大している。このために，**暗黙知**（概念化できない知識）や**個人知**（個人のもつ知識）を表出して**形式知**（形式化・言語化・概念化された知識）や**組織知**（組織が共有する知識）に転換していくのがナレッジ・マネジメントである。

第2は，組織論の流れである。日本企業の現場主義や小集団活動などを暗黙知ととらえ，全社的に知識の創造をしていこうというものである。IT技術を応用したナレッジ・マネジメントが，現実には個人の形式知をデータベース化するレベルに留まっているのに対して，組織論でいうナレッジ・マネジメントでは，本人でも意識しにくい暗黙知を言語化したり，逆に形式知をスキル化したりすることに重点がある。

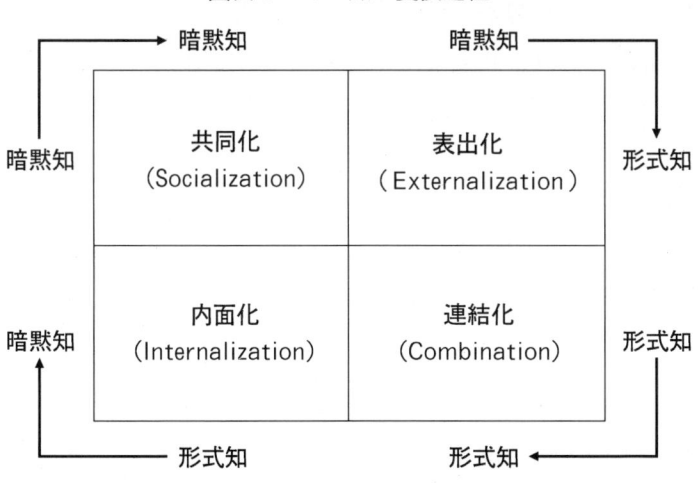

図表5－4　知の変換過程

	暗黙知	形式知
暗黙知	共同化 (Socialization)	表出化 (Externalization)
形式知	内面化 (Internalization)	連結化 (Combination)

出所）野中郁次郎・竹内弘高『知識創造企業』東洋経済新報社，1996年，p.93

たとえば，**野中・竹内**（1996）は，つぎの4つの知の変換過程（図表5－4）を通じて，暗黙知を表出させたり形式知を取り込んだり，相互に作用しながらスパイラルを形成することで組織的な知識創造が促進されるという。

共同化（暗黙知から暗黙知へ）：職人技術の伝授やOJT教育など経験により暗黙知を共有する過程

表出化（暗黙知から形式知へ）：対話を通じて製品コンセプトを創り出すなど暗黙知を概念化する過程

連結化（形式知から形式知へ）：コンピュータデータベースのように形式知を整理・組み替える過程

内面化（形式知から暗黙知へ）：マニュアルにもとづく行動などで形式知を暗黙知へ体化する（体を使って覚える）過程

ナレッジ・マネジメントの限界

リストラやリエンジニアリングをアメリカ的な企業再生論とすれば，野中らのナレッジ・マネジメントの理論は，**日本的な企業再生論**といえる。**アメリカ的再生論**が，構造論，分析論，設計論に走って，服にたとえれば表面的デザインに偏ったのに対し，日本的再生論は，外からは見えない裏地にも着目した。組織と人間に関するすぐれた洞察の成果である。

しかし，現段階のナレッジ・マネジメントでいう「創造の理論」は「革新（断絶）の理論」とは必ずしもなっていない。暗黙知は，経験で獲得する知であるが，経験は現実的で飛躍しにくいため，暗黙知を取り込んだ知識創造の過程は漸進的にすぎない。

第2に，知識創造の過程が，アイデア創出に偏っていて，応用分野がとくに商品開発や研究開発などに限られてしまっている。その意味で，技術革新的なイノベーションは期待できるが，経営革新的（企業再生的）

なイノベーションはあまり期待できない。

　第3に，ナレッジの意味づけという重要な部分が抜け落ちている。職人の技を表出化するためには，個人の努力を外へ出す意味（価値）を示さなければならない。真・善・美・聖といった価値は「知」そのものであるのに，その部分がナレッジ・モデルに組み込まれていないのである。

革新の理論

　ここで，革新，すなわち**イノベーション**（innovation）について確認してみたい。イノベーションは，**シュンペーター**（Schumpeter, J. A.）が『経済発展の理論』において提示した，経済発展を引き起こす生産要素の新しい結合のことで，①新製品の導入，②新生産方式の導入，③新市場の開拓，④原材料や半製品の新しい供給源の開発，⑤新しい組織の開発，という5つの例があげられている。

　しかし，イノベーションは，「**技術革新**」（technological innovation）と和訳されたため，一部では，製品技術（製品を開発・改良する技術），製造技術（品質・コストを改善する技術），材料技術（新素材の開発や材料の改善技術）などに限定的に使われるようになった。

　イノベーションを「技術革新」ととらえると，シュンペーターの原義にあった，(a)過去の延長にない「断絶の論理」，(b)経営的・経済的・社会的現象におよぶ全体的変革，(c)創造的破壊者としての企業者の役割，が軽視されてしまう。

　企業者は，**アントレプレヌール**（entrepreneur）の訳語で，新事業を展開したり新製品を開発したりして市場創造を行なう革新的経営者のことである。「起業家」と訳される場合もあるが，起業家が創業者であるのに対して，「企業者」は企業の伝統を創造的に破壊する者である。

　シュンペーターの言葉を借りるならば「個々の経営との継続的な関係はもっていない社会的故郷喪失者」であり，過去との「断絶」がイノベー

図表 5 − 5　アントレプレヌール（企業者）の特徴

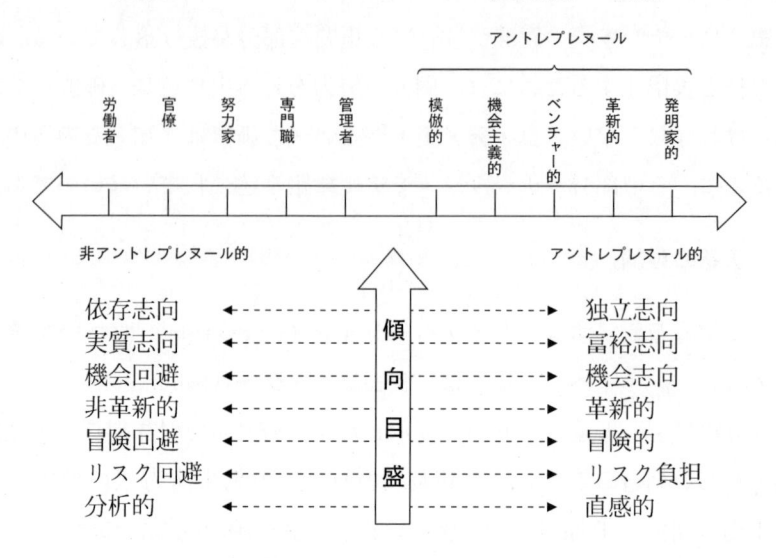

```
                                    アントレプレヌール
                              ┌──────────────────────┐
  労  官  努  専  管    模  機  ベ  革  発
  働  僚  力  門  理    倣  会  ン  新  明
  者      家  職  者    的  主  チ  的  家
              専      義  ャ      的
                      的  -
                          的
  ←――――――――――――――――――――――――――→
     非アントレプレヌール的        アントレプレヌール的
```

依存志向	←――――――→	独立志向
実質志向	←――――――→	富裕志向
機会回避	←――――――→	機会志向
非革新的	←――――――→	革新的
冒険回避	←――――――→	冒険的
リスク回避	←――――――→	リスク負担
分析的	←――――――→	直感的

（中央に「傾向目盛」の矢印）

出所）ロビンソン著（川上宏訳）『素顔のアントルプルヌール』千倉書房，1992年，P.8（原典は，ジョン・バーチ『企業家精神』John Wiley & Sons, 1986).

ションの特徴である。

　シュンペーターの功績は，①経済学者が需要創造の外的変数として扱ってきた企業者と技術を経済理論に組み入れたことと，②創造的破壊者としての経営者の役割を示したことにある。

　経営者は，一般に，すぐれた管理者であればよいと信じられていたが，企業を再生するためには，逆に組織を壊す必要がある。企業者は，独立心や冒険心があり，リスクやチャンスを求める点で，管理者や専門家や官僚とは正反対の性格をもつ（図表5−5）が，この**破壊者（反管理者）**としての機能が過去と「断絶」する革新性を生む。

イノベーションのジレンマ

　クリステンセン（Christensen, C. M.）は，「持続的技術」と「破壊的技術」という2つの技術によって，イノベーションがもたらすジレンマ

を説明している。

　彼は，需要の軌跡と技術革新の軌跡を別々のラインで描き，技術革新のペースが需要の増加を上回る時に，「破壊的技術」が「持続的技術」の市場を奪っていくというメカニズムを図式化した（図表5－6参照）。

　たとえば，IBMが最初に開発したディスク・ドライブは，24インチ・ディスクが50枚組み込まれた5MBのものだったが，フェライト・ヘッドが，薄膜ヘッドに代わり，90年代半ばからはMRヘッドが採用されて記憶容量は格段に大きくなった。これらは確立された性能向上の軌跡を推し進めるもので，「持続的技術」とよばれる。

　これに対して，ドライブの小型化を可能にしたアーキテクチャーの技術は，先発メーカーを駆逐する破壊的技術であった。ディスクの直径は，14インチ→8インチ→5.25インチ→3.5インチ→2.5インチ→1.8インチと縮小していき，ミニコン→デスクトップ→ノートパソコンと製品の小型化が進んだ。

図表5－6　持続的イノベーションと破壊的イノベーションの影響

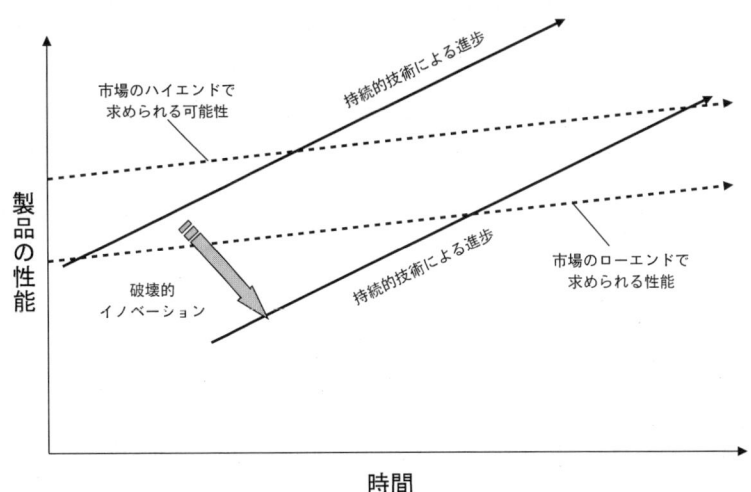

出所）クリステンセン著（玉田俊平太監修・伊豆原弓訳）『イノベーションのジレンマ』翔泳社，2001年，p.10

メインフレームのメーカーは，自社の顧客（大学，研究所，大企業など）を大切にして性能向上に努力したが，個人ユーザーを対象としたデスクトップやノートパソコンの市場を予測することはできず，多くが，市場から撤退してしまった。いまでは，かつてのメインフレームユーザーがデスクトップを使って業務を行なっている。これは，技術革新の進歩が，市場で求められている処理能力の向上（需要の軌跡）を超えてしまったからであり，企業は技術進歩に努力した結果，そのジレンマに陥ってしまったことになる。

ここで「技術」と述べているものは「イノベーション」のことで，小売業界でいう業態変革も含まれる。たとえば，シアーズがウォルマートに抜かれたのも，自社が獲得したカタログ販売などの持続的技術に固執して，ディスカウントストアの破壊的イノベーションを見過ごしたからである。

持続的技術は，顧客が特定できてニーズも固定的なので開発目標が立てやすいが，破壊的技術の場合は，誰が顧客で，どのように使われるかも不明なので，組織的開発や市場調査がむずかしい。存在しない市場は分析できないからである。

では，どうしたら新しい市場をみつけることができるのであろうか。クリステンセンは，①独立した組織をスピンアウトしたり，②小規模な企業を買収したりすることが有効だとしているが，説得ある組織変革の理論は見あたらない。そこには，破壊的技術にジャンプする「断絶の論理」が必要になってくる。

煮蛙的破綻とパラダイムシフト

断絶の理論は，別の観点からも求められる。一度運動を始めた物体は，同じ運動を続けようとする。これを物理学では「慣性の法則」というが，企業にもこの法則があてはまる。いったん慣れた仕事のやり方は変えに

図表 5-7　パラダイムシフトの重要性

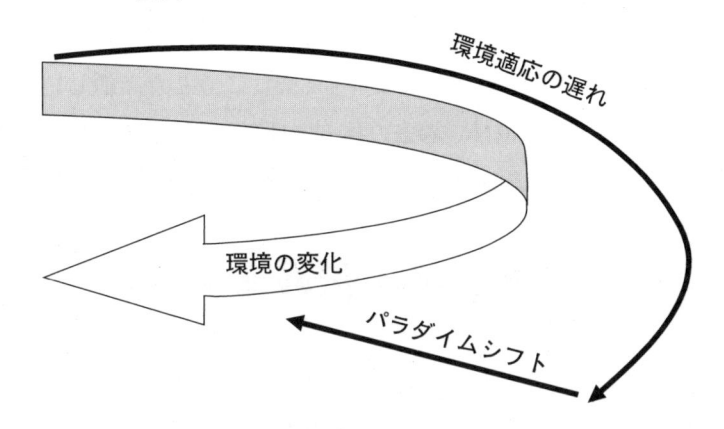

環境適応の遅れ

環境の変化

パラダイムシフト

くいし，一度できあがった企業文化も変えることがむずかしい。

　マーチとサイモン（March & Simon, 1958）は，**採用の手続き**（recruitment procedures）と**組織内での実践**（organizational practice）によって，人びとが企業のカラーに染まっていくことを指摘した。企業にふさわしい人を採用し，企業カラーにあったように育てるから，企業は同じような行動様式を続けるというのである。

　ダラダラ坂を下るようなシェアダウンが続くと，表面的な組織改革は「かけ声倒れ」に終わり，「危機だ」と叫ぶトップの声は「オオカミ少年の叫び」のように「またか」と受けとられる。蛙はゆっくり湯の温度をあげると，飛び出さず死ぬという。変温動物としてのパラダイム（後述）を抜け出せないためで，これを「煮蛙的破綻(にがえる)」という。

　従来のコンティンジェンシー理論や経営戦略理論の背景には，「適合」（fit）あるいは「調和」（congruence; consonance）という概念がある。つまり，状況変数である環境や技術に，組織変数である組織構造や管理システムが適合あるいは調和していれば，成果変数としての有効性も高まるという前提があった。

　しかし，ゆっくりとした適応は環境とのギャップを生みだす。とくに

環境の変化が激しい時には，企業の対応が後手になって，気づいた時には適応が困難になってしまうことがある。そこで，まったく別の次元にたった企業経営の変革が必要になってくる。こうした，新しいベクトル（方向）への急速な変革は，過去の積みあげ（累積的業績）と「断絶」するもので，**パラダイムシフト**（paradigm shift）とよばれる。

6　パラダイム変革モデル

　最後に，独自のパラダイム変革モデルを提示してみたい。これは，ナレッジ・マネジメント論とは別に，**アサヒビール**の研究と，パラダイムに関する一連の考察から生まれたもので，知のはたらきを立体的にモデル化し，パラダイム変革（断絶）のメカニズムを探ろうという試みである。

パラダイムの意味

　パラダイム（paradigm）は「考え方の枠組み」や「思考パターン」とされるが，「世界観」や「価値観」のような抽象概念ではない。パラダイムという用語を社会科学で初めて用いた**クーン**（Kuhn, T.）は「一般に認められた科学的業績で，一時期の間，専門家に対して問い方や答え方のモデルを与えるもの」と定義している。

　パラダイムには，専門家のみが知りうる記号（数式や法則），言語（専門用語），見本例などを含む。たとえば，**ニュートン**の $f=ma$ の法則は，$mg=md^2s/dt^2, mgSin\theta=-md^2s/dt^2, m_1d^2s_1/dt_2+k_1s_1=k_2(d+s_2+s_1)'$ などに書き換えられて，パラダイムの要素を形づくっている。

　もともと，パラダイムとは，「範列」と訳される言語学上の用語である。「雨が降る」という文章の中で，雨の代わりに用いることのできる雪・雹（ひょう）・霰（あられ）など一連の語が存在するときに，それ

らの語が「パラダイム（範列）」とよばれる。クーンは，A→A'→A"と変化しながら全体として同じ文脈で使われる「範列」にヒントを得て，科学的業績としてのパラダイム概念を生みだした。

この場合，変形されたニュートンの法則は，力学的なさまざまな現象に当てはめることができることで，検証され，ニュートン力学のパラダイムが形成される。

科学者集団とパラダイム

パラダイムは，信念体系，研究の対象，方向，実証方法などを共有する科学者集団が存在してはじめて成立する。しかし，その信念体系は，通常の社会勢力や組織が共有するものとは異なる。

クーンのパラダイム論を翻訳した**中山**（1984）は「宝生流もあれば観世流もある」場合にはパラダイム概念を適用できないという。宝生流の信念体系（精神理念や風土や価値観）が，ほかの流派（たとえば，観世流）の存在を根本から否定するようなものでないならば，それは，集団凝集性（集団を形成する力）をもっているが，集団的な規範にすぎないというのである。

クーンは，「発展した科学においては，対立する学派が存在しない」と述べている。彼によれば，パラダイムが現われる以前（古代ギリシャの百花繚乱的な科学者集団，自然誌的研究や百科事典的な分類研究）に存在した多数の学派は，いったんパラダイムが成立すると，消滅する。

たとえば，地球の自転を認めるか否かは，研究上の大きな分岐で，科学が唯一で絶対的な真実を追究する以上，ひとつの回答モデル（パラダイム）のもとにしか科学者集団は形成されない。したがって，科学者集団に天動説派と地動説派が「分派」として共存することはないという。

このようなパラダイムの特徴を，共訳不可能性とよぶ。ともに分かり合える部分を共有できないという意味である。また，古いパラダイムを

無視したり黙殺する新パラダイムの力を「**ネガティブ・パラダイム**」（negative paradigm）とよぶ。すなわち，パラダイム間では，共訳不可能性やネガティブ・パラダイムがはたらくために，2つの異なるパラダイムが「分派」として共存することはないのである。

暗黙知を含むパラダイム概念

日常生活では「発想の転換」といえば済むところを「パラダイムの転換」といったり，「考え方」といえばよいところを「パラダイム」といってみたりする。

しかし，本来はパラダイムを獲得するためには修行が要る。クーンは，それを「見本例」という表現で説明している。研究者は，実験室や観察フィールドにおいて見本例を共有する。見本例とは，「科学共同体で生みだされる具体的業績」のことである。

筆者は，インディアナ大学客員研究員として滞在中に，ある生物学者と親しくなった。同大学は，DNAの螺旋構造を明らかにしたワトソンの出身大学であるが，その研究室で実験を行なっている研究者によれば，DNAの分析においては，写真技術を応用して塩基の配列を示すことが，しばしばあるそうである。

私は，彼の論文にある多色刷りの写真をみても，なんの意味づけも見いだせなかったが，彼の世界（科学者集団）においては，その写真をみるだけで専門的な意味づけがなされる。医者がレントゲンに病巣を見ながら医者になるように，科学者は，暗黙知（実験室で体験的に得た見本例）を共有することで科学者になる。むしろ，そうした日々の見本例を通じてパラダイムが強化されるのである。

これは，分析論的な経営学に重要な示唆を与えている。ある組織成員が共有するパラダイムを「**組織パラダイム**」（organizational paradigm）と名づけるとすれば，組織内の成員は，日常の体験を通じて同じ「見方」

「考え方」「やり方」を共有することになる。PLAN（考え方）→ DO（やり方）→ SEE（見方）のすべてが組織パラダイムによって支配されているとすれば，経営学の教える「**計画→実行→統制**」の枠組みの中ではパラダイムに変革を与えることはむずかしい。

4つの知

クーンのパラダイム概念は，集団を形成する単なる規範（価値）でないこと，そして，暗黙知とでもよべる見本例を含んでいることを確認した。彼によると，**デカルトの形而上的な概念**もパラダイムを構成しているし，ニュートンの理論（法則），X線という装置，実験室で体得した見本例など，さまざまな概念知や暗黙知もパラダイムを形成しているという。

つまり抽象的な知ばかりでなく，具体的な知，理論的な知，体験的な知などがパラダイムに含まれる。これをヒントに，知の体系モデルを図式化した（図表5－8）。

第1に，「知る」という働きの中には，①「事象」をあるがままに理

図表5－8　知のモデルと経営

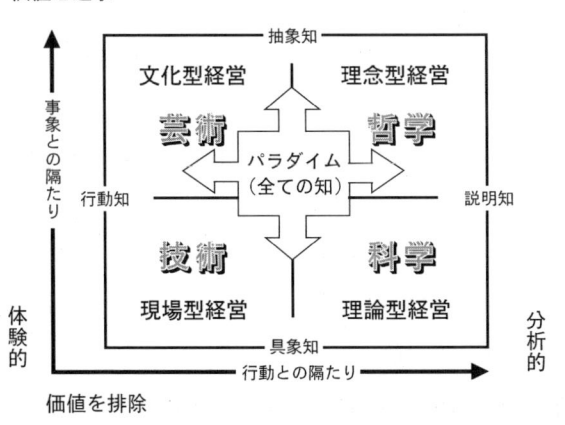

解しようとするものと，②事象を抽象化し，現実を超越した意味を見いだそうとするものがある。前者は価値を排除するもので，科学者や技術者の観察態度にみられる。ここでは「**具象知**（事象に直結した知）」とよぼう。後者は価値を追求するもので哲学者や文学者の観察態度にみられる。ここでは「**抽象知**（事象から離れた知）」とする。

第2に，「知る」という働きの中には，③「行動」とともにあるものと，④行動と離れて説明するためのものがある。前者を「**行動知**（行動と直結した知）」，後者を「**説明知**（行動と離れた知）」とよぼう。この2つの知が生じたのは，恐らく人類が「手」と「頭」で自然界に適応してきた結果であろう。

「知る」ことは「生きる」ことの一部であり「暮らす」，「働く」，「楽しむ」などの「行ない」と密接に絡みあっている。人間は，生活・労働・娯楽などの実践の場で知恵や工夫を繰り返しているが，それらは自分自身以外に説明しにくいものを含む。このように，「行ない」と密着しながらそれを十分説明できない知の働きが「行動知」である。

「知る」ことは「説明する」ことであり，分析的・理論的・体系的に総括することにつながっている。だが，頭でわかっていることが実践できないことがある。こうした，説明しながら行動に結び付かない知の働きが「説明知」である。

もちろん，具象知，抽象知，行動知，説明知は相対的な概念で，これらの中間，あるいはそれ以外にも知の世界がある。これら4つを取りあげたのは，組織変革スタイルをモデル化するためである。

4つの領域

4つの知をX軸，Y軸にとって4象限をあらわすと各領域の特徴がみえてくる（図表5-8参照）。

第1象限（哲学領域）：抽象化しながら価値（理想）を追及するととも

に分析的・理論的・体系的に説明しようとする「抽象−説明知」の世界。「哲学」「宗教」が典型である。

　第2象限（芸術領域）：「抽象−行動知」の世界。「芸術」「文化」が典型である。芸術とは現実の中に見いだされる美を抽象化・理想化する具体的な行動であり、文化は真・善・美・聖などの価値を生きる場で実現しようとする知の産物である。

　第3象限（技術領域）：「具象−行動知」の世界。「技術」（とくに職人的技術）が典型である。技術にはスキル、アート、テクノロジーなどが

図表5−9　組織変革スタイル

スタイル	経営の重点	組織パラダイムを変革できない理由
第1象限 理念型経営 「抽象−説明知」	経営理念を重視 文学で明文化 言葉で訓示	理念が「美文」や「絵に描いた餅」に終わる可能性がある。人間は、できないことを理念に掲げることもある。禁煙の誓いのように有言不実行になる可能性をはらんでいる。
第2象限 文化型経営 「抽象−行動知」	組織文化を重視 体質改善などの社内運動を展開	文化や芸術は形式化し保守化しやすい。TQCなどの運動は、デミング賞挑戦がノルマ化し、図表とグラフづくりに時間を浪費することがある。
第3象限 現場型経営 「具象−行動知」	現場の技術や日常の仕事を重視 マニュアルの導入	技術や日常事務を重視すると、大局観が失われる。マニュアルの重視は、従業員のロボット化につながる。
第4象限 理論型経営 「具象−説明知」	経営理論を重視 教育・研修に熱心	理論と行動の乖離を招きやすい。トップや一部スタッフの「机上の空論」になるおそれがある。教育は研修期間だけの効果に終わる可能性もある。

あるが，価値を排除する具象知にしたがい，実践や訓練の中から経験や勘によって生まれる行動知的な要素を強くもっている。

　第4象限（科学領域）：「具象－説明知」の世界。「科学」が典型である。科学とは，事象の構造や法則を分析的・理論的・体系的に説明する知の働きである。

　各領域は4つの組織変革スタイルにあてはまる。しかし，それぞれの変革だけでは，組織パラダイムは改革しない。なぜならば，パラダイムは，すべての知に働きかけなければ，変わらないからである（図表5－9）。

アサヒビールの事例

　アサヒビールは，1980年代初頭には最下位転落の危機に直面していたが，**アサヒスーパードライ**のヒットを契機に組織文化や業務プロセスを大幅に変革し，企業再生に成功した。

　当初，村井社長は，経営理念の策定とTQC・CIの導入で旧パラダイムに「**ゆらぎ**」を与えた。中堅スタッフの問題意識を高めCI委員会というトップ直結の組織で味について議論させ，味の論議を組織変革に結びつけた。

　アサヒビールが売れないのは商品が「まずい」からという仮説は，従来の「見方」「考え方」「やり方」にもとづく。つまりは旧来の組織パラダイムが「まずい」という結論を導き出した。村井は，理念（第1象限の知）と文化（第2象限の知）の領域で変革に道をつけた。

　ところが，この事例でおもしろいのは，そのような地ならしをした村井が，変革の火ぶたを切る時期に，樋口にバトンタッチしていることである。樋口は，早い決断と行動力をもって実践（第3象限の知）に訴え，マスコミを利用しながら，独特の理論（第4象限の知）を社内に訴えた。

　樋口語録は，樋口自身を英雄にしただけでなく，アサヒビールに対す

るマスコミの注目度を高めた。社内に小さな武勇伝が生まれた。行動知が抽象化されていったのである。

同時に，マーケティング組織が強化され，商品企画と製品開発を結ぶ**ブリッジ的組織**が設置された。マーケティング理論も動員された。市場細分化にもとづくターゲットユーザーの絞り込み，「3面等価の原則」という名で浸透したマーケティング・ミックスの理論などが動員された。

社内が活気づき，社員は自信をもち，仕事のやり方が変わっていった。「前例がない。だからやる」というのは，樋口語録であるが，まさに未知のことにチャレンジする風土が生まれた。物流が見直され，IT技術を活用した情報共有に熱心になった。

アサヒビールの事例をみると，最下位転落の危機にあたって，混乱の中で，さまざまな「知のはたらき」に訴える経営手法がほぼ同時に活用された。村井の行なった理念型や文化型経営だけでは不十分であったろうし，樋口の実践型経営だけでも組織パラダイムは変革しなかったであろう。

企業再生のために

神学的な中世のパラダイムにゆらぎを与えたのが宗教改革（第1象限の知）だが，当初は宗教戦争や農民戦争を引き起こし，むしろ**混乱（カオス）**を招いた。新しい近代的パラダイムは，ルネッサンス（第2象限の知）や科学革命（第4象限の知）や産業革命（第3象限の知）が合わさって誕生した。

宗教改革だけをとってみても，グーテンベルク（Gutenberg）の金属活版印刷という技術革新なしには実現しなかった。一般人が印刷された聖書を読むことで，キリストの教え（教会に独占されていたナレッジ）に触れられるようになったからである。これは，今日でいう情報革命で，印刷技術は今日のITである。

ルターらの書いた庶民向け小冊子は，秘密の印刷所で活字にされ，行商人によって村々に配られ，ある者は納屋の奥で，文字を知らぬ者は読める者の所に集まって，福音の言葉に耳を傾けた。

　しかし，革命的なナレッジの拡大には，**ソフト（コンテンツ）**と**ハード（技術）**以上の意味が含まれている。宗教理念という知の働きと印刷技術という知的資産が相互に影響しあったことは重要だが，印刷技術が宗教理念を生みだしたのではない。今日的にいえば，ITを使えば変革できるという発想に落とし穴がある。

　企業を再生しようとするためには，複数の改革を同時に展開すべきである。リエンジニアリングの理論でも「**ビジネス・システム・ダイヤモンド**」と称して，業務プロセスが変わると，職務と組織構造が変わり，評価システムが変わり，価値観や信念といった企業文化が変わるという。しかし，業務プロセス→組織構造→評価システム→企業文化というダイヤモンドは，一方通行であっては空疎になる。業務プロセスから出発した文化（価値・信念体系）は，「効率の論理」に支配されてしまうからである。

　価値や信念は，「効率の論理」からだけでは生まれない。顧客満足や創造性も価値だが，その企業独自の色合いと感動を生みだすものでなければ魅力的でない。

　これまでの企業再生論は，IT技術の活用や「効率の論理」に偏りすぎていた。アリストテレスの時代には個人のものであった知識が，産業革命を経て，組織のものになり，情報革命を経て本格的な知識社会が誕生しつつある。ナレッジ・マネジメントが企業再生論で果たすべき役割は大きいが，より一層，立体的でスケールの大きなモデルが求められているといえよう。

《参考文献》

Burns, T. & Stalker, G.M., *The Management of Innovation*, Tavistock, 1961.

Clayton M. Christensen, *The Innovator's Dilemma*, Harvard Business School Press, 1997.（玉田俊平太監修・伊豆原弓訳『イノベーションのジレンマ』翔泳社，2001年）

Drucker, P. C., Innovation and Entrepreneurship, Harper & Row, Publishers, Inc., 1993.（上田惇生訳『イノベーションと企業家精神（上・下）』ダイヤモンド社，1997年）

Hammer, M. & Champy, J., Reengineering the Corporation, Haper Collins Publishers, 1993.（野中郁次郎監訳『リエンジニアリング革命』日本経済新聞社，1993年）

Kuhn, T., *The Structure of Scientific Revolutions*, University of Chicago Press, 1962.（中山茂訳『科学革命の構造』みすず書房，1971年）

Unternehmer, *Handworterbuch der Staatswissenschaften*, 1928 etc.（清成忠男編訳『企業家とは何か』東洋経済新報社，1998年）

会田雄次ほか『世界の歴史9 ルネサンスと宗教改革』筑摩書房，1979年

ダイヤモンド・ハーバードビジネス編集部『バリューチェーン 解体と再構築』ダイヤモンド社，1998年

井原久光『ケースで学ぶマーケティング』ミネルヴァ書房，2001年.

井原久光「アサヒビールの研究（その1）」長野大学紀要第17巻第2号，1995年

─────「アサヒビールの研究（その2）」長野大学紀要第17巻第3号，1995年

─────「アサヒビールの研究（その3）」長野大学紀要第18巻第4号，1997年

─────「パラダイムと経営学」長野大学紀要第18巻第1号，1996年

─────「経営学的パラダイムの展開」長野大学紀要第18巻第2号，1996年

中山茂編『パラダイム再考』ミネルヴァ書房，1984年

野中・山下・小久保・佐久間『イノベーション・カンパニー』ダイヤモンド社，1997年

十川廣國『企業の再活性化とイノベーション』中央経済社，1998年

《いっそう学習（や研究）をすすめるために》

野中郁次郎・竹内弘高『知識創造企業』東洋経済新報社，1996年
ホンダやキャノンなどの企業の事例をベースに，日本的なナレッジマネジメントの理論を展開した代表的文献。

Polanyi, M., *The Tacit Dimension*, London: Routledge & Kegan Paul, 1966. （佐藤敬三訳『暗黙知の次元』紀伊國屋書店，1980年）
ナレッジマネジメントの理論で重要な，暗黙知と形式知の違いを，ゲシュタルト心理学との関係で理解するために役立つ基本書。

Burke and Trahant with Koonce, Business Climate Shifts, Pricewaterhouse Coopers, 2000. （プライスウォーターハウスクーパースコンサルタント戦略コンサルティング・サービス事業部訳『組織イノベーションの原理』ダイヤモンド社，2000年）
ロイヤル・ダッチ・シェルの自己革新やアメリカ郵政公社の再生など具体的な組織再生を紹介した事例集。

《レビュー・アンド・トライ・クエスチョンズ》

① 企業再生論には「救済の論理」「効率の論理」「創造性の論理」「断絶の論理」などがはたらいている。それぞれの特徴を整理して，表にして比較してください。
② リストラとリエンジニアリングの違いは何か，また，サプライチェーンとバリューチェーンの違いは何か，整理して比較してください。
③ イノベーションの特徴は何か。イノベーションがもたらすジレンマとはどういう意味か。シュンペーターとクリステンセンの主張をふまえて，自分なりに整理してください。

第 6 章

組織間関係論の発展

本章のねらい

営利企業にしろNPOにしろ、単独で存続・発展できるような組織は存在しない。どのような組織も、ほかの組織から資源や情報を獲得し、提供することでみずからの使命を果たそうとしている。本章を学習すると、以下のことが理解できるようになる。

① 複数の組織間の関係の生成発展と消滅、マネジメント、成果
② 組織間関係論の問題領域と、組織内分析論との違い
③ 経営学に対する組織間関係論の貢献

1 組織間関係への注目

組織間関係の意味

　ある社会単位は全体の社会システムの一部であり，個々の社会単位は，全体システムの他の社会単位との関係においてのみ理解することができるという思想は，1940年代後半の社会学者**デュルケム**にまで遡（さかのぼ）ることができる。また，社会的組織は，外部環境に埋め込まれた存在であり，個々の社会組織の機能を包括的に理解するためには，技術や構造や規模などの内部要因だけでなく，外部環境との関係を理解することが必要であると考える**オープン・システム観**も重要である。

　こうした思想から，社会単位を組織に置き換え，組織と外部組織の間で生じる関係に転用することで，「**組織間関係**」という視点が生まれてくる。実際に，初期の組織間関係論は，社会システム論やオープン・システム論の影響を色濃く受けており，システム志向が貫かれている。

　ただ「組織間関係」という用語が，社会科学のなかで提起されたのは，60年代初頭の**地域社会学**においてであった。この当時は，コミュニティを構成する複数の組織間で最適な資源配分を行なうためのメカニズムを考えることが基本的な問題意識であった。

　すなわち，コミュニティに点在する病院，保健所，リハビリテーション・センター，ソーシャル・ケースワーク機関，ボランタリー組織，社会福祉機関など，の**非営利組織**は，みずからの活動を遂行するための資源を十分に保有していないことが多い。このような顧客，労働力，技術や設備，情報ネットワークなどの資源不足を補うために，コミュニティを構成する組織間で，さまざまな組織間の関係が形成されていた。必要な資源は他の組織から確保したり，組織間でお互いの資源を交換したり，

必要資源の調整のためのルールや機関を新設するといった方法である。

60年代の組織間関係論は，社会学あるいはソーシャルワークからの接近が，中心であった。そして，対象となる組織は，非営利組織であり，2つの組織間のダイアディック関係に傾斜していた。この時期に提起された重要な概念は，**組織間交換，組織間調整，ドメイン・コンセンサス**などである。

70年代になると，組織間関係という用語が，企業間の関係にも援用されるようになった。1980年代半ばには，「企業間関係」という言葉も，一般的になった。そして，2つの組織間の**ダイアド関係**だけでなく，3つ以上の組織の関係にまで，範囲を広げるようになっていった。

さらに，80年代半ばから，一方ではその後の理論的パラダイムとして定着するさまざまな視点が提起されることになる。たとえば，資源依存パラダイム，取引コスト・パラダイム，個体群エコロジー・パラダイム，制度化パラダイムなどである。この時期に**資源依存，取引コスト，個体群，同型化**をはじめ組織間関係を説明する多くの概念が提起された。

さらに，現実のビジネスの世界では，戦略提携，アウトソーシング，OEM供給，技術移転，共同研究開発，合弁企業，クロス・ライセンシング，研究開発コンソーシアムなどを通じて，他企業との**ゆるやかな連携**を試みる企業が増大した。すべての業務を自社組織内に抱え込み，資源や情報を内部に蓄積する自前主義型（ロビンソンクルーソー型）経営スタイルから，外部の資源や情報を積極的に活用することで業務の効率化をはかろうという他社活用型（ネットワーク型）経営スタイルへの動きが顕在化しはじめた。

また，ミッションを共有し，共通目的を達成するために，複数の企業が一時的あるいは永続的に新しい組織を設立するという動きも出始めた。こうした動きは，連結の強さの差はあるにせよ，すべて組織間関係にかかわる現象である。この動きを反映して，80年代半ば以降，理論的ある

いは実証的にも，多くの研究成果が蓄積されてきた。

オースター（Auster, E.）によれば，8種類のアメリカ経営学系主要学術誌に掲載された1980年から1992年までの4,365論文の内容分析の結果，172（3.9％）が**組織間連結**（interorganizational linkages）に関係する論文であったという。また，組織間連結に関する論文は，1986年から1990年の間で全体の63％を占め，とくに1988年は全体の19％を占めていた。1980年から85年までの平均が5％程度であったことを考えると，80年代後半から組織間関係に関する関心が大幅に高まったことがわかる。

組織間関係の分析単位と分析レベル

組織間関係論は，一定の環境のもとで，ある組織と，別のひとつ，あるいはそれ以上の組織との間で生じる，かなり永続的な取引，流れと連結である。この定義からいえることは，組織間関係の「組織」は，営利企業だけでなく，病院，協会，ボランティア組織，NPOなどの非営利組織を含むという点である。

また，「関係」する要素は，原材料・中間製品や最終製品などの資源だけでなく，技術あるいは情報なども含まれる。さらに，そうした資源・技術・情報が，他の組織に移転するだけでなく，交換されたり，新たに開発されたりする過程も含まれる。そして「関係」は，つねに順調に発展するわけではなく，利害の対立を生じ，関係の解消に至るケースもある。

組織間関係にかかわる現象を分析するとき，その分析単位は，さまざまである。われわれが組織間関係論という場合，①2つの組織間のダイアディックな関係（**組織間ダイアド**），②中心になる**焦点組織**（focal organization）をもとに，その組織と直接関係する複数組織との関係（**組織セット**），③特定された境界のなかで相互に関係する複数組織間のすべての関係（**組織間ネットワーク**），の3つのうちのどれかを，念頭に

おいている場合が多い。

ただ、現実の組織間関係現象を分析するとき、組織間ダイアド、組織セット、組織間ネットワークの分析単位のうちどれを中心にするかは、分析者の分析目的しだいである。

また、組織間関係論といっても、組織内個人レベルや集団レベルを中心にするケースもあれば、同一形態をもつ複数組織の集合体そのものを分析レベルと考えるケースもある。分析レベルとしては、① 個人レベル、② 組織レベル、③ 同一形態をもつ組織の集合としての個体群レベル、④ 個体群の集合体であるコミュニティ・レベルがある。

分析単位と同様に、現実の組織間関係現象を分析するとき、個人レベル、組織レベル、個体群レベル、コミュニティ・レベルの分析レベルのうち、どれを中心にするかは、**分析者**の分析目的しだいである。

2 外部環境―組織間関係―組織内関係

外部環境と組織間関係

組織間関係論は、① 組織間関係の形成過程、② 組織間関係の成長・発展さらには断絶・消滅過程、③ 組織間関係のマネジメント・プロセス、④ 組織間関係の成果、について議論しなければならない。こうした意味では、組織間関係論の扱う領域は、組織論あるいは戦略論が関係してきた領域とかなりの部分で重複することになる。

ただ、**組織内関係**と**組織間関係**とでは、主体間のコンフリクトの程度、関係形成に至る過程、関係そのもののマネジメントに大きな差異があり、組織内分析の成果を組織間関係分析にそのまま援用することはできない。

前述の議論をもとに、分析レベルを個人レベル、組織レベル、組織間関係レベル、外部環境（組織間関係の集合としてのコミュニティ）レベル

に区分すると，まず問題になるテーマは，外部環境がどういう状況のときに，組織間関係が形成されるかという課題である。すなわち，組織が他の組織と関係をもつようになるのは，外部環境がどのような状況の時かを明らかにしようという視点である。

たとえば，**資源依存モデル**は，外部環境の構造的特質として，**異質性**（heterogeneity），**組織間の結びつきの強さ**（interconnectedness），**外部環境の資源の豊富さ**（munificence），**環境の中で特定の組織が集中している程度**（concentration），などの次元をあげている。ここで異質性とは，環境を構成する要素の数や種類に関係し，少数の類似した要素で環境が構成されている極から，多数の異なった要素によって環境が構成されている極まで，の連続体で考えることができる。

異質性が高く，組織間の結びつきが強く，必要な資源が不足していることで，特定組織にその資源が集中している場合には，組織間の稀少資源をめぐる相互依存関係は高くなる。組織間の相互依存関係が高い場合には，一方で組織間のコンフリクト（対立）を生みだし，個別組織にとって不確実性を高めることになる。

この不確実性を減少させるためには，組織外部へ働きかける方法と組織内部に働きかける方法がある。前者の組織外部に働きかける方法は，直接外部組織に働きかける方法と間接的に外部組織に働きかける方法に大別することができる。

第1に，不確実性発生の源泉である外部組織に直接働きかける**自律的戦略**としては，M&Aや系列化，垂直的統合など他組織を吸収し，内部化することで，他組織への依存を減少させることが考えられる。第2に，不確実性発生の源泉である外部組織に間接働きかける**協調的戦略**は，相互依存関係そのものの存在を認めたうえで，その依存関係を調整する方法である。兼任重役制度（interlocking directorates）や外部重役の導入（cooptation），ジョイント・ベンチャーやカルテルや業界団体の設立

図表6-1　組織間関係と組織内関係（資源依存モデル）

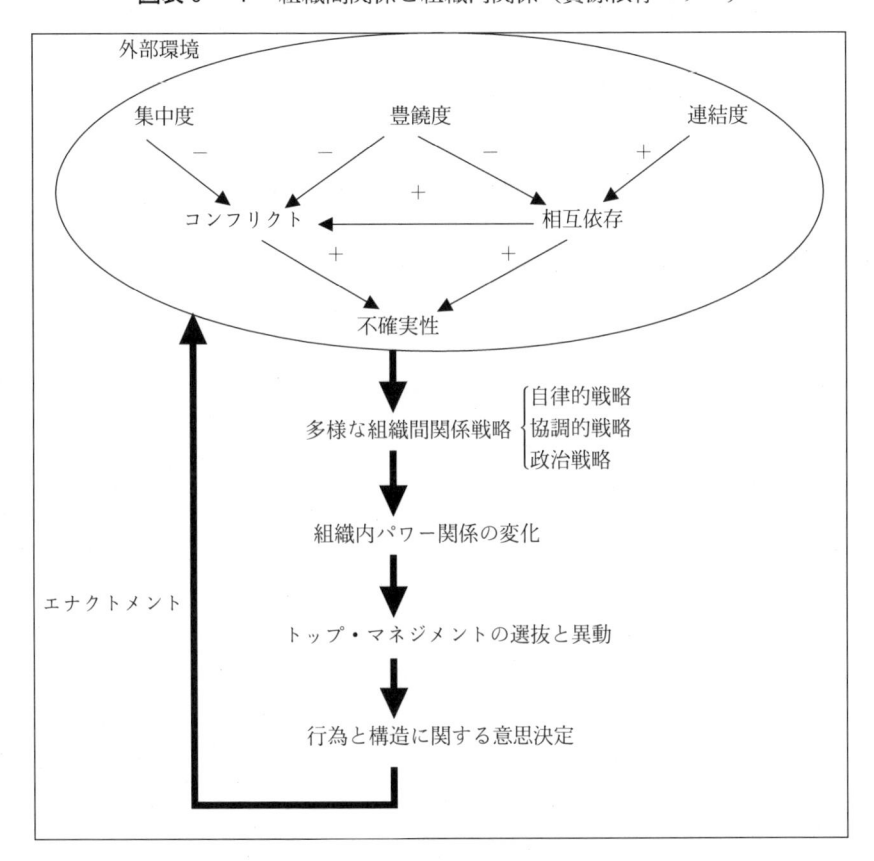

```
外部環境
  集中度        豊饒度         連結度
     \  −    −  |  −     +  /
          ↓   ↓   ↓
       コンフリクト ← 相互依存
              +        +
          ↓         ↓
            不確実性
              ↓
      多様な組織間関係戦略  ｛自律的戦略
                            協調的戦略
                            政治戦略｝
              ↓
      組織内パワー関係の変化
              ↓
      トップ・マネジメントの選抜と異動
              ↓
      行為と構造に関する意思決定
              
エナクトメント
```

出所）Pfeffer, J. & Salancik, G. R., *The External Control of Organizations: A Resource Dependence Perspective*, Harper & Row, New York, 1978, p.68, p.229 の図をもとに作成

などの連合 (coalition)，戦略的提携や契約などの締結，などが考えられる。

　第3は，外部の第3者組織に働きかけることで，相互依存を管理し，不確実性を減少させる**政治戦略**である。これは，ロビーイング，業界団体による政治議会活動により，有利な法制定や法改正を獲得しようとする方法である。

　第4の組織内部に働きかける組織内戦略は，不確実性を予知し処理で

きる能力を組織内部に形成する方法である。組織内戦略的情報システムの整備による環境監査や環境予測の徹底，外部環境情報の収集と処理のための専門部署（環境対策室，顧客苦情対策室など）の設計，外部環境の変化に対して対応ができる組織文化の形成，組織メンバーの敏速な環境応答を可能にするための能力開発や教育訓練，などが考えられる。

組織間関係と組織内関係

これまで外部環境がどのような状況のときに，組織は他の組織との「組織間関係」を形成するかについて考えてきた。つづいて，組織が他の組織との組織間関係を形成することで，組織内関係はどのように変化するかを考えてみよう。組織間関係論においても，組織間関係が組織内関係に及ぼす効果や影響について多くの議論がなされてきた。

たとえば，エイケンとヘイグ（Aiken, H. & Hage, J.）は，病院，リハビリ・センター，ソーシャル・ケースワーク機関など，非営利組織間で締結されている継続的共同プログラム数と組織内要因との関連を調査している。そして，継続的共同プログラムが多くある組織ほど，組織内の複雑性が高く，革新性が高く，内部コミュニケーションが活発で，分権的意思決定構造を有している，という仮説を実証している。

この調査結果は，共同プログラムという，ゆるやかな組織間関係と，複雑性，革新性，内部コミュニケーション，分権化という組織内関係とが関連していることを表している。ただ，複数の組織が組織間関係を形成することが組織内関係を硬直化させる，という逆の影響も指摘されており，組織間関係が組織内関係にプラスの効果をもたらすとは限らない。

また，組織間関係が組織内過程に及ぼす影響についても，多くの議論がある。たとえば，資源依存モデルは，前述のような**不確実性減少**のための外部組織への働きかけが，組織内パワー分布の変化や重役交替に影響することを重視する。

すなわち，外部組織からの不確実性を自律的戦略，協調的戦略，政治戦略によって減少させる試みは，まず組織内部門間のパワーの変化をもたらす。自律的戦略，協調的戦略，政治戦略を行使することで不確実性に対処できる部門の相対的パワーが強くなる。

　そこで，相対的パワーの弱い部門にかわって，相対的パワーが強くなってきた部門出身のトップが誕生する。環境不確実性が高くなればなるほど，その不確実性を処理できる能力をもつ部門のパワーが強くなる。こうしたパワー格差が重役の辞任や交替につながり，トップ・マネジメント構造を変化させることになる。

　たとえば，技術進化のスピードが速く，製品のライフサイクルが短縮化している環境のもとでは，技術環境の不確実性に対処できる部門の相対的パワーが強くなる。そのことが，技術畑出身の経営者を誕生させることになる。

組織間関係と意図せざる結果

　因果テクスチャー（causal texture）という用語を用いて，組織間関係が，回りまわって，ある焦点となる組織に影響を及ぼすことを明らかにしたのは，**エメリーとトリスト**（Emery, F. E. & Trist, E. L.）であった。ある焦点となる組織に直接的に関係する他組織を考えると，この複数の他組織間の相互作用が結果的には焦点となる組織に対して意図せざる結果を引き起こすという因果テクスチャーの構図は，組織間関係の複雑さを例証したものであった。

　ここでは，食品（野菜）缶詰企業A社を焦点組織と考えた場合のイギリスの中小輸入果物缶詰メーカーとアメリカの冷凍野菜メーカーとの因果テクスチャーについて紹介してみよう。

　このケースは，対象となる組織にとっての外部環境である組織間の相互関係が，回りまわって，対象となる組織に影響するという因果テクス

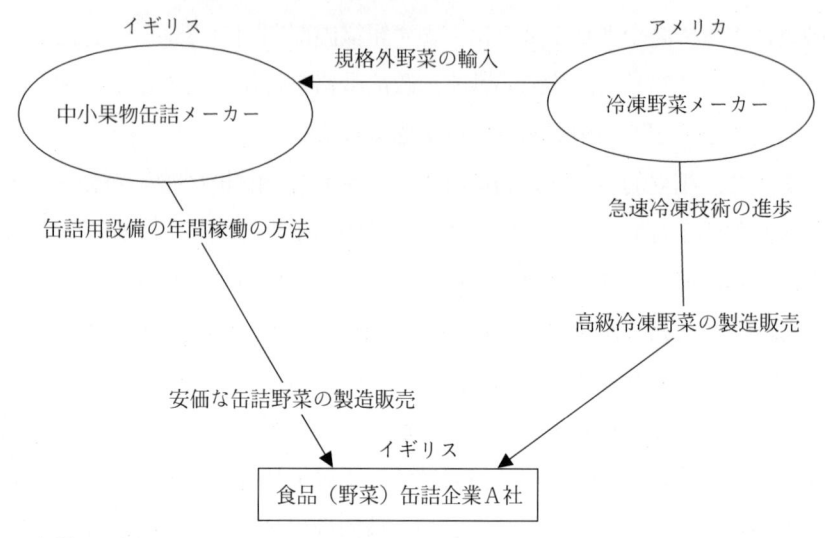

図表 6−2　組織間関係の因果テクスチャー

```
    イギリス                              アメリカ
                  規格外野菜の輸入
  ┌──────────┐  ←──────────  ┌──────────┐
  │中小果物缶詰メーカー│              │ 冷凍野菜メーカー │
  └──────────┘              └──────────┘
         │                              │
  缶詰用設備の年間稼働の方法        急速冷凍技術の進歩
         │                              │
         │                      高級冷凍野菜の製造販売
         │                              │
    安価な缶詰野菜の製造販売              │
         │           イギリス           │
         └──→ ┌──────────────┐ ←──┘
              │食品（野菜）缶詰企業A社│
              └──────────────┘
```

出所）Emery, F. E. & Trist, E. L., "The Causal Texture of Organizational Environments," in F. E. Emery (ed.), *Systems Thinking*, Penguin Management Reading, 1971. および沼上幹『行為の経営学』白桃書房, 2000年, 第2章を参考に作成

チャーを表した事例である。圧倒的シェアをもつイギリスの野菜缶詰企業A社は，食品缶詰市場が，今後ますます成長することを見越して，数百ポンドを投資して自社の自動化工場を建設した。もともと，A社は，高品質ではあるが，高コストの野菜の缶詰を製造する企業であり，**自動化への投資**も，この一環として行なわれたものである。

　その当時のイギリスは，規制緩和や輸入果物市場が拡大しつつあり，輸入果物の缶詰を専門に扱う中小メーカーが急激に増加しつつある時期であった。この中小果物缶詰メーカーは，夏場に輸入した果物を缶詰にして，市場に出していたが，冬場にも所有する機械や労働者を活用する方法がないかを考えていた。果物缶詰用設備を1年を通じて，稼動させることが，中小果物缶詰メーカーの戦略であった。

　同じ時期にアメリカでは，急速冷凍技術の急速な進歩により，冷凍野菜メーカーが高品質の冷凍野菜を中心に販売するようになってきた。た

だ，冷凍野菜の場合，均質な野菜でなければ，急速冷凍技術が使用できないという限界があった。そこで，急速冷凍に適しない規格外野菜があまるようになり，その野菜は動物用飼料として使用されていた。

この動物用飼料として使われていた規格外野菜に目をつけたのがイギリスの中小果物缶詰メーカーである。イギリスの中小果物缶詰メーカーは，アメリカから規格外野菜を非常に安いコストで購入し，それを缶詰野菜として商品化した。

さらに，イギリスのスーパーや食料品チェーンは，PB（プライベート・ブランド）戦略の一環として高品質の商品を中小果物缶詰メーカーに大量注文するようになった。中小果物缶詰メーカーによるPB商品は，当然コストも安く，PBであることから，価格面での競争力が高く，シェアを急激に伸ばすことになり，結果的には，イギリスの野菜缶詰企業A社に対する強力な競争企業になっていった。

図表6－2をみてもわかるように，野菜缶詰企業A社にとってイギリスの中小果物缶詰メーカーもアメリカの冷凍野菜メーカーも最初はほとんどなんの関係ももたなかった。しかし，環境を構成する組織であるイギリスの中小果物缶詰メーカーやアメリカの冷凍野菜メーカーの相互依存関連が，回りまわって野菜缶詰企業A社の存続を左右する脅威になる。こうした相互依存関係を，エメリーとトリストは，因果テクスチャーとよんでいる。

彼らは，環境進化がもっとも進んだ**波乱的環境**（turbulent fields）のもとでは，環境を構成する**組織間の結びつき**（strength of interconnectedness）がもっとも強くなり，さらにその**組織間の結びつきの変化度合い**（rate of movement）がもっとも高くなることから，環境のある部分の変化がすぐに環境全体に波及するという。

さらに，こうした変化が焦点組織のコントロールの範囲を越えたところで生じていることから，焦点組織に対して思わぬ結果を引き起こすこ

とがある。この意図せざる結果を引き起こす可能性が高くなることを、高い因果テクスチャーという言葉で表現したわけである。

こうした組織間関係論の逆機能的特質を分析しようとする動きは、80年代後半の**ブレッサーとハール**（Bresser, R. & Harl, J. S.）を嚆矢とする**集団戦略論**（collective strategy）の機能的結果と逆機能的結果の議論につながっていく。彼らは、複数組織の共同意思決定や共同行為を行なうことから生じる、機能的結果と逆機能的結果を議論している。

もちろん、単独組織では不可能な意思決定や行為を、複数組織の共同努力で行なうことのプラスの結果については、これまで多くの議論が積み重ねられてきた。しかし、暗黙の協調、戦略的提携、役員導入（コープテーション）、連合、M&Aなどの集団戦略は、一方では、当該組織の戦略上の柔軟性を減少させ、結果的には不確実性を増大させる、という意図せざる逆機能を生みだすこともある。ブレッサーとハールは、この**意図せざる逆機能**を防ぐために、競争戦略と集団戦略の戦略ミックスを考える必要があると指摘している。

③ 組織間関係のマネジメント

組織間関係マネジメントの過程

コンテンジェンシー理論の影響もあって、組織間関係論の多くは、関係そのものの構造的特質を変数の集合で表し、変数間の相関を実証するという傾向が強かった。**スコット**（Scott, W. R.）がいう**分散アプローチ**（variance approach）が主流であった。しかし、そうしたアプローチは、組織間関係がどのように生じてくるのか、なぜ生じてくるのか、どういう秩序で生じてくるのか、などについて、ほとんど問うことはなかった。

しかし，90年代後半から組織間関係を**経時的**（longitudinally）にとらえることの必要性が認識され，それにともない，組織間関係の構造重視から組織間関係の過程重視へと重点が移ることになった。こうした流れのなかで，協働（collaboration）アプローチ，信頼アプローチ，学習アプローチなど，の新しい視点が誕生してきた。**組織間協働**（interorganizational collaboration），**組織間学習**（interorganizational learning），**組織間信頼**（interorganizational trust）などが，キーワードになり，組織間関係のマネジメントについて，より包括的な視点を提供しようとしている。

一般に，複数組織間が経時的にまとまっていく過程は，第1に課題明確化段階，第2に目標設定段階，そして，第3に制度化・評価段階，というステージに区分することができる。

第1の課題明確化の段階は，関係する組織の明確化と技術課題に対する参加組織間の相互認識の段階である。複数組織が協働するためには，関係する組織間でなにが問題（problem identity）なのかを明確にしなければならない。すなわち，解決すべき課題はなにか，直面する問題はなにかについて，の組織間の共通認識である。

第2の目標設定段階は，組織間の協働行為の理想的状態を明確にする段階である。具体的にはコンセプト創造，ビジョン設定である。そして，最終的には，参加組織が合意しうる共通の目標や価値を創造しながら，将来に向けての明確な方向を設定していく段階である。

そして，第3の制度化・評価段階は，組織間の協働を維持・発展させるため，他の組織からの支援や支持をもとに，システムや機構を創りあげる段階である。すなわち，共通目的や価値の達成度を評価し，さらにより発展した状態へ，と発展させるためのシステムを構築し，整備する段階である。

組織間学習と組織間信頼

このような外部組織との協働過程を通じて，**焦点組織**はこれまで所有していない技術や知識を獲得したり，所有している技術や知識を**外部組織**に移転していく。もちろん，焦点組織にとっては，外部組織から，いかに多くを学び，外部組織にいかに少なく学ばせるかがキーポイントになる。

組織間学習を，組織内での技術知識形成（**単独学習**）と，複数組織の協働行為による相互学習を通じての新たな技術知識の形成（**共同学習**）の相互影響過程と考えると，組織学習と組織間学習は，同時並行的に議論しなければならない。そして，組織間学習の成否は，他組織のもつ外部知識の潜在的価値を認識し，それを消化し，自社の最終製品やサービスに応用できる能力に依存する。こうした能力は，**吸収能力**（absorptive capacity）とよばれている。

さらに，外部組織との協働過程を通じて，焦点組織は，他組織との間に信頼関係を形成していく。公式権限では調整できないような潜在的コンフリクトが常態である組織間関係において，複数組織間に信頼関係を形成していくことは非常にむずかしい課題である。

チャイルドとフォークナー（Child, J. & Foulkner, D.）は，こうした組織間信頼の問題についてふれ，組織間信頼を，打算的信頼，認知的信頼，情感的信頼の3つに区分している。打算的信頼は，制度的契約や公式的合意をもとに，費用と便益という視点から相手組織の義務履行の可能性を探り，相互の共同行為の可能性を計算するといった「計算可能性」レベルの信頼である。

つぎの認知的信頼は，組織間学習に代表される認知レベルでの信頼であり，相手組織の認識枠組みや思考パターンを相互に理解することで，**認知的同一化**が図られるという信頼である。

そして，最後の情感的信頼は，「心理的結合」レベルでの信頼である。それは，相手組織のアイデンティティや目にみえない文化を深く理解したうえで，参加者間の感情的で心理的な一体化が進んでいくという信頼である。

　一般に，組織間信頼は，打算的信頼から認知的信頼へ，そして情感的信頼へと継続的に進化していく。いずれにしても，組織間関係のダイナミックな特性を記述するためには，組織間協働，組織間調整，組織間学習，組織間信頼といった概念のポテンシャリティをどこまで引きだすことができるかにかかっている。

4　組織間関係論のフロンティア

組織間関係としての企業とNPO

　これまでの組織間関係論の扱う対象は，非営利組織間か，営利企業間かのどちらかであった。たとえば，非営利組織間の関係については，アメリカで組織間関係論が誕生した60年代初頭の研究のほとんどは，医療機関，ソーシャル・ケースワーク機関，リハビリテーション機関，ボランタリー組織，寄付機関など，非営利組織間の関係である。

　営利企業間の関係に関しては，2社企業間のジョイント・ベンチャー（JV）であったり，競争企業間の競争前レベルにおける共同研究開発であったり，他企業との間のサプライ・チェーン・マネジメントやOEM生産販売やライセンス契約などであった。さらに，複数組織が共同で，別企業を新設したり，コンソーシアム（連合）を形成する過程を分析対象として考えてきた。ただ，こうした**企業間関係**（intercorporate relations）が，分析の俎上（まないたのうえ）にあがってきたのは，80年代半ば以降のことである。

これまで組織間関係論は，複数組織間の関係生成や，意図せざる影響，について多くの仮説や命題を提起してきた。そして，組織内分析とは違う独自の領域として，組織間関係分析の重要性を強調してきた。しかし，営利組織としての企業と非営利組織としてのNPOとの関係については，ほとんど言及しないままであった。**企業とNPOのコラボレーション**，あるいはパートナーシップというテーマは，組織間関係論で議論されることはなかった。

　これまで，営利組織としての企業と非営利組織としてのNPOは，水と油，あるいは悪と善と形容されるような相互に対立する関係にあると考えられてきた。また，企業とNPOは，お互いに不足するものを補い合うという補完関係にあると考えられてきた。

　しかし，企業とNPOは単なる補完関係を超えた関係であるべきである。NPOが企業の健康性や社会性を高め，企業の健全性がNPOを育てていくという相互のダイナミックな関係を理論的にも実践的も強調していくべきである。こうした関係を，企業とNPOのコラボレーションの**共進化**（co-evolution）の過程としてとらえなおすことが求められている。

　さらに，**ボディ・ショップ，ベン＆ジェリー，スミス＆ホーケン，アベダ，パタゴニア，ワーキング・アセット，セブンス・ジェネレーション，アメリカン・ワークス**などのように，スモール・ビジネスで，株式会社でありながら，独自の道徳観や倫理観をもち，社会的ミッションのもと，収益性と社会性を調和させようとする社会貢献型企業がある。このようなタイプの企業が定着しつつある。こうした新しい企業群は，スタートアップ時から独自の社会的ミッションをもとに，収益性と社会性を調和させ，新しいビジネスのやり方を実践するという意味では，NPO的要素を色濃くもっている。

　また，NPOについても，主流であった**慈善型NPO**や**批判監視評価**

型NPOを超えて，社会的商品や社会的サービスの提供を事業ドメインにする**事業型NPO**が，新たに市民権を獲得しつつある。事業型NPOは，組織運営もプロのスタッフが中心になり，収益をあげるためのマネジメントやガバナンスについても，営利企業と同じような取り組みを行なっている。

こうした新しい企業群としての社会貢献型企業と事業型NPOに代表されるNPOとの比較を通じて，未来の理想的組織モデルを発見するという試みも可能になる。

企業とNPOのコラボレーション

営利組織としての企業は，NPOをはじめとする異質な主体とのコラボレーションを通じて，新たな知識や能力を持続的に学習していくことが戦略的にも求められる時代である。また，NPOの価値創造力と企業の社会的影響力をコラボレートすることで，新たな社会的価値を発見し，創造するという側面も重要になりつつある。

さらに，非営利組織としてのNPOも，これまでの批判監視型NPOや企業評価型NPOだけでなく，社会的事業遂行の中心として機能する事業型NPOが必要不可欠になっている。事業型NPOでは，みずからの社会的ミッションを実行するために，ビジョンやミッションを構想し，そのビジョンにしたがって，具体的リーダーシップを行使し，経済的で効率的な資金調達，組織運営，人材育成，成果評価などを行なうことが必要である。まさに，企業と同じく，戦略的マネジメントや組織マネジメントが不可欠である。

NPOを，コミュニティにおける社会的課題の解決のために (social mission) 自発的に結成された非政府の市民組織 (voluntary association) であり，活動を通じてえた収益はメンバーに配分しない (non-distribution principle) 非営利の組織と考えると，企業との違いは，社会的ミッショ

図表 6-3　企業と NPO のコラボレーション

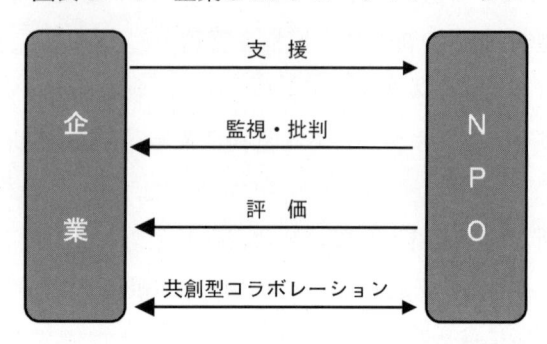

```
  ┌─────┐      支　援      ┌─────┐
  │     │  ───────────→   │  N  │
  │ 企  │                  │     │
  │     │    監視・批判    │  P  │
  │ 業  │  ←───────────   │     │
  │     │     評　価       │  O  │
  │     │  ←───────────   │     │
  │     │  共創型コラボレーション │     │
  │     │  ───────────→   │     │
  └─────┘                  └─────┘
```

ンの堅持，ボランティアを活用する組織，非配分の原則になる。しかし社会的事業の創造や実行のプロセスは，企業と NPO では，かなり類似する点も多い。

　企業と NPO のコラボレーションに関しては，これまでマクドナルドと環境防衛基金，フォロン社とグリーンピース，日本 IBM やオムロン，ジオサーチと JAHDS などのケースが分析されてきたが，体系的議論までにはいたっていない。企業と NPO のコラボレーションの共進化に関する分析が，組織間関係論の新たなフロンティアになることは間違いない。

《参 考 文 献》

　桑田耕太郎・田尾雅夫『組織論』有斐閣，1998年
　現代企業研究会編『日本の企業間関係』中央経済社，1994年
　佐々木利廣『現代組織の構図と戦略』中央経済社，1990年
　谷本寛冶『企業社会のリコンストラクション』千倉書房，2002年
　松本芳男編著『経営組織の基本問題』八千代書房，2003年
　山倉健嗣『組織間関係』有斐閣，1993年
　山倉健嗣・岸田民樹・田中政光『現代経営キーワード』有斐閣，2001年

《いっそう学習（や研究）をすすめるために》

佐々木利廣『現代組織の構図と戦略』中央経済社，1990年
　1960年代から1980年代までの組織間関係論の発展を振り返りながら，これからのテーマとして，組織間の集団戦略，境界連結，組織間開発，組織間関係の変化と変革，について詳しい検討をしている。

山倉健嗣『組織間関係』有斐閣，1993年
　組織間関係についての研究は何を問題にするのか，何が問われるべきか，を明らかにしながら多くのキーコンセプトを提示している。また組織間関係を説明するための全体的見取り図を提起している。

《レビュー・アンド・トライ・クエスチョンズ》

① なぜ組織は他の組織と関係をもつようになるかについて考えてください。
② 組織間関係論は経営学に対してどのような貢献をしてきたかを考えてください。
③ 組織間関係論から企業とNPOのコラボレーションの重要性について考えてください。

第 7 章

企業倫理論

本章のねらい

　利益を求める企業活動が，近年ますます倫理的側面から評価されるようになってきたのはなぜだろうか。もともと企業倫理学とは，アメリカで応用倫理学として1970年代から浮上し，日本では90年代から企業不祥事に対応する形で注目されるようになってきた。それゆえ，企業倫理は経営の社会的課題に対応するものであり，広く「企業と社会」の関係を考察する。本章を学習すると，以下のことが理解できるようになる。

① 企業倫理に対する反論とその研究教育の意義
② ビジネスにおける人間観の再考
③ 企業倫理学とその理論
④ 倫理綱領とその徹底化の必要性

1 企業倫理への反論

利潤追求だけがビジネスの目的か

　企業（または経営）倫理，ないしビジネス倫理（business ethics）とはなんであろうか。「ビジネス倫理とは自己撞着（oxymoron）である」とよく批判される。「ビジネスとはビジネス（利益や利潤の追求）であり，倫理とはまったく関係がない」というのが批判者の常識となっている。アメリカで長らくビジネス倫理の教育を推進してきた**ディジョージ**（DeGeorge, R. T.）は，この思想は「非道徳的ビジネスの神話」であると断じ，良い会社の構築には道徳原則が不可欠だと唱えている。

　ビジネス倫理の批判としてよく引用されてきたのが，**フリードマン**（Friedman, M.）の論文である。彼の議論は，その極端さから逆にビジネス倫理を照射させるものとなっている。

　経済学者の彼の主張を要約すると，「自由主義体制の中で，ビジネスの唯一の目的は，法令や社会慣習に従うかぎり，利潤の追求である。ビジネスの社会的責任とは，言葉の矛盾だけでなく，社会主義体制か，政府のすべきことであり，私的企業の目的ではない。企業の経営者は，株主と従業員と顧客にだけ責任を負うべきである」ということである。

　利潤の極大化という功利主義的な考え方（つまり，結果が良ければ，すべて正しいとする帰結主義）は，倫理を犠牲にする場合もあり，それ自体が正当化されるものではない。

　また，法律を守っていれば，企業の行動はすべて正当化されるのであろうか。法律は，時代とともに，改正されたり，廃止されたりする。なかには誤った法律もあるかもしれないし，自由な企業行動を抑制する場合も現実にある。「**法は道徳のミニマム**」といわれるように，最低限守

るべき準則とみなすべきであろう。

　法律を支え，それを越える道徳観は，ときとともに変遷し，企業を見直すためのより大きな価値観となる。たとえば，商法改正（2002年）を通じて**コーポレート・ガバナンス**（企業統治）を強化させるために，監査役の機能を強化させることは，倫理の確立のために必要なことではあるが，倫理の確立を絶対的に保証するものではない。

　そして，企業の権限が巨大化するなかで，その責務に対する社会的な要求は増大し，フリードマンのような狭義の社会的責任論は退けられるようになってきている。実際に，利潤の追求を求める企業は，生産性と効率性を重視するあまり，環境破壊や人権侵害，労働疎外といった非人間的行為に深くかかわるようになってきているし，社会の企業に対する視線はますます厳しくなっている。

大学生の倫理教育は不要か

　道徳，すなわち善悪の価値判断は，家庭で教えるべきであり，ⓐ 大学生までにはすでに価値観ができあがっている，ⓑ 大学生への道徳教育は遅すぎる，ⓒ 価値観の強要にならないか，という批判がある。

　実際に，道徳的判断が進展するのは，心理学者によれば，18歳から30歳にかけてである。そのため大学生への道徳教育は，必ずしも遅いことはない。むしろ，ある程度先入観念でこり固まった学生たちの思考様式が，さまざまな道徳原則や価値観とぶつかることで，柔らかくなるという効用がある。アメリカの大学教育でも，社会に育つ前に，公正さや責任感などの価値観をしっかり植え込むべきだとの論調もあるほどである。「性格の向上」（character development）は，高等教育においても今後ますます重要な課題となっている。

　価値観の醸成が，高等教育で必要となれば，社会の仕組みや社会人としての心構えを理解するうえで，ビジネスの倫理はもっとも重要な科目

となるであろう。実際に「ビジネスの非道徳的神話」を信奉している学生は，意外と多いのである。そのためには，もちろん，ケース・メソッドやディスカッションが重要な教育的技法として必要となる。

しかし，価値観や道徳原則の強要は避けるべきである。たとえ学問が価値から中立であることを前提とするとしても，倫理や道徳の問題，さらにはその教育にはなんらかの価値観が優先されねばならない。不正や害悪は社会の秩序に必要であろうか。対人関係においては，正義や思いやりが尊ばれる。また，個人の徳目としては，正直さや自制が尊ばれるのは，経験的にも知られている。

そもそも価値観や倫理の研究にあたっては，深い人間理解がどうしても必要になってくる。そこで，筆者が想定する**「あるべき人間観」**について，マズローの欲求の階層構造を中心に考えてみよう。

ビジネスの人間観とその動向

経営学が，組織や管理を中心的な課題とするにしても，人間をどのように扱うのかは，ヒューマン・リソース・マネジメントとともに，企業倫理の核心的な問題となる。人間関係論の成果にも現われているように，賃金や環境などの外的要因よりも人間関係の心理が仕事の効率に対して大きな影響を与えていることがわかっている。

人間を単なる手段として利用することは，人間のもつ主体性や自由を妨げることになる。人間が，「**自由な主体性**」をもっていることは，重要な人間理解につながる。そして，多くの人びとが協働して共通する目標にむけて，生き生きと働く職場を維持するためには，コミュニケーションと職場の高いモラルが絶対的に重要な鍵となる。

図表7－1は人格心理学のパイオニアである**マズロー**（Maslow, A.）が構想した「欲求のヒエラルキー」を図示したものである。これは，人間は下位の欲求が満たされれば，より上位の欲求をめざすようになると

図表7-1　マズローの欲求のヒエラルキー／精神的発達の段階

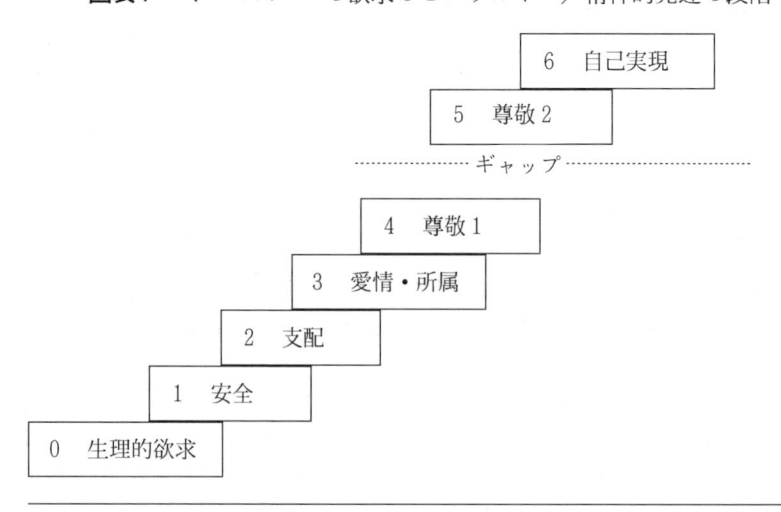

```
                    ┌──────────────────┐
                    │ 6  自己実現      │
              ┌─────┴──────────┐───────┘
              │ 5  尊敬2       │
              └────────────────┘
       ················ ギャップ ················
        ┌────────────────┐
        │ 4  尊敬1       │
    ┌───┴────────────┐───┘
    │ 3  愛情・所属  │
┌───┴────────┐───────┘
│ 2  支配    │
├────────┐───┘
│ 1  安全 │
┌──────┴───┐
│ 0 生理的欲求 │
└──────────┘
```

レベル0　生理的欲求（空気，水，食料，住処の必要性。欠乏は死を意味する）
レベル1　安全欲求（危険に対する防御，戦いか逃亡。世界は危険な場所との認識）
レベル2　支配欲求（幼児において操作が可能。非難や仕返し）
レベル3　愛情・所属欲求（孤独を避け，愛情の授受の欲求。受容の欲求）
レベル4　尊敬1（他人から尊敬される。社会的地位や認知）
レベル5　尊敬2（自己評価に基づいた目的がある。自尊心）
レベル6　自己実現（成長と拡大。充実感と最大限の自己）

出所）Rowan, J. (1998) を参考に筆者が作成

いう人間観を表したものであり，経験的なデータによって，その正確性に定評のあるものである。

　マズロー自身は「欲求のヒエラルキー」を図示することはなかったが，下位の段階から上位の段階へと梯子を登るように，人間の欲求はより高度になることを意味している。この段階論はコールバーグ（Kohlberg, L.）による，幼児から大人にかけての道徳的発達の段階論とも，おおよそ対応している。また，**アルダーファー**（Alderfer, C. P.）によれば，1，2の段階は生存に，3，4は社会性に，5，6は成長にかかわることである。

とくにマズローのいう最終レベルの「**自己実現**」という概念が重要である。自己実現とは主体的な自由を獲得し，おのれの道徳原則にのっとり，真実の自分，最大限の自分の能力を発揮した充足した人間の状態をさしている。それは自分を大切にするのと同様に，他人も大切にできる人間である。

しかしながら，最終レベルとはいえ，そこが人間性発達の最終段階という意味ではない。なぜならば，既存の人間観によって，人間の成長や向上そのものに限界を設定するのは無意味であるからである。

金銭以上に，仕事の意味，個人や職業人としての成長，精神的成長といったものを大切にするというビジネス的価値が，1990年代から21世紀にかけて重要な動向となっている。それは，「**ビジネスのスピリチュアリティ**」(spirituality in business) というテーマへの強烈な関心となって現われている。

マクロな視点に立てば，社会や経済が成長し，物質的な繁栄の先にくるのが，精神的な充足感の欲求であり，高次な自己実現の欲求ということになる。ビジネスの倫理という価値への関心も，このような大きなパースペクティブのもとで浮上してきたといえよう。

職場の倫理と家庭の倫理との対立が，よく問題視される。それには，この図のどこかの段階に不満足が生じているはずである。われわれはなにが人間にとって重要な価値観かをよく反省すべき時代状況のなかにいる。理想の職場とは，マズローが想定するような性善説にたった人間尊重によって，個人の自己実現が，働きがいを通じても可能な職場である。それを通じて，組織や社会が活性化し，成長していくことが望ましい。

2 企業倫理学の登場

企業倫理学とその動向

　そもそも，道徳が日常的な善悪の価値判断であるとするならば，倫理とは道徳的判断の正しさを理論的に抽象化する試みである。「みんながしているから，それは正しい」と見なすならば，それは道徳的に正しいかもしれない。しかし，倫理的には正しいとはいえない。大まかにいって，ビジネス現象を倫理的な主体として考察することが「**企業倫理学**」といえよう。

　アメリカの企業倫理学は経営学の内からではなく，外からの規範的検討として，倫理学者たちによって，70年代にうぶ声をあげている。社会的不祥事などの横風も受けて，産官学の協同により80年代以降，企業倫理の研究教育の充実化，企業における制度化が大いに進んだのである。

　企業倫理は，経営学のなかでも，学際的で多角的な学問領域として発展してきたのである。企業倫理の議論に参加するのは，アメリカでは哲学者，法律学者，経営学者，経済学者，労働問題家，実業家，社会学者，神学者などであり，企業倫理が対象とする領域もビジネスの多様な側面を反映し，非常に多岐にわたっている。

　日本の企業倫理研究は，アメリカの先進的成果を吸収しながら，おもに経営学者たちが中心になって，90年代以降から始まった。メディアでも企業倫理という用語が，たび重なる企業不祥事とともに，利用されるようになった。日本の企業（経営）倫理学の研究者は，少しずつ増えている。しかし，経営学における必須科目の地位にはいたっていない。ことに，その教育体制の充実は，研究以上に重要な課題である。

第7章　企業倫理論　　*151*

つぎに，アメリカの企業倫理学の代表的な理論をみていくことにする。

ステイクホルダー理論

企業に影響を与え，企業から影響を受ける個人や組織を**ステイクホルダー（利害関係者）**といい，その関係を図示したものが，図表7－2である。これは，企業の社会的諸関係を個別に明確に示したものであり，近年，初歩の経営学のテキストにも必ず引用される図である。

図表7－2　ステイクホルダー理論

```
        政党      株主    銀行・金融集団

  政府・                              活動家・
  行政機関                             NGO

  供給業者      企　業             顧客・消
                （経営）            費者団体

  競争会社                           地域社会

        業界団体  従業員   メディア
                 ・組合   広告会社
```

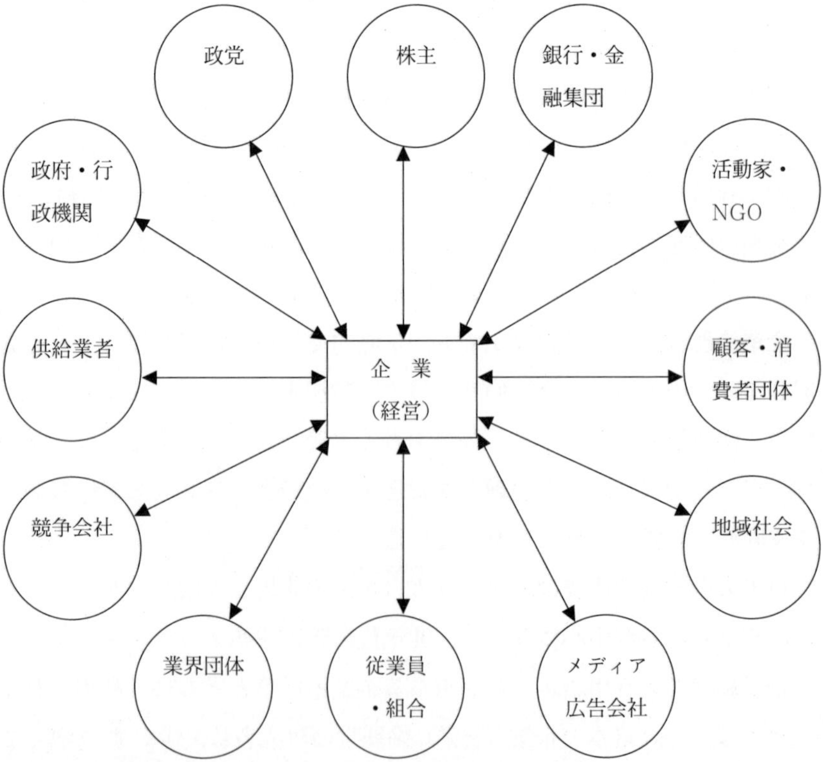

出所）Freeman, E.（1999）を参考に筆者作成。メディア，地域社会を挿入

この理論には叙述性，道具的有効性，規範性，という3つの個別の特徴がある。

　第1の叙述性とは，企業と外部との関係性を正確に表現していることである。企業はさまざまな価値を内包した社会集団との協調や対立のなかで構成されていることがわかる。

　第2に，ステイクホルダー経営と収益，安定性，成長などの企業業績との因果関係が検証できる。これが道具的有効性である。

　第3に，もっとも重要なことであるが，規範性ということである。それは，企業は，それぞれステイクホルダーに対する責務をもって経営を行なうべきであるという意味である。

　この理論の指導的論者である**フリーマン**（Freeman, E.）は，カント的な義務論にもとづいて，個人の人権を尊重して経営すべきだと述べている。義務論とは，人間を手段ではなく，目的として扱うべきであるという倫理理論である。要するに，義務論は，結果が起きる前の人間の意図や動機の正しさを問う考え方に立っている。

　このようにそれぞれのステイクホルダーの独自の価値を認識して，すべてのステイクホルダーに対する責務を内在化させた経営を「**ステイクホルダー経営**」とよぶ。

　それぞれのステイクホルダーが明確にされたとはいえ，ステイクホルダー経営においては，すべてのステイクホルダーが同等に経営のプロセスや意思決定にかかわることを意味してはいない。ただし，アメリカにおいては「ストックホルダー（株主）からステイクホルダー重視へ」とよく比較対照され，株主以外のステイクホルダーにも配慮した経営が社会的に求められている。逆に，日本では軽視されてきた株主価値をも重視すべきだ，というのが，近年の動向である。また，**社会的責任投資**（Socially Responsible Investment, SRI）が近年，欧米だけでなく日本でも増大していることは注目すべきである。

従来のインプットとアウトプットのシステムという企業観に代わって，ステイクホルダー理論は企業内外の利害集団との因果関係や責務を明らかにする。それは，なによりも経営者は，自立しつつあるさまざまなステイクホルダーの意向を無視しては経営できなくなってきたという社会情勢を反映している。その意味で，ステイクホルダーに関する図は，経営のあるべき姿，会社とはなにか，という視点をも提供する企業の新たなパラダイムとなる。

ドナルドソン（Donaldson, T.）らは，ステイクホルダー理論は近年盛んな財産権の理論を支える**「分配の正義」**理論と対応していると分析している。この理論は，企業がどのステイクホルダーにどれだけの責務があるのか，という検討に都合が良い。しかし，業界ごとに重点の優先順位は異なってくるであろう。

フリーマンは，規範理論としてのステイクホルダー理論は，以下の3点について配慮すべきであるという。① 公正な契約，② 女性原理（ケアや関係性の重視），③ 生態学の原理（地球環境への配慮）である。

社会的責任論の系譜

ステイクホルダー全体を社会とみなせば，企業のステイクホルダー理論は，企業の社会的責任論（corporate social responsibility, CSR）といいかえてもよい。もともと企業の社会的責任論は，企業倫理学が盛んになる以前から**「企業と社会」**という経営学の一部門のなかで発達してきたが，いまでは企業倫理学の成果やステイクホルダー理論をも吸収して生き残った理論である。

社会的責任論とは，企業が株主だけでなく，社会に対して責務をもつべきであるという理論であり，記述性と規範性をもった理論である。**キャロル**（Carroll, A.）は，社会的責任論を4つの段階に分けて説明している。すなわち，それは経済的責任，法律的責任，倫理的責任，裁量的責

任である。

経済的責任とは，社会が望む製品やサービスを適正な価格で提供することで収益性を確保することである。株主の利益を確保するために，少なくとも企業としての存続や成長を確保することが企業に要請される。

法律は，明文化された社会の秩序をもたらす準則ないし社会契約であり，法律の遵守が企業の法的な責任となる。企業が法的な違反を犯せば，処罰される。これに対して，倫理的責任とは，法律には明記されていなくとも，社会的価値や社会から期待される公正や人権にもとづいて行為すべきことである。これは，時代とともに変わる社会の規範や社会契約に従うことを意味している。前述のフリードマンの議論は，このレベル以上の社会的責任は，不必要であるという主張であった。

裁量的責任とは，自発的でフィランソロピー的な企業意識をさすもので，責任とよぶには相応しくない責任といえる。それは，教育や福祉，芸術など社会の向上に企業の資金や従業員の時間を捧げることである。それは，ある意味で社会が求める以上の意識であり，倫理的責任からは区別される。日本では企業の本業外のこのような慈善活動を社会的貢献とよんでいる。

これは，別ないい方をすると，企業が善良な企業市民（corporate citizenship）となることを意味する。決して新しくはない「**企業市民論**」は，近年，その理論的展開が急速にすすみ，従来の社会的責任論を飲み込んでその概念を拡大させる勢いにある。

さて，社会的責任論のより行動的な局面として，**企業の社会的即応性**（corporate social responsiveness）という概念が，ここ30年の間に発達してきている。キャロルによれば，社会的即応性は，即応，防御，調整，予防の4つに分けられる。

さらに，社会的即応性の成果としての企業の社会的業績（corporate social performance, CSP）モデルも構築されてきた。企業の社会的業績

モデルを整理した**ウッド**（Wood, D.）は，CSP は 3 つの相互に関連する部門からなっているという。それらは，企業の社会的責任の原則，企業の社会的即応性というプロセス，企業行動の成果，の 3 つからなる。

社会契約論

社会契約とはもともと近代的な政治思想における国民国家を支える概念として欧米で発達してきたが，1980年代以降から企業倫理学の理論としても応用されるようになってきた。特に，ドナルドソンとダンフィー（Dunfee, T.）によって構築された「**統合的社会契約論**」（Integrative Social Contracts Theory, ISCT）は，企業倫理研究の経験的手法と規範的手法という 2 つの対立する手法を統合する目的で提示されたグランドセオリーを目指し，欧米で最も注目されている理論である。

ここで言う契約とは，明文化された契約書のことをさすのではなく，企業と社会との間における暗黙の合意である。共同体の成員が暗黙の合意をしたと仮定する。その契約は逆にその共同体のなかにおける人間の行動を規制する規範となる。これは「**制限された合理性**」（bounded rationality）とよばれて，人びとによって認識されている。まず第 1 に各自が所属する共同体（国家，企業，業界など）の中における現実の**ミクロ契約**が考えられる。各共同体には「**道徳的自由空間**」があり，ミクロの社会契約を通じて倫理的規範を醸成する。

このミクロの社会契約は発言する権利や離脱する権利によって支えられている。このような規範は「**真正規範**」（authentic norms）であり，当該文化の慣習や伝統によって生まれたものである。「真正規範」を立証するものとして，Ⓐ 人々が規範の存在を信じていること，Ⓑ 職業倫理や会社規則に規範が含まれていること，さらに，Ⓒ メディアなどを通じて規範が発展していることがある。「真正規範」を適法的かつ遵守させるためには，「真正規範」は「超規範」と両立しなければならない。

対立する適法的な規範があれば，マクロな社会契約の精神と文言にもとづき，優先順位をつけねばならない（priority rules）。

　第2に，それらの共同体を包み込む国際社会における仮想された**マクロな契約**が考えられる。このマクロな契約は，「**ゆるやかな普遍的道徳**」の存在を認め，より下位の共同体の規範を評価する。ドナルドソンらはこのマクロな契約の規範を「**超規範**」（hypernorms）と呼び，宗教，政治，哲学など思想が統合された先にみえるものであると希望している。

　統合的社会契約論（ISCT）の統合とは，このミクロとマクロの2つの契約を統合するという意味である。統合的社会契約論は「真正規範」という現実の規範を容認しながらも，「超規範」というある意味であいまいな理想の規範のもとにおけるマクロな契約によって国際ビジネス社会の倫理を構想した理論である。

　暗黙の合意をもとにする契約という概念は，時代や地域によって可変なもので，倫理理論としては柔軟性に富んだ理論である。ただ，「超規範」の根拠はあいまいであり，この理論が対象とする現実的な国際ビジネスのモラルディレンマに対処するためには，むしろマクロな契約にもとづく「**優先の規則**」（priority rules）の内容を具体的な事例にそって検討すべきであろう。

宗教倫理の復権

　アメリカ社会では90年代以降，倫理綱領の制度化は進んだものの，企業倫理への信頼は揺らいだままであり，21世紀に入ってもエンロンの不正会計事件のような巨大な企業犯罪が続出している。そのなかで，すでに述べたような人間の理性による倫理理論のほかに，各宗教伝統にもとづくビジネス倫理の研究も盛んになっている。これは，グローバル社会のなかで，伝統的な宗教の役割が強まり，宗教共同体がもつ規範形成の力が再度見直されたためである。そもそも西欧の近代資本主義のエート

スには，プロテスタントの禁欲的な倫理が原動力となったことは**マックス・ウェーバー**（Weber, M.）による研究からも有名である。

　宗教倫理とは，一般的に人間を超える聖なるものから下される規範であり，宗教そのものは，歴史的にも人間存在と世界を説明するための物語となってきた。宗教と密接な関係にある神話は，共同体の起源や歴史を伝え，神話と連動する儀礼は，永遠回帰的に共同体を維持し，発展させるという更新的な機能を果たしてきた。また，聖典は共同体の規範の源泉となった。

　アメリカでは，多くの教派が分裂した状況にはあるが，中心となるキリスト教会が毎週日曜日にはアメリカ国民の道徳を提供するための源泉のひとつとなっている。そして，前述したように, 1990年代以降にはビジネスパーソンのスピリチュアリティ回帰の現象も鮮明となった。

　しかし，現実には教会はビジネスパーソンへのスピリチュアルな欲求にはまったく答えていない。リーダーシップ論のグルなどが，宗教的な機能を果たしているのが現状であり，キリスト教会の存在そのものが，衰退の危機に直面している。現実のビジネス問題に対処する神学の新たな道徳的構想力が求められている。

　日本においても，世俗化した宗教は文化伝統や慣習のなかに埋没しているようにみえるが，宗教的精神をバックボーンとした経営者は歴史的にも多々みられ，大きな教訓や精神的遺産となっている。近年では，行政改革という国家的事業の端緒を開いた**土光敏夫**（1896－1988）が**日蓮**をほうふつさせる法華経の行者であったことは有名である。

3 企業倫理の実践

経営理念と倫理綱領

　企業が組織体として持続するためには，組織を統合する確固としたビジョンという長期的展望をトップの経営者がもっていなければならない。そのビジョンを表明したものが，企業の経営理念であり，企業の根幹的な価値の源泉となる。

　経営理念は，時代の流れに応じて少しずつ変化していくが，ある種の普遍的な価値を内在している。とくに長い生命力をもっている企業においては，社会貢献的な価値観，すなわち，利他主義的な道徳原則をもっていることが，長命条件のひとつとなっている。

　企業のトップが，高潔な人格をもち，確固とした経営理念を社員と共有しているような好倫理体質をもった企業であるならば，問題はない。しかし，**牛肉偽装事件**（2002年）のように一度信用を落とせば，その信頼回復には多大なエネルギーが必要となるのである。ことに情報化が進んだ現代社会においては，企業の情報開示は社会の要請となっており，不正の発覚は企業の存続に深刻な影響を与えている。

　社会的存在である企業が，企業倫理を社内に確立するための方策のひとつが，**倫理綱領**（ethical code）の制定とその徹底である。倫理綱領とは**行動基準**（code of conduct）ともよばれ，社員の行動を律するマニュアルであるが，経営理念をより具体化させたものである。倫理綱領が企業倫理の確立を必ずしも保証するものではないが，企業社会における近年の不祥事は各企業における倫理綱領の制定を促している。

　アメリカでは1991年に懲罰的な連邦量刑ガイドラインが制定されると，**コンプライアンス（法令遵守）**体制のない企業は，競争的にも劣位にな

り，企業内におけるビジネス倫理の制度化が一挙に拡大した。

　日本では金融不祥事を受けて発足した金融監督庁（金融庁）の**検査マニュアル**（1999年）が金融機関などにおけるコンプライアンス体制確立を支援するものとして評価されている。さらに，日本経済団体連合会は企業行動憲章を2002年に改定した。また国際標準の認証機関であるISOに社会的責任が加われば，大きな効力を発揮するであろう。

　社内の浄化作用が喪失している場合は，第3者機関による監督や法的罰則で制裁を受けねばならない。しかし，企業倫理の確立はあくまでも社内の自発的な創意工夫が望ましい。

倫理の制度化

　制定された倫理綱領が現実に企業内で徹底されねば，「絵に描いた餅」となってしまう。徹底化させる方策としては，社内研修などによる合意にもとづく倫理教育の充実，現実の問題を社員が抱えた時に対応できる倫理ホットラインの開設，さらには，経営レベルで倫理問題を監督する**倫理担当重役**（ethics officer）や企業倫理室の設置などによる制度的支援が開発されている。いずれにしろ，社内における双方向的な問題解決が重要である。

　内外に公表される倫理綱領は，その会社の社員の誇りとなる企業文化となることが望ましく，社会が企業を評価する際の試金石になっている。

　しかし，倫理がたんなる企業存続のための手段として企業によって利用されることは，本末転倒である。企業の長期的存続のためには，まず社会性，人間性の原理が第1にくるべきである。このような信念のもと，健康な企業社会の構築を求めて企業倫理研究は，深い人間理解を根底にして21世紀の経営学の重要な柱となるであろう。

《参考文献》

梅澤正『企業と社会』ミネルヴァ書房，2000年
高橋浩夫編著『企業倫理綱領の制定と実践』産能大学出版部，1998年
水谷雅一『経営倫理学の実践と課題』白桃書房，1995年
DeGeorge, R.T., *Business Ehics*, 4th ed., Prentice Hall, 1995.（麗澤大学ビジネス・エシックス研究会訳『ビジネス・エシックス』明石書房，1995年，日本語訳は原書の第3版）
Werhane, P. & Freeman, R. (eds.), *The Blackwell Encyclopedic Dictionary of Business Ethics*, Blackwell, 1997.

《いっそう学習（や研究）をすすめるために》

梅津光弘『ビジネスの倫理学』丸善，2002年
　ドナルドソンの弟子で，日本では数少ない倫理学理論に精通した企業倫理学の専門家による分かりやすい概説書。倫理学理論，ケース・メソッド，制度化の分類などコンパクトにまとめられていて，実務家の研修にも利用されている。巻末にWeb情報もある。

D.スチュアート著，企業倫理グループ訳『企業倫理』白桃書房，2001年
　アメリカの哲学者による大学生向けの倫理学初歩のテキストとしても利用できる本で，不祥事よりも倫理的な企業の事例に力点をおいて，華やかな成功よりも徳にもとづく企業のあり方を論じる。日本の大学のテキストとしても最適。翻訳グループ代表の中村瑞穂教授はアメリカの企業倫理に関する多くの論考をすでに発表し，経営社会政策過程論で有名なエプスタイン教授の著書も翻訳している。

鈴木辰治・角野信夫編著『叢書現代経営学⑯　企業倫理の経営学』ミネルヴァ書房，2000年
　8名の著者からなる論集で，経営学の社会的責任論の延長に企業倫理が取り込まれたという立場から，日米独の企業倫理論，日本企業・従業員・消費者・地域社会・国際化と企業倫理の問題などを扱う学術書。

高巖・T.ドナルドソン『ビジネス・エシックス』（新版）文眞堂，2003年
　日米の共著で社会契約論の立場にたって，企業論から倫理学や経済学，市場の問題領域に及ぶ深い学説が展開されている。制度化に関する実

態調査，制度化の歴史などが詳しく論述されていて，理論と制度を考える上で避けて通れない良書。新版には第2部として高の提言的な論文が追加されている。

リン・ジャープ・ペイン著，梅津光弘・柴柳英二訳『ハーバードのケースで学ぶ企業倫理』慶應義塾大学出版会，1999年
　副題「誠実さを求めて」。ビジネス・スクールのケース・スタディと著者のエッセーからなり，大学院レベルや社会人の研修にも利用できる。誠実さ構築のための戦略やリーダーシップの役割がテーマとなっている。

宮坂純一『現代企業のモラル行動』千倉書房，1995年
　アメリカの企業倫理学の動向を渉猟し，学説，理論，制度など多岐にわたって解説し批判検討を加えた学術書。同じ著者は，その後『ビジネス倫理学の展開』（晃洋書房，99年），『ステイクホルダー・マネジメント』（晃洋書房，2000年），『企業社会と会社人間』（晃洋書房，2002年）を公刊。著者開設の「経営倫理学への招待」http://www009.upp.so-net.ne.jp/juka/（2004年2月10日アクセス）は企業倫理学の豊富な資料集となっている。

経営倫理実践研究センター『経営倫理』，奇数月に発行の雑誌
　日本経営倫理学会（1993年創立）が母体になったセンターが発行する経済界向けの広報誌。最新の企業倫理の実践，著作，オピニオン，学会動向などがわかる。

《レビュー・アンド・トライ・クエスチョンズ》
① 「ビジネスの非道徳神話」についてクラスでディスカッションしてみよう。
② 関心のある企業不祥事について調べ，ステイクホルダー理論にそって問題を分析してみよう。
③ 特定の企業や業界の倫理綱領とその運用の実際について調べてみよう。
④ 倫理学の古典や宗教の聖典，経営哲学論にふれて，自分の価値観を検討してみよう。

第 8 章

コーポレート・ガバナンス論

本章のねらい

　今日，先進諸国ではコーポレート・ガバナンス（企業統治）問題が企業をめぐる最大の問題として注目されている。最近では，発展途上国でもコーポレート・ガバナンス問題が問われており，今後，ガバナンス問題はグローバルな問題となるだろう。本章では，これまで展開されてきたアメリカ，ドイツ，日本のコーポレート・ガバナンス論を明確に整理してみたい。本章を学習すると，以下のことが理解できるようになる。

① コーポレート・ガバナンスの目的
② コーポレート・ガバナンスの方法
③ コーポレート・ガバナンスの主体はだれか（主権論）

1 コーポレート・ガバナンスの目的論

さて、コーポレート・ガバナンス問題は企業が巨大化し、企業の所有者である株主と企業の支配者である経営者が分離し、株主から自立した経営者が問題ある行動をとりはじめたことから発生した問題である。企業経営者はどのような問題ある行動を起こしてきたのか。ガバナンスという言葉が出現した1960年代以降のアメリカ、ドイツ、日本の歴史をたどりながら、コーポレート・ガバナンスの目的について整理してみよう。

アメリカの場合

1960年代のアメリカでは、ベトナム戦争で使用されるナパーム弾を製造していた**ダウ・ケミカル社**、黒人の雇用差別をしていた**イーストマン・コダック社**、独占化し、消費者を無視しはじめた**GM社**、公害を生みだす企業などが社会的批判の対象となっていた。いずれも、このような企業経営が正しいのかどうか、正しくないとすれば、だれがどのようにして規律づけるのか、この規律づけが、ガバナンスの目的であった。

1970年代になると、**ペン・セントラル社**が倒産し、経営者が悪化した経営状態を隠すために、粉飾決算にもとづいて、不正配当を行なっていたことが発覚した。また、**ロッキード・エアクラフト社**が経営危機に陥ったとき、経営者が**インサイダー取引**を行なっていたことも発覚した。このように、70年代でも、どのようにして経営者の悪しき行動を抑制し、経営者に規律を与えるのか、これがガバナンスの目的であった。

しかし、1980年代になり、年金基金などの**機関投資家**が、主要な株主として台頭しはじめると、彼らは経営者に倫理的姿勢よりも短期的業績の向上を求めてきた。そして、このような要求に答えられず、合理化できない企業はつぎつぎと**敵対的買収**のターゲットとなっていった。

しかし、このような市場からの過度のプレシャーに対抗して、経営者は自分たちの地位を安定させるために、敵対的買収の対象となった場合、買収する側にとって買収によるメリットをなくすような措置をとる「**ポイズン・ピル**」（**毒薬条項**）を定款に盛り込むようになった。また、企業が買収され、経営者が退職させられる場合、多額の退職金を得て、退職することを条項に盛り込む**ゴールデン・パラシュート現象**も出現しはじめた。

このような企業経営者の行動が正しいのかどうか、また、このような経営者の行動は効率的なのかどうか、経営者の倫理が問われるとともに、企業経営の効率性を問うことが、80年代以降のガバナンスの目的となった。

そして、現在、これら2つの問題のうち、アメリカでは企業の効率性を高めるために、いかにして企業経営者を規律づけるのか、これが、コーポレート・ガバナンスの主要な目的となっているのである。

ドイツの場合

ドイツでは1960年代に**公害問題**が発生した。ライン川汚染、酸性雨による森林被害、酸性雨による著名な彫刻の溶解などである。ここから、**公害を生みだす企業経営**は、はたして正しいのかどうか、正しくないとすれば、どのようにして企業を統治するのか、これが、ドイツでのガバナンスの出発点であった。そして、この問題に対して、70年代以来、ドイツ政府は、徹底的に法律を駆使して、企業統治してきた。

80年代になると、再び産業廃棄物からの公害、とくにゴミ焼却による**ダイオキシン問題**が注目された。というのも、焼却炉周域で先天性異常児が生まれるようになったからである。こうした状況で、これら原因を生みだしている産業界や企業行動の正しさが再び問われた。

そして、90年代に入っても、引き続き公害環境問題が注目された。と

いうのも，ドイツ統一後，東ドイツの環境汚染が，あまりにもひどかったために，西ドイツの人びとの関心を集めたからである。とくに，化学工場によって旧東ドイツ側のドナウ川は汚染され，魚は消え，そのために野鳥も消えていた。

このように，ドイツでは90年代まで一貫して公害環境問題をめぐる企業経営の正当性が問われてきたのである。そして，いかにして企業に規律を与えるのかが，ガバナンスの目的であった。

しかし，90年代のドイツ企業は，別の問題を露呈していた。ドイツ統一後，失業率がいちじるしく増加するなか，ドイツ企業をめぐって不祥事が多発したのである。とくに，この時期，儲けるために不正を行なう企業や損失を隠すために不正を行なう企業行動が注目された。たとえば，不正な投機的不動産投資を行なった**シュナイダー事件**，詐欺取引事件である**バルザム社事件**，投機的投資失敗にかかわる**メタルゲゼルシャフト事件**などである。

これら一連の企業事件では，企業行動の正しさが問われるとともに，**監査役の監視能力**のなさが問題視された。つまり，ドイツ企業をめぐって企業倫理が問われるとともに，企業効率を高めるような監視能力のなさが問題視されたのである。これらの問題のうち，今日，ドイツでは企業の効率性を高める方向で，ガバナンス問題が議論されている。

日本の場合

さて，日本でもアメリカやドイツと同様に1960年代に公害問題が発生し，日本企業はその不完全性を露呈した。それは，生産工程から直接引き起こされた公害であり，たとえば**水俣病**，**イタイイタイ病**，そして**四日市ぜんそく**などに象徴される事件であった。このような企業経営をいかにして是正するのか，これがコーポレート・ガバナンスの目的であった。

70年代になると，公害問題に対する政府の不完全な対応に対して，再び社会批判が高まった。とくに，OECDの環境保全調査によって，日本の公害問題への対応の遅れが指摘されると，公害は企業倫理の問題として注目された。

しかし，日本ではドイツと異なり，公害問題は単に**企業倫理問題**として扱われなかった。政府は，これを**企業効率化問題**でもあるととらえ，公害対策を行なうとともに，省エネルギー化を進め，企業の効率化をも押し進めていったのである。

しかし，80年代になると，公害の質が変化し，公害の発生源自体が不明確になった。たとえば，排気ガス，水質汚濁，産業廃棄物，都市のゴミ増加などである。今日，公害問題はより複雑化し深刻化してきている。これに対して，官民が協調し，政府による法的ガバナンスと企業による自主的な環境にやさしい**技術開発**が続けられている。

こうした問題と平行して，バブル経済崩壊後，90年代に入ってから，日本企業は別の問題を露呈した。それは，儲けるために不正を行なう企業経営者や損失を隠すために不正を行なう企業経営者の出現である。たとえば，日本の主要な銀行のほとんどが，バブル時代に不当な投資を行ない，バブル崩壊後，**大量の不良債権**を生みだした。

また，ほとんどの日本企業が株主総会を無機能化させるために，**総会屋**に利益供与していた。さらに，企業の不正配当や**不正経理・粉飾決算事件**も多発した。

このような状況に対して，今日，一方でこのような日本企業の行動は正しいのかどうか，正しくないとすれば，だれがどのように規律を与えるのかという企業倫理問題が問われている。他方，このような企業行動は効率的なのかどうか，効率的でないとすれば，どのようにして効率化するのか，という企業効率問題も問われている。

これら2つの問題のうち，日本では不況を抜け出すために，多くの日

本企業が効率性を高めるガバナンスに関心をもっている。つまり，日本では，効率性を高めることがガバナンスの目的となっているといえるだろう。

2　コーポレート・ガバナンスの方法論

　これまで議論してきたように，ガバナンスの目的が企業をより効率的に行動させるように，株主から独立した経営者に規律を与えることであるとすれば，どのような方法によって企業経営をより効率的にできるのであろうか。これがコーポレート・ガバナンスをめぐる第2の方法問題である。以下，**平時**と**有事**の場合に分けて，伝統的な日米独のガバナンスの方法を整理してみよう。

アメリカ型コーポレート・ガバナンスの方法

　アメリカでは，伝統的に株主主導のガバナンスが展開されてきた。アメリカでは，それほど問題のない平時には，株主はトップ・マネジメント組織を利用して経営者をガバナンスしてきた。

　具体的にいえば，図表8－1のように株主総会で取締役会メンバーが選出され，この取締役会によって企業の基本戦略や計画が決定される。そして，これが，取締役会で選任された**最高経営責任者**（CEO）を中心とし，**最高財務担当責任者**（CFO）などの各オフィサーである役員によって執行される。その結果が，再び取締役会によって監査され，最後に株主総会で承認を受ける。

　ところで，取締役会は常時開催することが困難なので，一般に計画業務や監査業務などの重要な業務は，数名の取締役員から構成される指名委員会，報酬委員会，経営委員会，監査委員会等の各種委員会に委任される。

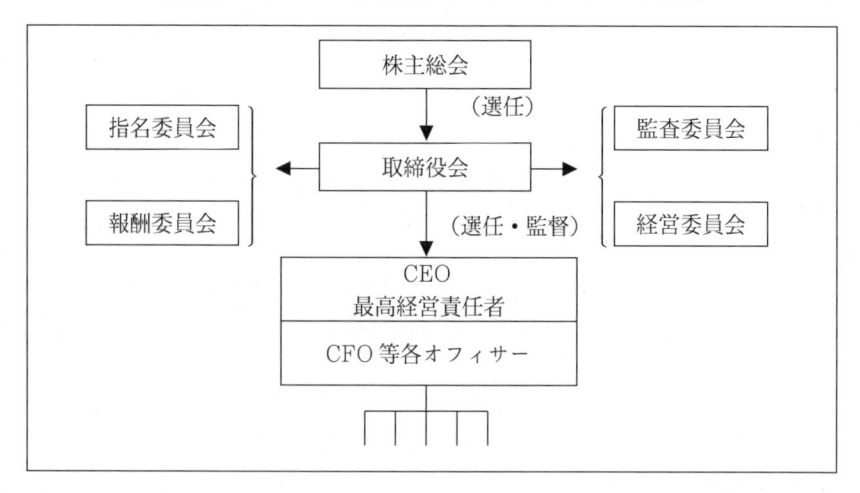

図表8-1 アメリカ型トップ・マネジメント組織

```
                    株主総会
                       │(選任)
   ┌──────┐        ▼         ┌──────┐
   │指名委員会│◄──  取締役会 ──►│監査委員会│
   └──────┘                  └──────┘
   ┌──────┐    │(選任・監督)   ┌──────┐
   │報酬委員会│    ▼              │経営委員会│
   └──────┘   CEO               └──────┘
             最高経営責任者
             CFO等各オフィサー
```

　こうした制度を利用して，株主は，自分たちの利害を企業経営に反映させるために，取締役会メンバーの半数以上を株主の息がかかった**社外取締役**で構成する。また，取締役会のもとに設置される**監査委員会，指名委員会，報酬委員会**の委員長も社外取締役が占める。平時には，このような制度のもとに，株主によって経営陣は統治されるのである。

　しかし，企業経営が悪化し，赤字決算や不正が発覚するような有事が起こると，株主は株式市場を利用する。つまり，株式が，市場で積極的に売りだされることになる。これによって，株価は急速に低下し，信用が低下するので，企業は資金調達がむずかしくなり，これがシグナルとなって，経営陣に規律が与えられる。

　そして，もし株価低下の原因が，経営陣の非効率な経営にあることがわかれば，経営陣を追いだせばよいので，敵対的買収の脅威にさらされ，この乗っ取りの脅威によって，経営陣は規律づけられることになる。この意味で，株式市場は，「**コーポレート・コントロール市場**」とよばれ，80年代のアメリカ型ガバナンスを特徴づけている。

　しかし，このようなコーポレート・コントロール市場を利用したアメ

リカ型ガバナンスでは，経営陣は短期的な**株価重視志向**となり，長期的投資の先送りを導いた。しかも，株式市場を通して敵対的企業買収が積極的に展開されたために，その防衛手段として，先に説明したようにポイズン・ビル（毒薬条項）やゴールデン・パラシュート現象が発生した。そして，これがアメリカの企業経営を悪化させたのである。

このような問題を解決するために，今日，経営陣の報酬の一部として一定数の自社株を一定価格で買い取る権利，つまり**ストック・オプショ**ンを経営陣に与えることによって，経営陣の関心を株価に向けさせるとともに，株主が経営陣と直接対話する場をもって利害調整するような方法も展開されている。しかし，このような過度の株価重視経営もまた，**エンロン事件**や**ワールドコム事件**で明らかになったように，不正な会計処理をしてまで株価を維持したり，つり上げたりする経営者行動を助長しているといわれている。

ドイツ型コーポレート・ガバナンスの方法

さて，ドイツ型ガバナンスで注目されるのは，ドイツ固有の制度である**ユニバーサル・バンク制度**との関連である。この制度のもとでは，銀行は，預金・貸出業務，有価証券の引受・売却業務，有価証券の寄託および議決権の行使といった業務を行なうことができる。そのため，ドイツのユニバーサル・バンクは，一方で債権者として企業統治できるとともに，他方で株主として企業統治することもできる。

こうした立場から，ユニバーサル・バンクは，企業をめぐって問題のない平時には，株主代表としてトップ・マネジメント組織を利用して，企業経営を監視する。ドイツ型トップ・マネジメント組織は，ドイツの共同決定法に従い，図表8－2のようになる。経営の最高意思決定機関である**監査役会**メンバーは資本家代表と労働者代表から構成され，その数は同数となる。

図表8-2　ドイツ型トップ・マネジメント組織

```
┌─────────────────────────────────────┐
│   ┌──────┐        ┌──────┐          │
│   │従業員│        │株主総会│         │
│   └──┬───┘        └──┬───┘          │
│      │(選任)         │(選任)         │
│      ▼              ▼               │
│    ┌─────────────────────┐          │
│    │   監 査 役 会        │          │
│    │(労働者代表):(資本家代表)│        │
│    └──────────┬──────────┘          │
│               │(選任・監督)          │
│               ▼                     │
│    ┌─────────────────────┐          │
│    │   執 行 役 会        │          │
│    └──┬───┬───┬──────────┘          │
│       │   │   │                     │
└─────────────────────────────────────┘
```

　これらの代表のうち，資本家代表は株主総会によって任命され，労働者代表は従業員によって選出される。そして，監査役会によって，経営を執行する執行役会メンバーが任命されることになる。ただし，共同決定法により，監査役員は執行役員を兼任することができない。

　このようなトップ・マネジメント組織を利用して，ユニバーサル・バンクは，これまで多くの資本家代表の監査役や監査役議長を送り込んで，企業統治してきた。とくに，この制度を通して経営の執行者である執行役員の行動を監視し，その人事権を握るというかたちで直接経営者をコントロールしてきたのである。

　しかし，企業経営が悪化し，赤字が発生し，債務不履行が発生するようになると，ユニバーサル・バンクは，株主代表としてではなく，むしろ債権者としてよりハードな企業統治を行なうことになる。たとえば，企業が債務不履行を起こした場合には，人材を派遣して，財務状態を回復させたり，あるいは債権放棄を行なったりする。そして，最悪の場合には，他企業との合併というかたちで企業を清算処理することもある。

　このようなドイツ型ガバナンスに対して，いくつかの批判がある。監

査役会の開催回数が少ないことや，ユニバーサル・バンクと企業は，株式の持ち合いを通して，相互に監査役を派遣し，相互にもちつもたれつの関係にあることが明らかにされた。しかも，銀行から派遣された監査役メンバーは，一般に20社から30社の監査役を兼任しているため，十分ガバナンスできないといった点も指摘されている。

こうした批判から，今日，監査役会の最低開催回数を年2回から4回に増やし，監査役の兼職上限を10社に減らし，そして株式持合いが監査役選任に影響を与えないように，法律改正が進められている。

日本型コーポレート・ガバナンスの方法

日本では，伝統的にメイン・バンク制によるガバナンスが展開されてきた。この方法によると，問題のない平時には，メイン・バンクは，企業経営にほとんど干渉することなく，「**サイレント・パートナー**」として存在していた。

たしかに，日本では図表8-3のように，株主総会によって取締役員

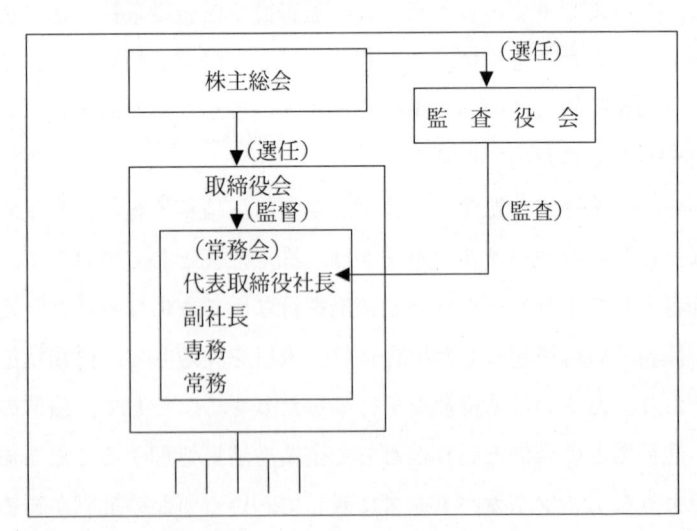

図表8-3　日本型トップ・マネジメント組織

```
┌─────────────────────────────────────────────┐
│  ┌──────────────┐         (選任)              │
│  │   株主総会    │─────────┐                  │
│  └──────┬───────┘         ▼                  │
│         │(選任)    ┌──────────────┐           │
│         ▼          │  監 査 役 会  │           │
│  ┌──────────────┐  └──────────────┘           │
│  │   取締役会    │                            │
│  │    ↓(監督)   │         (監査)              │
│  │ ┌──────────┐ │◀───────────┐              │
│  │ │ (常務会) │ │                            │
│  │ │代表取締役社長│                           │
│  │ │ 副社長   │ │                            │
│  │ │ 専務    │ │                            │
│  │ │ 常務    │ │                            │
│  │ └──────────┘ │                            │
│  └──────┬───────┘                            │
│         │                                    │
│       ┌┬┬┬┐                                  │
└─────────────────────────────────────────────┘
```

と監査役が任命される仕組みとなっている。しかも、この取締役会によって代表権と業務執行権をもつ代表取締役社長が決定されるので、アメリカのように株主がトップ・マネジメント組織を利用して企業統治できるのである。

しかし、これまで株主はこのような組織制度や株式市場を利用してこなかった。というのも、日本企業の株主は、ほとんどが法人であり、法人は相互に株の持ち合いをし、相互に「**安定株主**」として、株を売りさばくこともなかったからである。

なによりも、日本では、社長のもとに副社長、専務、そして常務などから構成される**常務会**、あるいはそれに類似した会議が設置されている。そして、この会のもとに、経営が執行される場合が多かったのである。しかも、そのような会議は、社長を中心に階層化された社長中心の会であった。

こうした状況では、赤字をださない限り、**メイン・バンク**も法人株主も経営に介入しないことを経営者は知っており、経営者は自己統治してきたのである。

しかし、企業が経営不振に陥り、赤字をだし、債務不履行が発生するような有事になると、多大な資金の貸し出しを行なっているメイン・バンクは、貸し倒れを恐れて監視を強めることになる。たとえば、メイン・バンクは、企業の取引決済口座を自社に集中させ、企業のキャッシュ・フローを監視したり、経営内容を監視したりしている。

そして、もしある水準を下回るならば、企業の投資計画に注文をつけたり、役員を派遣したりして監視を強める。さらに、最悪の場合には、緊急融資や人的支援などで経営に介入したり、積極的に債務の繰延べや免除を行なったり、多大な救済費用を負担することもある。

しかし、バブル経済崩壊後、大量の不良債権を抱えた**日本の銀行**は、これまでのようなメイン・バンクとしての役割を果たしていない。今日、

メイン・バンクによるガバナンスは展開されず，また株主総会や取締役会を利用した株主によるガバナンスも機能していない。

もちろん，経営者によるセルフ・ガバナンスも無機能化するといったかたちで，日本企業の経営は完全に無政府状態化している。こうした状況で，今日，委員会制を中心とするアメリカ型トップ・マネジメント組織が日本でも定着するような方向で，法改正が行なわれた。

3 コーポレート・ガバナンスの主権論

さて，ガバナンスの目的が，企業をより効率的に行動させるように規律づけることであり，そのために状況に応じて多様なガバナンスの方法が駆使されるとすれば，最後にこれを具体的に実行する主権をもつのは，だれか。これがコーポレート・ガバナンスに関する第3番目の主権問題である。以下，3カ国企業の所有構造に注目してみよう。

アメリカ企業のガバナンス主体

アメリカ企業の財務構造に注目すると，アメリカ企業は伝統的に自己資本比率が高く，株主中心の構造となっている。しかし，上位5大株主による株式保有比率は平均25％であり，アメリカ企業の株式は，比較的広く分散した状態にあるといえるだろう。

さらに，だれが株式を所有しているのかを考察すると，個人の持株比率は50％以上である。つぎに，年金基金，ミューチュアル・ファンド，そして保険会社の順で株式保有比率は高い。とくに，アメリカ企業の**筆頭株主**に注目すると，年金基金やミューチュアル・ファンド等の機関投資家と創業者一族が多い。

このようにアメリカ企業は自己資本中心の財務構造で，株式は比較的分散している。他方，主に機関投資家や創業者一族などによる所有割合

も大きい。このような構造のもとにアメリカでは伝統的に株主主権のガバナンスが展開されてきたのである。

すなわち,株主主権のもとに,平時にはトップ・マネジメント組織制度を通して企業経営を監視している。だが,有事にはコーポレート・コントロール市場としての株式市場を利用した敵対的買収の脅威が企業経営者に規律を与えているのである。

しかし,先に述べたようにこのような株主主導による過度のプレッシャーに対抗するために経営者が非効率な行動を取りはじめたために,最近では**株主主権**には限界があるといわれている。そして,なによりも,多様なステイクホルダーの利害をも考慮する必要があるという主張がなされている。

ドイツ企業のガバナンス主体

ドイツ企業は,伝統的に負債中心の財務構造である。中心的な債権者は,直接的であれ,間接的であれ,ユニバーサル・バンクである。

これに対して,ドイツ企業の自己資本構造を分析すると,ドイツ企業の上位5大株主による株式保有比率は,平均40％以上である。ドイツ「**独占委員会**」による調査でも,単独の所有者によって50％以上の株式が所有されている企業は,50％以上もある。このように,ドイツ企業の株式は,比較的集中的に所有されている。

では,だれがドイツ企業の株式を所有しているのか。ドイツでは,「企業」と「家計」が,株式を多く保有している。しかし,企業や家計が保有している株式のほとんどは,ユニバーサル・バンクに寄託されている。それゆえ,実質的にはユニバーサル・バンクが所有主体になっている。

このように,ドイツ企業をめぐって,ユニバーサル・バンクは,主要な債権者であるとともに,実質的に主要な株主的存在でもある。この両

面を利用して，ユニバーサル・バンクは，状況に応じて主権を行使して，企業統治を展開している。

すなわち，平時の場合，ユニバーサル・バンクは，株主代表をトップ・マネジメント組織に送り込み，株主主権のもとに企業を統治する。しかし，赤字決算や債務不履行などの有事が発生したときには，ユニバーサル・バンクは，債権者として「**債権者主権**」にもとづいて，企業の清算処理をも念頭においた厳しいガバナンスを展開している。

日本企業のガバナンス主体

日本企業は，伝統的に**負債**が多い財務構造であった。主要な債権者は，銀行であり，その中心的銀行が「メイン・バンク」とよばれてきた。

これに対して，日本企業の自己資本構造に注目すると，日本企業の上位5大株主による株式保有比率は，平均30％である。それゆえ，日本企業の所有構造は，ドイツ企業ほど集中していないが，アメリカ企業ほど分散もしていない。さらに，だれが企業の株式を所有しているのかといえば，主に金融機関，事業法人，そして個人の順で持株比率が高い。

このことから，日本企業をめぐって，銀行が主要な債権者であるとともに，主要な株主でもある。しかし，金融機関は，法律上，株式の5％しか保有できない。また，事業法人や機関投資家も，実際にはビジネスの延長線上で，株式を相互に持ち合いしているにすぎないため，所有意識は，薄い。それゆえ，いずれもサイレント・パートナーあるいは安定株主として存在しているにすぎない。

このような状況から，日本企業では問題のない平時には，生え抜きの経営者を中心とする従業員主権のもとに自己統治が展開されてきた。これに対して，赤字決算や債務履行などの有事が発生したときには，メイン・バンクによって企業の清算処理を念頭においた債権者主権にもとづく厳しいガバナンスが展開されてきたのである。

しかし，近年，日本企業の経営者は自己統治できずに不正を行ない，銀行もまた不良債権に悩まされ，もはやガバナンスの主体にはなりえていない。この意味で，今日の，日本企業は，主権者不在の状況にあるといえるだろう。

4 要 約

以上，3つの問題領域に関する3カ国のコーポレート・ガバナンスをめぐる議論を体系的に要約すると，以下のようにまとめることができる。

① ガバナンスの目的をめぐって，60年代以降の日本，アメリカ，ドイツの歴史をたどってみると，いずれも**企業倫理**を問うことが目的であった。その後，企業倫理と**企業効率**を問うことが目的となった。そして，現在では，3カ国いずれも企業効率を高めることがその主要な目的となっている。

② ガバナンスの目的が企業効率を高めることであるとすれば，どのような方法によるのか。アメリカでは株主による**コーポレート・コントロール市場**を利用した方法，ドイツでは**ユニバーサル・バンク**によるガバナンス，そして日本では**メイン・バンク**によるガバナンスが中心であった。

これらの方法はそれぞれ利点をもっているが，同時に弱点もある。そのため，どの方法がもっとも良いとはいえない状況にあり，最近ではいずれも変化しつつある。

③ 最後に，ガバナンスの目的が企業効率を高めることであり，そのために各国固有のガバナンスの方法が駆使されるとすれば，これを実行する主権をもつのはだれか。

アメリカ企業は，伝統的に株主主権のもとにガバナンスが展開されてきた。また，ドイツ企業では，平時にはユニバーサル・バンクが**株主主**

権のもとにガバナンスを展開し，有事には**債権者主権**にもとづいてガバナンスを展開してきた。

これに対して，日本企業では，平時には経営者を含む**従業員主権**のもとに自己統治が展開され，有事にはメイン・バンクが債権者主権のもとにガバナンスを展開してきた。しかし，最近では，このような主権関係は崩壊したといわれている。

これらの比較から，今日，ガバナンスをめぐってもっとも不安定な状態にあるのは，日本企業であり，ガバナンスの主権が不明確になっているとともに，従来のメイン・バンクによるガバナンスの方法も崩壊し，新しい方法の確立が急務となっている。

図表8-4　3つのコーポレート・ガバナンス論のまとめ

	ガバナンスの目的	ガバナンスの方法	ガバナンスの主体
アメリカ	倫理問題から効率性問題へ	コーポレート・コントロール市場	平時＝株主主権 有事＝株主主権
ドイツ	倫理問題から効率性問題へ	ユニバーサル・バンク制	平時＝株主主権 有事＝債権者主権
日　本	倫理問題から効率性問題へ	メイン・バンク制	平時＝従業員主権 有事＝債権者主権

《参考文献》

　出見世信之『企業統治問題の経営学的研究―説明責任関係からの考察―』
　　文眞堂，1997年
　深尾光洋・森田泰子『企業ガバナンス構造の国際比較』日本経済新聞社，
　　1997年

稲上毅編『現代日本のコーポレート・ガバナンス』東洋経済新報社，2000年
伊丹敬之『日本型コーポレートガバナンス』日本経済新聞社，2000年
菊池敏夫・平田光弘編『企業統治の国際比較』文眞堂，2001年
菊澤研宗『日米独組織の経済分析：新制度派比較組織論』文眞堂，1998年
Monks, R.A.G., & Mionw, N., *Corporate Governance*, Blackwell Publishers Inc., 1995. (太田昭和訳『コーポレート・ガバナンス』生産性出版，1999年)
高橋俊夫編『コーポレート・ガバナンス』中央経済社，1995年
吉森賢『日米欧の企業経営―企業統治と経営者―』放送大学教育振興会，2001年

《いっそう学習（や研究）をすすめるために》

Jensen, M. C., *A Theory of the firm: Governance, residual Claims, and Organizational Forms,* Harvard University Press, 2000.
エージェンシー理論の提唱者の一人であるジェンセンの論文集である。この本から，エージェンシー理論を用いて，どのようにガバナンス問題に接近できるのかを知ることができる。

小佐野広『コーポレート・ガバナンスの経済学』日本経済新聞社，2001年
コーポレート・ガバナンスをめぐる海外の最新の諸論文がコンパクトにまとめられており，今日，経営学ではガバナンス研究がどこまで進んでいるのかを知ることができる。

《レビュー・アンド・トライ・クエスチョンズ》

①　アメリカでは，なぜ株式市場は「コーポレート・コントロール市場」とよばれるのでしょう。
②　ドイツのユニバーサル・バンクによるコーポレート・ガバナンスについて概説してください。
③　日本型コーポレート・ガバナンスの問題点について説明してください。

第 9 章

NPO のマネジメント

本章のねらい

NPO（非営利組織）について，「非営利性」に注目し，その特質を明らかにする。すなわち，NPO を市場経済システムのなかで位置づけ，活動主体としての特徴を検討する。本章を学ぶことによって，次の点が理解できるようになる。

① NPO の現状と特徴
② NPO と NPO 法人，NGO（非政府組織），政府組織との違い
③ 非営利性と市場経済システムにおける NPO の役割
④ NPO のマネジメント
⑤ NPO の問題点と将来の可能性

1 NPO (No Profit Organization) の意味

日本における NPO の現状

1998年にいわゆる NPO 法（特定非営利活動促進法）が施行されてから5年が経過する。この間，1万5,000をこえる NPO 法人が設立された（2004年1月現在）。

NPO の活動分野は，広く多岐にわたっている。その状況を示すのが，図表9－1である。これによれば，とりわけ，高齢者福祉や障害者福祉，

図表9－1 特定非営利活動法人の活動分野

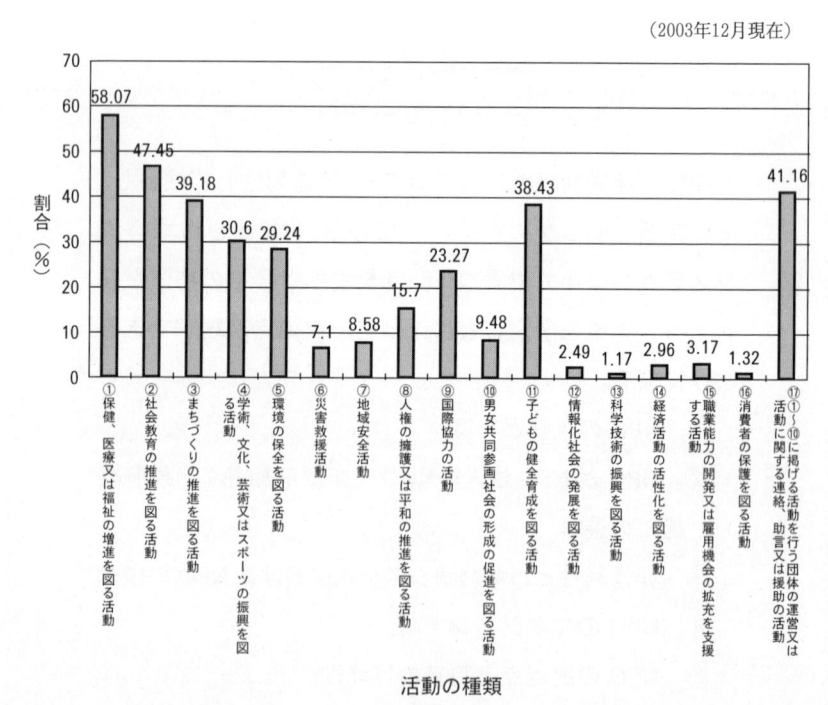

(2003年12月現在)

番号	活動の種類	割合(%)
①	保健，医療又は福祉の増進を図る活動	58.07
②	社会教育の推進を図る活動	47.45
③	まちづくりの推進を図る活動	39.18
④	学術，文化，芸術又はスポーツの振興を図る活動	30.6
⑤	環境の保全を図る活動	29.24
⑥	災害救援活動	7.1
⑦	地域安全活動	8.58
⑧	人権の擁護又は平和の推進を図る活動	15.7
⑨	国際協力の活動	23.27
⑩	男女共同参画社会の形成の促進を図る活動	9.48
⑪	子どもの健全育成を図る活動	38.43
⑫	情報化社会の発展を図る活動	2.49
⑬	科学技術の振興を図る活動	1.17
⑭	経済活動の活性化を図る活動	2.96
⑮	職業能力の開発又は雇用機会の拡充を支援する活動	3.17
⑯	消費者の保護を図る活動	1.32
⑰	①～⑯に掲げる活動を行う団体の運営又は活動に関する連絡，助言又は援助の活動	41.16

＊NPO ホームページ（http://www5.cao.go.jp/seikatsu/npo/）「特定非営利活動法人の活動分野について」をもとに著者が作成

児童福祉,健康づくりなどを含む「保健・医療・福祉活動」,教育・生涯学習指導などを含む「社会教育推進活動」,「まちづくりの推進活動」や,「子どもの健全育成を図る活動」など,現代社会がかかえる問題に取りくむ NPO の姿が明らかになっている。

これまで解決困難と思われてきた問題への果敢な挑戦,さらには NPO を構成する人たちの強い参加意識,これらはしばしば NPO の特徴として指摘されてきた。そして,それら特徴から,NPO は,21世紀にふさわしい新たな組織形態のひとつである,との評価がしばしばなされてきた。

あいまいな NPO 理解

しかし,NPO とはなにか,について答えるのはそれほど容易ではない。つぎにあげる事情が,NPO についての理解をむずかしくしている。

a) 図表 9 − 2 は,NPO 法(2002年改正法)が定める**特定非営利活動の種類**を示している。その活動分野は,17分野にわたっている。

NPO 法の定める活動分野のなかには,医療,福祉,教育,あるいは宗教など,**特別法**が制定されている非営利活動は含まれていない。したがって,NPO 本来の活動は,図表 9 − 2 が示すものより多様で,広い範囲にわたる。そこに,NPO 共通の内容や特徴を見いだすことは,簡単ではない。

b) NPO 法という法制度の枠のなかに限っても,法と実態とがしばしば離れており,NPO の理解をむずかしくしている。たとえば,NPO 法人は,NPO 法に基づき設立されているが,法の趣旨にそわない法人も少なくない。暴力団等の反社会的組織が法を悪用し,NPO 法人格を取得するケースは,その悪質な代表例である。したがって,2003年改正法は,法の濫用を防ぐことを目的のひとつとしてかかげた。

c) 欧米を中心として,いわゆる NPO 法を定めている国は少なくな

図表 9－2　特定非営利活動の種類

```
1   保健，医療又は福祉の増進を図る活動
2   社会教育の推進を図る活動
3   まちづくりの推進を図る活動
4   学術，文化，芸術又はスポーツの振興を図る活動
5   環境の保全を図る活動
6   災害救援活動
7   地域安全活動
8   人権の擁護又は平和の推進を図る活動
9   国際協力の活動
10  男女共同参画社会の形成の促進を図る活動
11  子どもの健全育成を図る活動
12  情報化社会の発展を図る活動
13  科学技術の振興を図る活動
14  経済活動の活性化を図る活動
15  職業能力の開発又は雇用機会の拡充を支援する活動
16  消費者の保護を図る活動
17  前各号に掲げる活動を行う団体の運営又は活動に関する連絡，助言又は援助の活動
```

出所）NPO 法第 2 条の別表より

いが，法律の内容はそれぞれの国の社会的事情や考え方を反映したものであり，決して同一ではない。したがって，国際比較がむずかしい。

　d）NPO という用語は，他の用語，たとえば慈善団体やボランティア組織などという用語としばしば混同して用いられる。また，その「**非営利性**」から，価値基準からの自由性，あるいは不偏不党性といった，本来の NPO がもつ組織特性に対応しないイメージで語られることも多い。

　ここに，NPO がなにを意味するか，明確な概念規定と特徴の明確化がもとめられることになる。

NPO の主な要件

　サラモン（Salamon, L. M.）ら，ジョンズ・ホプキンス大学の**非営利セクター国際比較プロジェクト**（Comparative Nonprofit Sector Project）のメンバーは，NPO の要件として，以下の項目をかかげている。

a ）公式に，組織化されていること。一時的な集まりではない。
b ）民間であること。政府から大きな援助を受けていても問題ではない。
c ）利益配分しないこと。利益は組織本来の使命のために利用されなくてはならない。専任者への賃金は，利益還元に含まない。
d ）自己統治・自主管理する力を備えていること。自律的な組織であり，外部によってコントロールされない。
e ）自発的であること。組織活動の実行やその業務の管理において，自発的な参加を含まなくてはならない。

　これらの要件は，NPO の特徴をよく取りまとめている。ただし，彼らのプロジェクトの目的から，対象となる組織は民間非営利組織に限定されており，その特徴づけは，国際比較を念頭においたものである。

　以下では，NPO について，文字どおり「非営利性」に注目し，その観点から検討する。なお，NPO の組織間関係について，第 6 章でも論じられている。参照してほしい。

2　NPO の「非営利性」について

NPO の組織形態－NPO 法人，NGO との比較

　NPO の非営利性について検討するまえに，類似組織との比較をおこない，NPO の形態を整理する。
　NPO 法は，「市民による自由な社会貢献活動を行う団体に法人格を

付与する」法律である。この法律にのっとり，申請と認証審査の手続きを経て，法人格を付与されるのがNPO法人である。

内閣府委託調査「市民活動団体等基本調査」（内閣府国民生活局編『2001年市民活動レポート』財務省印刷局，2001年を参照。）によると，回答をよせた市民活動団体（すなわちNPO）の数4009のうち，NPO法人数は198，任意団体数は3602，その他の法人数は127である。NPO法人は，全体の4.9％を占めるにすぎない。ここに，NPOのなかで，NPO法人格を獲得している団体数が，多数を占めているわけではないことがみてとれる。

図表9－3 市場経済システム・政府・NPO・NPO法人・NGO

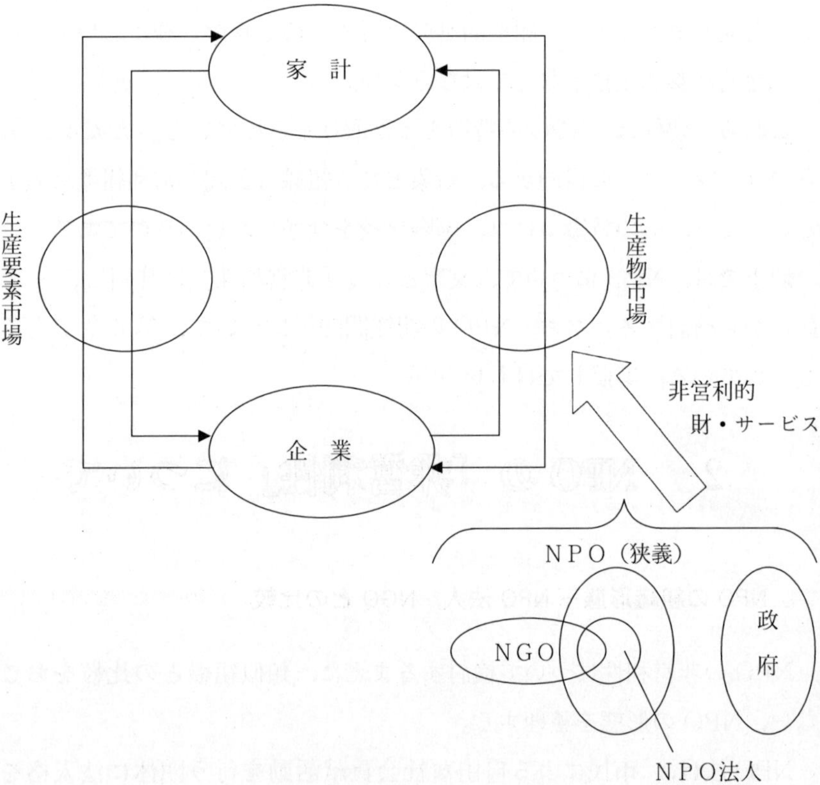

NPOと類似した組織にNGO（Non-Governmental Organization，非政府組織）がある。NGOは，国連などの国際的な機関，会合に参加する民間団体の呼称である。環境問題，開発問題，エネルギー問題，人権問題，平和問題等に国際的に取り組む場合，機動性やニーズに対する柔軟な対応が求められる。ここに，NGOがはたす大きな役割がある。NGOの多くは，非営利団体であり，したがってその意味ではNPOと重なるが，非営利性は必要条件ではない。企業グループが，NGOとして大きな役割をはたしてきた例も少なくない。その包摂関係は，図表9－3にあらわされている。

ここでは，主としてNPOに注目し，その役割，基本的機能と特質について検討する。

営利組織（FPO）としての企業

NPOのもつ「非営利性」とはなにか。われわれの市場経済システムのもつ「営利性」と照らし合わせることにより，その意味を明らかにすることができる。市場経済システムにおける生産主体は，企業である（第2巻『市場と企業』を参照）。企業は，営利性の観点から，FPO（For Profit Organization，**営利組織**）とよばれる。アダム・スミス（Adam Smith）にしたがうなら，FPOの活動は，自利心，すなわち**利潤極大化原理**にしたがう。

市場経済システムと営利性

われわれの経済システムを構成する基本的な活動主体は，家計と企業である。企業の活動基準は，上で述べたように，営利性にある。すなわち，企業は，財・サービスを生産・供給し，できるだけ大きな利潤を獲得しようとする。

これに対して，家計は，需要をとおして自身の満足の極大化を図る。

需要・供給関係は，両主体間の取引関係としてあらわれ，取引が成立する場を市場とよぶ。われわれの経済システムを**市場経済システム**とよぶのは，この市場こそが，そしてその場における取引こそが，われわれの経済システムを決定づける，との見方からである。

市場経済システムにおける生産主体である企業が，営利性という活動基準にしたがうのに対し，非営利活動を営むNPOが存在する理由は，どこに求められるのであろうか。

NPOが求められる理由

企業はFPOとして，「もうかる」財・サービスを生産・供給する。「もうからない」ものは，生産・供給の対象とはならない。したがって，「もうからない」財・サービスは，市場をとおしては供給されないことになる。

問題は，供給されない財・サービスのなかに，社会が必要とする財・サービス，あるいは必要度の高い財・サービスが含まれる場合である。その場合，市場は，われわれ社会が必要とする財・サービスを供給することに「失敗」する。これを**「市場の失敗」**とよぶ。失敗の理由は，営利性の観点，すなわち「もうからない」ことにある。したがってその失敗を補完するために，非営利性に基づく活動が求められる。すなわち，「もうかる」「もうからない」を活動基準としない組織，NPOが求められる。

政府の活動と失敗

営利性基準に基づき排除され，市場を通しては供給されない財・サービスのうち，社会が必要とする財・サービスを，**公共財・サービス**として生産し，社会あるいは需要者に直接，市場を通さずに供給する，それが公的部門，すなわち**「政府」**である。政府の活動基準は，営利性にも

とづかない非営利性にある。

政府は，公共財・サービスを提供することによって市場を補完する非営利組織であり，その意味で，政府はNPOに属する。政府の活動は，市場の失敗を補い，社会の要請にこたえるに十分であろうか。

近年，社会は大きく急速な変動を経験してきた。価値観は多岐にわたり，それを一様なかたちにまとめることはできない。そうしたなかで，政府は，社会の新しいニーズを的確に把握し，適時にこたえることに成功してきたであろうか。答えは否である。

民主主義のもと，政府の意思決定は，多数決原理に従わなくてはならない。現代社会における，多様な，多岐にわたる価値の一つひとつが，社会の多数の支持を得ることはむずかしい。したがって，政府が，社会のニーズにきめ細かく応えることはむずかしい。また，官僚組織のもつ硬直性は，問題の把握と解決策の実行という点で，政府の柔軟な対応を妨げている。

市場システムを補完することの失敗，すなわち「**政府の失敗**」が問題となる。ここに，もうひとつの非営利組織である民間非営利組織の存在が，求められることになる。

NPOに政府組織が含まれる場合，それを**広義のNPO概念**とよぶ。政府組織が含まれず，民間非営利組織をさす場合，**狭義のNPO概念**とよぶ。以下で，単にNPOとよぶときは，狭義で用いる。図表9－3に示すNPOも同じく狭義のものである。

NPOの役割

市場の失敗と政府の失敗を補完するのが，NPOの役割である。市場をとおしては供給されない財・サービスのうち，社会が必要とする財・サービスを，NPOは，多様なニーズ・価値観にしたがうかたちで提供することが求められる。

一つひとつの NPO は，ある特定の目的を実現するために組織化されたものであり，その意味で，特定の価値観に基づくものである。NPO は，価値観に拘束されない，自由で，無色透明な組織ではない。

　NPO は，**社会的個別的ニーズ**を直接みたすための組織であり，問題意識や価値観を共通にするものの集合であることから，構成員の参加意識は，一般に強い。また，組織の活動のある部分は，自発的なものとなる。

　こうした，狭義の，すなわち民間の NPO の役割は，上で述べた政府の活動や役割と大きく異なる。広義の NPO 概念は，NPO 組織として，政府と民間非営利組織が同様な役割を担っていること，したがって両者は**代替関係**にあることを示している。他方，ここで示した，民間 NPO の役割，すなわち政府活動との違いが重要性をもつ場合，民間非営利組織が政府に取って代わることが考えられる。他方，ここに，民間の NPO がもつ，新しい時代のひとつの可能性が明らかとなる。

3 基本機能からみた NPO

生産主体としての基本機能

　つぎに，NPO を生産主体としてとらえ，その基本機能を考えよう。

　NPO は，政府と同様に，市場を補完する財・サービスを供給する，生産主体である。したがって，図表 9 － 4 が示すように，生産主体としての基本機能・要素から成りたっている。「**生産**」機能を中心として，生産のために必要な生産要素の「**調達**」機能，生産した財・サービスを「**提供**」する機能が，有機的に結びつく。

　なお，企業の場合には，営利原則にしたがって生産した財・サービスを「販売」するが，ここではそれと区別するために「提供」という用語

図表9-4　基本機能・要素

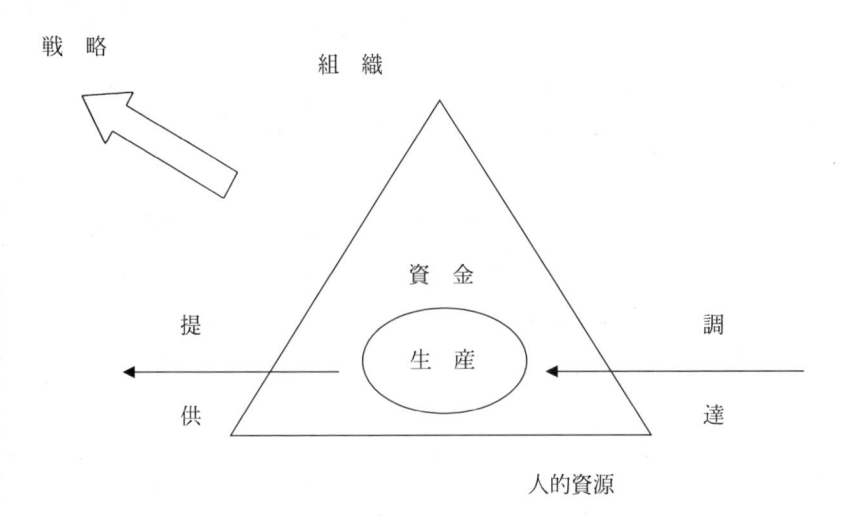

（図：三角形の頂点に「組織」、左下から「提供」←、右下から「調達」←、底辺外側に「人的資源」、三角形内に「資金」と楕円内に「生産」、左上外向きに「戦略」の矢印）

を用いる。

　有機的に結合された機能を実現可能にするのが「**資金**」である。また，組織の目的は「**組織**」をとおして実現するものであり，その組織を動かすのが「**人的資源**」である。組織に中長期的方向づけを与え，外部環境への適応力を生みだすのが「**戦略**」である。

　これらの機能あるいは要素は，互いに有機的に結び合うなかで，その合理性が問題となる。

基本機能の観点からみた経営合理性──マネジメントの必要性

　NPOを生産主体として，その基本機能からとらえることにより，**NPOのマネジメント**を論じることが可能あるいは容易となる。NPOの経営に，企業経営の手法を活用し，その合理性を論ずることが可能となる。

　NPOは，非営利原則にしたがうことから，目的の設定の仕方と組織のあり方で，FPOと異なる。しかし，NPOは，ボランティア活動に支

えられ，一般に強い資源制約，とりわけ厳しい資金制約のもとにおかれており，FPOと同じくムダのない運営が求められる。また，社会のニーズをとらえているかなど「**成果**」の中身が問われる。さらに，組織構成の上では，構成員相互の意思疎通がうまくいっているかが，問われる。多くの，FPOと共通する問題をかかえる。

ここに，NPOのマネジメントが問われることになる。**FPOの経営手法**をNPOに導入することにより，合理的計画の立案と実行が可能となる。経営合理性の必要性を感じているのはNPO自身かもしれない。NPOは，「自分たちが自らの使命に専心することができるようになるには，マネジメントが必要であることを知っている」（ドラッカー〈Drucker, P. F.〉）のである。

マネジメントに関する主要な論点

以下，マネジメントに関する主要な論点を取りあげる。

①生産機能とそれを支える調達・提供——合理性と効率性：なにを生産するかは，その組織の目的に関わる。ドラッカーによると，それはNPOの使命に基づくものであるが，使命は行動に移されてはじめて成果をもたらす。ここに，成果を求めて働くことが問題になる。**生産活動**であり，**生産性**が問われることになる。生産性上昇のためには，適切な目標設定と，目標にしたがった**生産工程の適正化**が図られなくてはならない。

そのためには，生産要素を効率的に配分し，目標実現を可能にするための資金を調達しなくてはならない。これらのプロセスは，社会がなにを求めているか，そのニーズにしたがう形で構成されなくてはならない。すなわち，提供・調達機能に支えられた生産プロセスを，ニーズにしたがい合理的に設計・計画する，そしてその効率的な実現・実行が問われる。

②「マーケッティング」重視のNPO経営：NPOの成果は社会のニーズに応じたものである，ことが求められる。このことから，**NPOにおけるマーケッティングの重要性**を強調するのがコトラー（Kotler, P.）である。

　「マーケッティングにおいて最も重要なのは，市場の調査，セグメンテーション，サービス対象の絞り込み，みずからの位置づけ，そしてニーズに応じたサービスの創造」である。したがって，マーケッティングにより，社会のニーズ，欲求，価値と，サービスの提供者であるNPOの製品，価値，行動とを一致させることが可能になる。マーケッティングにより，「外の世界のニーズや欲求と，組織の目的，資源，目標とを調和させる」ことができる，と主張する。

③資金調達の実際と営利活動：社会的ニーズにかない，経営合理性を有する生産プロセス計画を実現するには，それを可能とする資金的裏づけが求められる。

　図表9－5は，先にあげた内閣府委託調査「市民活動団体等基本調査」における市民活動団体の資金状況について，収入内訳からながめたものである。

　会費や補助金の占める割合が大きい。これに助成金と寄付金を加えた，いわゆる移転的収入は，収入の6割を大きくこえる。

　また，注目すべきは，独自事業からの収入である。NPO法人は，本来，目的とする事業に関係して営利活動を行なうことはできない。NPO法人にたいしては，法人格付与の際に，非営利性に関する厳しい枠が設定される。しかし，NPO法人も「その他の事業」として独自事業を営利的に営み，そこからえられた収益で非営利活動を支えることが可能である。

④組織の合理性：目標は，組織をとおして実行に移される。NPOには，**有給で働くスタッフとボランティア**とよばれる，無償で自発的に労働を

図表 9 − 5　収入内訳

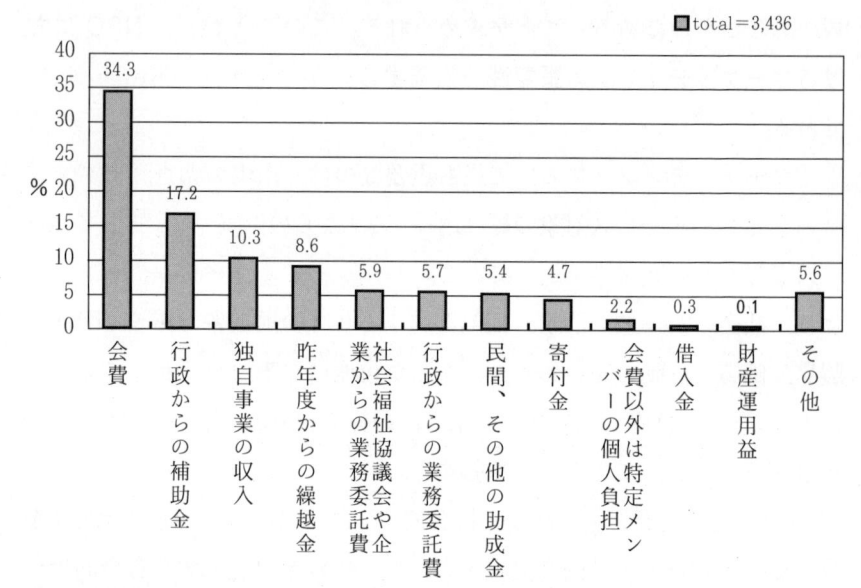

■total＝3,436

項目	%
会費	34.3
行政からの補助金	17.2
独自事業の収入	10.3
昨年度からの繰越金	8.6
社会福祉協議会や企業からの業務委託費	5.9
行政からの業務委託費	5.7
民間、その他の助成金	5.4
寄付金	4.7
会費以外は特定メンバーの個人負担	2.2
借入金	0.3
財産運用益	0.1
その他	5.6

出所）内閣府国民生活局編『2001年市民活動レポート』財務省印刷局，2001年より

提供する人びとがいる。その人間関係のマネジメント，人的資源管理が問われる。また，それらの異なる人びとが異なる役割をになう組織では，情報がとどこおりなく流れる構造が求められる。

　企業では，組織運営・意思決定は，取締役会がになう。NPOにおいては，株主総会も取締役会も存在せず，組織運営・意思決定のありかたが問題になる。NPOの運営・意思決定の形態には，1）総会・理事会の協議，2）メンバーによる随時の協議，3）複数リーダーの協議，あるいは4）リーダーの決定，があげられるが，その実態についての信頼できるデータは得られていない。**構成員・機関の活動計画，職務明細，任務分担**を明確にした組織構造が求められる。

⑤ NPOの効率性と戦略：NPOは非営利組織であるので，競争メカニズムの枠の外にいる。非効率的なFPOは，競争メカニズムの中で淘汰されるが，NPOの効率性は問われない。しかし，組織である以上，組

織運営上の効率性が求められる。非営利性と結びついた脆弱な財政基盤を考えたとき，生産主体としての基本機能が効率的に働くことが強く求められる。

　NPOの効率性が，中長期的な組織のヴィジョンに基づかなくてはならないのは，企業と同様である。社会構造をはじめとする外部環境の変化とそれにともなう社会的ニーズの変化のなかで，NPOは柔軟な対応を求められている。そこでは，自己組織がなぜ存在するのか，あるいはすべきかという，自身の存在意義が検討され，それに基づいた適応的行動が求められる。

　ここに，**NPOの戦略**が論じられなくてはならない。目標システムの明確化，活動ドメインの決定・変更，事業の選択と資源の配分・集中，差別化を含む事業戦略の設定，など一連の戦略策定の実際が問われる。

4　NPOの将来展望

NPOの問題点

　NPOの将来の可能性について論ずるために，まず，NPOをかかえている問題点と課題について検討する。

① 説明責任：NPO法においては，非営利団体が容易に法人格を取得できるように，取得条件が緩和されている。したがって法は，NPO法人に対し，活動についての報告を求めている。すなわち，**事業報告書等の閲覧制度**にみられるように，NPO法人は，**透明性**を確保し，**説明責任**をはたすことを求められている。

　営利活動を行なう企業の場合，とりわけ上場企業においては，株主等の利害関係者に対する説明責任を，厳しく求められる。FPOと比較したとき，NPO法人の透明性が十分に確保されているとはいえない。法

人を除くNPOにいたっては,説明責任は自主性に委ねられており,透明の度合いはかなり低い。NPOの収入割合のうち,他の組織からの寄付など移転収入の割合が大きいことを考慮したとき,そしてなによりNPOがはたす社会的役割と社会的責任からみたとき,その説明責任のあり方は,不十分である。活動と組織,その運営について,いちだんと透明性を確保することが求められている。

②評価と淘汰:FPOの活動内容は,市場によって評価がくだされ,劣悪な組織は淘汰される。NPOの場合,その非営利性から市場は存在せず,評価を市場メカニズムに期待することはできない。しかし,NPOの質の向上をはかるためには,評価と淘汰が不可欠である。市場評価とは異なる評価,異なる基準体系の確立が求められる。評価組織としてのNPOが設立され,**第3者による評価体系**の確立を図る動きがみられる。

外部評価を組織内にフィードバックすることにより,NPO活動は質的に充実し,社会の信頼・信任を獲得することができる。支援者の動機づけは高まり,積極的参加がすすむであろう。それにともない,営利組織であるFPOが供給してきた財・サービスのNPOによる肩代わりがなされるなら,市場経済システムのあり方そのものが変わるであろう。ただしその際にも,市場の営利性をとおした最適資源配分の仕組みに代わるものを,いかに構築するかが問われる。

③競争と戦略の策定:近年,FPOに対するNPOによる肩代わり,とは別の動きがしばしば見られる。NPOの活動分野への**FPOの参入**である。教育分野,医療分野への株式会社参入が論じられ,実現しつつある。

それらの分野は,これまで「もうからず」,NPOに頼らざるを得なかった分野である。そこに,技術や考え方など環境の変化にともなう「もうけ」が発生し,市場が成立するようになったことが,参入のひとつの理由である。

FPOの参入は，NPOにとって，FPOや他のNPOと競争しなくてはならないことを意味する。NPOの活動基準は効率性になく，したがってNPOは競争に弱い組織である。競争力を強化するためのNPOのマネジメントが問われる。

　それと同時に，NPOは，自身の活動領域をあらためて検討し直さなくてはならない。すなわち，活動領域が，NPOに求められる「もうからない」分野なのか，社会に必要とされる分野なのかを検討し，必要なら活動領域を変更しなくてはならない。活動領域の変更が求められる場合，新しい戦略の策定と競争戦略の練りなおし，組織の再編成が問題となる。

新しい時代のNPO

　サラモンは，NPOの機能を5つの機能
1）**公共サービスを提供する機能**
2）特定の分野でパイオニアとして働く**イノベーション機能**
3）政策提言をして社会変革を推進する**アドボカシー機能**
4）多元性を促す**表現・リーダーシップの発展機能**
5）社会資本の拡充を推し進める**コミュニティ建設・民主化機能**
　　にわけている。

　1）の公共サービスを提供する機能についての新しい可能性については，第2節において，政府に対する代替性の視点から論じた。

　2）〜4）の機能は，広く，システムを揺り動かす，**変革・革新の機能**である。社会ニーズを迅速に的確にとらえ，それに対応することによってシステムを動態化する機能である。そこでは，シュンペータ（Schumpeter, J.A.）が指摘するように，革新の担い手とその精神・能力が論じられなくてはならない。また，なにが変化し，なにを求められているかを明確にする，コトラーの「マーケッティング戦略」が重要性を増すか

もしれない。いずれにしても，市場と政府の補完的組織あるいは静態的組織をこえた，NPO のダイナミックな役割に，新しい可能性をみることができる。

5）の機能をあわせて考えるなら，参加型のダイナミック・システム構築の可能性を読みとることができる。

われわれは，この可能性を実現するためのマネジメントの方法を手に入れることができるのであろうか。それとも……。

《参考文献》

Drucker P.F., *Managing The Nonprofit Organization*, Harper Collins Publishers, 1990.（上田惇生・田代正美訳『非営利的組織の経営』ダイヤモンド社，1991年）

Salamon, L.M., *America's Nonprofit Sector*, Foundation Center, 1992.（入山映訳『米国の「非営利セクター」入門』ダイヤモンド社，1994年）

Salamon, L.M., *Holding the Center: America's Nonprofit Sector at a Crossroads*, Nathan Cummings Foundation, 1997.（山内直人訳『NPO最前線』岩波書店，1999年）.

内閣府国民生活局編『2001年市民活動レポート〈市民活動団体等基本調査報告書〉』財務省印刷局，2001年

《いっそう学習（や研究）をすすめるために》

参考文献に示したサラモンの両著書では，アメリカの非営利セクターの事例が取りあげられている。アメリカの NPO の実態と問題点について理解し，NPO とはなにかを知るための入門書である。後者の山内訳書には，日本の現状をふまえた，訳者による解説がついている。

同様に上に掲げたドラッカーの著書は，経営学者として著名なドラッカーの手による，NPO マネジメントの「原理と実践」（同書副題）の文献である。NPO の運営にたずさわる実務家たちとのインタビューやマーケッティングの専門家であるコトラー（Kotler. P.）とのインタビューを含む。コトラーによるマーケッティング戦略は，『非営利組織の

マーケティング戦略』（井関利明監訳，第一法規出版，1991年）に詳しい。

　邦訳はないが，NPOについて，その歴史，概念，組織，マネジメント，機能など，網羅的に説明を与えた文献として，W.W. Powell (ed.), *The Nonprofit Sector-A Research Handbook*, Yale University Press, 1987. をあげておく。また，主として1990年代に書かれた文献を集めたのが，J. S. Ott (ed.), *The Nature of the Nonprofit Sector*, Westview Press, 2001. である。

《レビュー・アンド・トライ・クエスチョンズ》
① NPOとFPOの違いについて説明しなさい。
② NPOの役割と政府の役割について比較しなさい。
③ NPO，NPO法人，NGO，政府の包含関係を示す図表9－3について説明しなさい。
④ NPOに，なぜマネジメントの手法が必要か，説明しなさい。
⑤ NPOがかかえる問題と将来の可能性について説明しなさい。

第 10 章

知識ベースのマネジメント論

本章のねらい

　知識社会への移行は，企業の競争力基盤そのものの見直しを迫っている。量産設備と強力な販売網を背景にひたすら効率とシェア競争を展開するだけでは，もはや企業の発展や成長は望めない。本章を学習すると，以下のことが理解できるようになる。

① こうした社会での競争は，「知」の面での優位性を各企業に求めること

② 企業は，価値源泉としての新しい知識を創造し続けなければならないこと

③ 「知識ベースのマネジメント論」の基本的な概念枠組みと実践例

1 知識へのパワー・シフト

ナレッジ・マネジメントの台頭

　未来学者**トフラー**をはじめとする世界の識者がかねてより指摘するように，財力から知力へと，21世紀の産業を突き動かす原動力が根本的に変化しつつある（トフラー，1991）。

　すなわち，今日のグローバル化された経済システムにおいて，「**知識を基礎とする経済**」（knowledge-based economy）への移行が急速に進んでいる。経営学の大家**ドラッカー**が述べるように，こうした時代に知識は唯一意義のある資源となる（ドラッカー，1993）。同時に，このことは企業における競争優位も，また知識によることを示している（図表10－1）。

図表10－1　20世紀と21世紀の社会比較

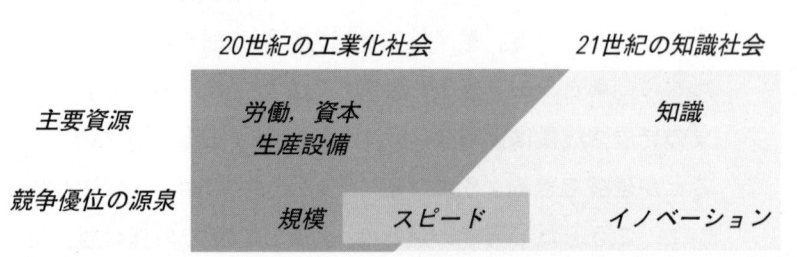

	20世紀の工業化社会	21世紀の知識社会
主要資源	労働，資本 生産設備	知識
競争優位の源泉	規模　　スピード	イノベーション

　知識への関心は，ドラッカーのような先進的な経営・経済の論者のみがもっているものではない。経営組織論や経営戦略論，産業組織論，情報経済論などの多くの分野の研究者も，知識のマネジメント，すなわち**ナレッジ・マネジメント**に言及するようになっている。

　ナレッジ・マネジメントということば自体は，1980年代の半ばから人工知能分野において用いられたが，1991年に『Harvard Business

Review』誌に発表された**野中郁次郎氏**の論文である「The Knowledge-Creating Company」からの知見によっている。その論文を応用した一部のマネジメント・コンサルティング会社は，知識という21世紀の企業にとってもっとも重要な経営資源の活用を目的として，めざましい進歩を遂げるIT（情報技術），とくにデータベース技術とグループウェア技術を根幹においた新しい経営手法としてナレッジ・マネジメントを展開した。当時の多くのアメリカ企業にとって，①企業活動の地理的拡大，②人材の流動化，③顧客ニーズの潜在化，④ビジネス環境変化の加速化など，の事情から，社内での知識共有のための仕組みづくりが急務となっていたからである。

重要な経営資源としての知識

そして今日，ナレッジ・マネジメントは，多くの産業の主要企業で実践に移されているし，ほぼすべての有名なコンサルティング・ファームが実践方法を構築している。具体的な実践の中身や方法は個々別々であるが，それらすべてにおいて共通しているナレッジ・マネジメントとは，知識社会への移行という認識を背景に，知識を重要な経営資源としてとらえ，その獲得，創造，活用，蓄積を通じて，継続的なイノベーションを創出することを財源としている。そして，これによって，組織パフォーマンスの維持・向上を図ろうとする経営の理論や実践手法である。

すなわち，21世紀の知識社会における競争の軸は，知である。それゆえ，企業の核能力（**コア・コンピタンス**）の源泉は，組織的に共有され，活用の可能な知（組織知）となる。そして，高質の組織知を継続的に生み出す企業は，時代の変化を先取りする高い理想をビジョンとして掲げ，その実現に向けて企業内外に散在する知を結集し，組織的プロセスを通じて，それを効率的に拡大・発展させていく能力，すなわち知力をもった組織である。ナレッジ・マネジメントとは，企業の核能力としての知

識の養成・拡大を目指す経営の理論と手法の総称なのである。

2 知の創造プロセス―暗黙知と形式知―

　われわれ自身の「知」とはそもそも，どのようなプロセスから生まれるものなのであろうか。この問に答える前に注意しておかなければならないことは，知には大きく分けて「暗黙知」と「形式知」という2つのタイプがあるということである。

　前者は，ことばでは表現しきれない主観的・身体的な知である。たとえば，世界観や信念などの「思い」，「熟練」，「ノウハウ」といったものであり，経験によって獲得されるため「経験知」ともいえる。また，それは，人間一人ひとりの体験に根ざす個人的な知識でもある。それに対して後者は，科学的知識のように客観的・理性的な知であり，文法に則った文章やことばで分析的に表現できるので「言語知」ともよばれる（図表10－2）。

図表10－2　暗黙知と形式知

暗黙知	形式知
主観的（個人知）	客観的（組織知）
経験知	理性知
今ここにある	順序的（過去）
アナログ	デジタル

　書類やデータベースに記述される知は，氷山の一角のようなもので，われわれ自身のもつ知の一部分にすぎない。そうした形式知の背後には，

経験によって蓄積された膨大な暗黙知が存在している（図表10-3）。

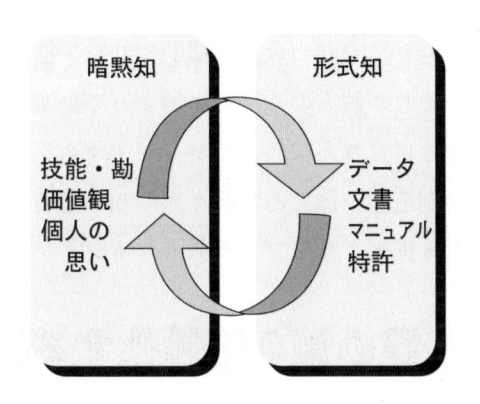

図表10-3　暗黙知と形式知相互関係

暗黙知
技能・勘
価値観
個人の
思い

形式知
データ
文書
マニュアル
特許

　どちらの知が本当であるかについては，認識論の世界で延々と議論されてきた。一般的に欧米人が知識を語るとき，形式知こそが知識であるという考えが支配的である。けれども，両者は相互補完の関係にある。それは両者が別べつのものとして共存しているということではない。それどころか，暗黙知と形式知の相互循環作用こそが知の創造プロセスの基本なのである。

　思いやノウハウといった暗黙知がいったん言語化されると，その形式知の意味を解釈し，暗黙知が確認・再編・拡大していく。すなわち，暗黙知から形式知への変換を通じて新たな暗黙知の世界が開かれる。また，形式知は，暗黙知と照合されることにより，本当に納得のいく理解を得られることになる。その際の暗黙知と形式知と相互作用によって，主体的経験は分析的・反省的に捉え直して高められる。

　かくして，暗黙知と形式知は相互循環作用を通じて量的・質的に拡張されていくのである。したがって，暗黙知と形式知とが相互変換することで，新しい知識が生みだされるのである。

　企業という観点からすれば，暗黙知は現場の経験から生まれる，意味

のある経験知である。しかし，それは個人の「勘」にとどまっている限り，組織的に共有できる知とはなりえない。究極的な知の創造の主体が，個々の人間であることを考えると，組織において重要となるのは，個々人の知の創造を触発し，方向づけ，組織的に共有・拡大させるプロセスである。しかし，それが個人の「勘」に留まっている限り，組織的に共有・活用できる知とはなりえない。ナレッジ・マネジメントのポイントは，究極的な知の創造の主体である個々人の知の創造を触発し，方向づけ，組織的に共有・拡大させるプロセスのマネジメントにある。

3 企業の知を活性化する要因

ナレッジ・マネジメントと組織的知識創造

今日，ナレッジ・マネジメントとしてパッケージ化されているシステムの多くは，急速に進歩した情報処理技術と通信ネットワークを駆使したデータベースとグループウェアの結合体である。誤解を恐れずにいうならば，そうしたシステムの目的は，既存の知の活用と共有にあり，対象とする知識はイノベーションの中核となって，企業の競争力の源泉になりうるような「高質な知」ではない。それは，あくまでもデータや情報や形式化された知識，あるいは**ポラニー**のいうところの金言，すなわち熟達者にとっての大まかな心がけや視点を簡単に定式化した初心者レベルの知識である場合が少なくない。

また，アメリカ企業ではコア・コンピタンスのみに特化した**バーチャル・コーポレーション**の流行と，悪しき大企業病の代表的症状とされる「NIH」(Not Invented Here, 自分たちで発明したもの以外は使わない) 症候群への反省があった。そこで，アメリカにおいては少なからぬ企業が自分たちの知識の内発的創造を放棄し，外部の知の徹底的学習志向を強

図表10−4　競争有意の確立

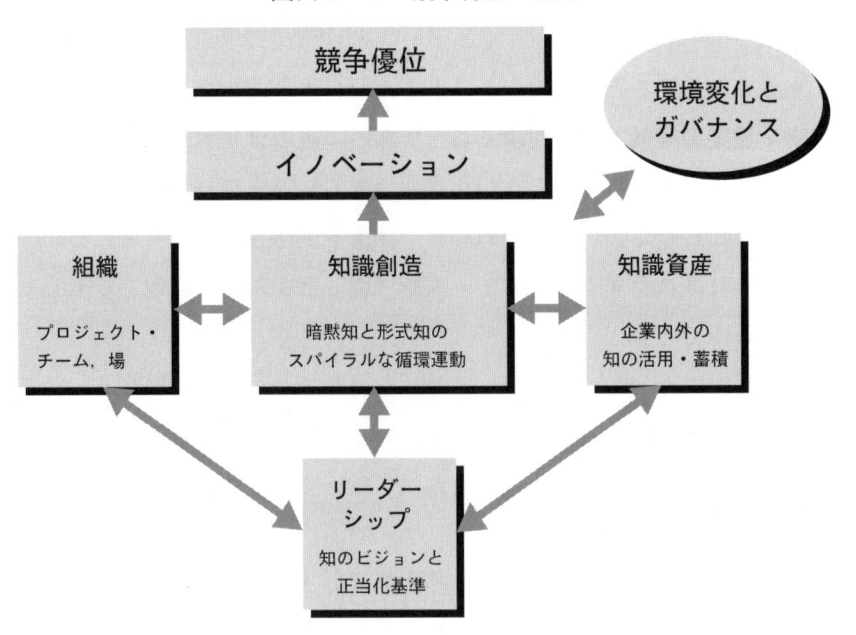

```
                    競争優位
                       ↑
                   イノベーション          環境変化と
                       ↑                  ガバナンス
         ┌─────────────┼─────────────┐       ↕
       組織          知識創造         知識資産
    プロジェクト・  暗黙知と形式知の   企業内外の
     チーム，場    スパイラルな循環運動  知の活用・蓄積
         ↕            ↕              ↕
         └────────┐   │   ┌─────────┘
                  リーダー
                  シップ
                知のビジョンと
                 正当化基準
```

めてきた。そういったなかで，知の創造ではなく，既存の知の活用と共有のみを目的としたナレッジ・マネジメントが広がっていったのである。

　イノベーションの連続によって企業の競争優位を確立していくためには，図表10−4にあるように，暗黙知と形式知の変換運動を効率的に，かつ効果的に促進していかなければならない。おもにITを中心とする技術的な問題もあるが，これまでの研究では，おもに以下3つの組織的要因が知識変換に影響すると考えられている。

　ひとつ目は，知識変換が行なわれる組織やプロジェクト・チームといった「**場**」である。2つ目は組織や個人に蓄積された，または活用可能な「**知識資産**」である。たとえば，なにも知らない素人と経験を積んだベテランが行なう知識変換は異なるはずであろう。3つ目は，知のビジョンを掲げて，場と知識資産を結びつけ，知識変換を活性化させる「**リーダーシップ**」である。

知識変換の「場」

　知識を創造するという視点からとらえた日本企業の特徴は，「**現場・現物・現実の経験**」を重視することである。現場はすべての情報が凝集されている空間であり，そこから意味のある知識を創りだそうとする傾向がいちじるしく強い。われわれは，知識を創造し，活用するための，文脈が共有されたプラットフォームを「場」とよぶが，現場もそうした場のひとつである。

　知識変換にとって，それが行なわれる場がきわめて重要になる。ここでいう場とは，場所として共有するという意味での「**物理的な場**」でもあり，かつ信念や思いを共有するという意味での「**精神的な場**」でもある。

　場とは，対話や共体験のなかで考えが共有されて，個人が単なる傍観者でなくなるような状況や空間である。もちろん，物理的な場と精神的な場とは，厳密に分離されるものではない。形式知を共有するというのであれば時代や地理的な隔たりあっても，少なくとも文書を伝達することで共有は可能であろう。

　しかし，暗黙知を共有するということであれば，物理的な場の共有が大きな意味をしめる。暗黙知とは，「いまここにある」といった文脈に依存する知識であるからである。すでに先進的な企業で実際に展開されるナレッジ・マネジメントにおいては，知識変換の場を想定した空間デザインが志向されている。

　たとえば，**日産自動車**の変革運動では，ナレッジ・マネジメントにおける場の概念を活用して成果をあげている。同社の業績は，まさにV字形の回復をなし遂げており，その主要な要因のひとつは，画期的な部品購入コストの削減にあるといわれる。この目覚ましい成果は，「3-3-3推進活動」とよばれる部品サプライヤーと購買部門と技術開発部門の

3者一体の運動にある。

「**日産リバイバルプラン**の中心のひとつである劇的なコスト削減は，企業や部門の壁を越えた情報の共有と，社員一人ひとりの知を出しあった新しい知識の創造なしには達成できない」。このように考えた推進責任者の増田譲二（3－3－3推進室室長）は，メールなどの電子媒体による単なる形式データの共有にとどまらない，3者間のノウハウや発想といった暗黙知のレベルでの知識融合の場の設定を図った。

具体的な取り組みのひとつは，これまで部門ごとに分かれていたオフィスのフロアを，部品群ごと購買担当者と技術担当者が机を並べる配置にしたことである。購買担当者を訪ねてきたサプライヤーを交えて，日常業務のなかで3者がすぐに向かい合って議論できる場を創ったのである。

また，他社の自動車と日産車を比較する取り組みでも，現場と現実を重視した場づくりが行なわれた。具体的には，サプライヤーも含めた関係者の目の前で，自社の自動車とライバル車を分解し，それぞれの部品群ごとに担当者が集まって，実際の部品を手にしながら，コスト削減のアイデアを出し合ったのである。

これまでもいくつかの日本企業は，**QCサークル**や**新製品開発**といった面では，たくみに場を用いてきた。今後は事業や業務の目的を明確に示し，目にみえない個人の暗黙知を目にみえる概念や技術，システムに変換する場を，企業や部門の壁を越えて展開・活用する知識創造活動を促進していくことこそが肝要である。

知識資産

場と並んで知識創造の効率に影響を与える要因は，企業の**知識資産**である。知識資産のなかには，特許のように明文化されているものや，文化やオペレーションのルーティンなど，組織や集団に埋め込まれているものがある。一般的には，企業の価値，すなわち株式の時価発行総額か

ら総資産を引いた値を，**無形資産**，または**知的資産** (intellectual capital) としてとらえることが少なくない。

　知的資産の額や割合が注目されるのは，イノベーションが競争優位の源泉となる知識ベースの経済社会のなかで，設備や人間そのものは，持続的競争優位の源泉となる資産ではないとされるからである。設備や人間そのものではなく，人間が生み出す知識こそが資産となるのである。

　もちろん，重要な知識資産の所在は人間である。「組織はヒトなり」という言葉が示すように，ヒト（人間）は組織の重要な資産であると古くから認識されてきたが，20世紀の経営では，ヒトは他の物的な設備と同じように，ヒトそのものの数や人月 (man-month) という概念をもって資産ととらえてきたのではなかろうか。

　ドラッカーは，知識社会への移行がもたらす最大の挑戦は，企業において中心的存在となる知識労働者をいかにマネジメントするかということだと述べた。知識労働者には，これまで以上の自立性と自律性が求められ，官僚的な組織における統制を主眼とする既存の方法論では，彼らを効果的にマネジメントすることはできない。

　富士ゼロックスの小林陽太郎会長もまた，暗黙知が企業の長期的な成長力の源泉であるととらえたうえで，暗黙知が画一的には管理できず，個の自発性を尊び，喚起するという意味でのハンドルが必要であるとしている。そして，とくに知の創造や蓄積を自発的に行なえる貴重な人材に対しては，自由闊達に働ける場を提供することが肝要であると述べている。

　イノベーションとは，新しい知の創造であり，それは暗黙知と形式知の相互変換によって生み出される。いわば蓄積された暗黙知が顕在化され，新しい製品やシステムとして結実するのである。しかし，それは，暗黙知から形式知への一度きりのプロセスではない。たとえば，イノベーションの過程で生み出される試作品やパイロット・ラインは，プロダク

ト・マネジャーや工程の熟練者の暗黙知を顕在化したものであるが，プロダクト・マネジャーや熟練者自身のもつ膨大な暗黙知とのズレや対立を内包させたものである。それは論理的に思考・分析した場合，解決の不可能な矛盾であるかもしれない。

しかし，そうした矛盾は，さまざまな試行的活動を伴った人間の暗黙的な認識プロセスのなかで統合され，解決されていく。暗黙知であるがゆえに，**ポラニー**のいうとおり，そうしたプロセスは個人の主体的で知的な努力によるものである。

したがって，暗黙知による統合そのものは，形式的に管理統制することが困難である。むしろ，個人の志や組織のビジョン，そして場によって形式化が促進され，新たな知として，表出化され，企業の知識資産となる。したがってそれは管理や統制ではなく，自由度の高い枠のなかで，当事者意識と熱意によって発揮されるのである。

知識創造を加速するリーダーシップ

これまで述べた「場」と「知識資産」に並んで，企業の知識創造のスピードや効果に大きな影響を与える要因は，リーダーシップである。場の創設・運用と，知識資産の活用・獲得・蓄積を結びつけ，**知識変換のスパイラル**（SECI）を機動化するうえで，リーダーの志向や行動のスタイルは，最も影響の大きい要因である。

有効なナレッジ・マネジメントにとって重要なリーダーシップの第1は，組織における個人の知識の創造や組織的な展開の方向を定めるトップ・マネジメントである。第2は，トップの掲げるビジョンと現場の知識を組織的なレベルの知識へ融合・昇華させるミドル・マネジメントである。

知識は，個人の思いなしに発することのできないものである。しかし，個人の思いから発せられるということは，個々人の価値観が絡むことを

意味する。したがって，企業において「なにが正しいのか」，「なにが真であるのか」は，客観的に存在するわけではない。企業組織において，個人の思いを真であると正当化する基準を創りだすことのできるのは，究極的にはトップただ一人である。

こうした知識ビジョンは，大きく2つの機能をもつ。ひとつは組織メンバーの知識創造への**コミットメント**（自発的献身）を引き出すこと，もうひとつは企業の既存の知識体系を再編成すること，である。ミドルや現場の社員は，トップの提示する知識ビジョンによって自分の行なっている仕事の意義を見いだし，あるいは再確認し，仕事に対するコミットメントを増すことができる。

また，知識ビジョンは社員各人の仕事の方法やその改善にひとつの方向性を示し，既存の知識体系の棄却や再考・再編成を促進する。組織には，これまでの成功体験から慣性力が生まれる。したがって，卓越した知識ビジョンを提示することなしに，既存の知識体系の再編成は不可能であろう。

ミドルは，トップの知識ビジョンをうけ，現実と現物を融合・連動させ，現場を動かし，新たな知を創っていく。現実の企業競争では，効率性か，創造性か，の二元論が強調されることが多い。しかしながら，**ポランス**と**コリンズ**の著書『ビジョナリー・カンパニー』によれば，主力製品のライフ・サイクルを超えて生存し，成長しつづけている企業にみられる共通点は，中核的な不変の基本理念を維持する一方で，進歩を促していく具体的な施策を整え，高い次元で両立させようとすることである。

すなわち，現場の抱える現実とトップの掲げる理想をダイナミックに同時追求する組織的なメカニズムの中核こそが，**ミドル**となる。さらに，現場の人間に勇気と当事者意識を持たせ，まだ脆弱な個人の思いとしての暗黙知を**ケア**し，**コーチング**していくのも，ミドルの役割である。

「戦いながら知を創ることのできる人材」、「行動しながら知を獲得・創造・活用・蓄積し、知力と体力を融合できるプロフェッショナル」こそが知識を創造する企業のミドル・リーダー像である。

製造業を例に考えれば、企業における重要な最前線は、顧客と接する営業の現場と製品を作りだす生産の現場である。営業の現場においては「顧客」が、生産の現場においては「熟練」が絶えず現実に接し豊富な暗黙知を蓄積している。このようなプロフェッショナルとしてのミドルには、顧客や熟練と接する日常の実践のなかで暗黙知をケアし、形式知へ変換し組織的に活用する能力、すなわち「知のエンジニア」(knowledge engineer)という能力が求められる。

4 真のナレッジ・マネジメントとは―日本ロシュ社の事例

SSTプロジェクト

情報技術の急速な進歩をひとつの背景に、先進的なアメリカ企業は、ネットワークを駆使したスピード経営をすすめた。そのなかで注目されている管理手法のひとつが、ナレッジ・マネジメントである。今日パッケージ化されたナレッジ・マネジメントは、IT技術を中軸に効率的な知識・情報の移転・共有システムを構築すること、すなわち、知の創造ではなく、既存の知の活用と共有のみを目的としたものが少なくない。

そういったITによる形式知の効率的活用に目が向いているなかで、高質の暗黙知に直接働きかけた事例として、日本ロシュ社によるSSTプロジェクトを紹介したい。SSTとはSuper Skill Transferの頭文字であり、同社は優れたMR（医薬情報担当者）と顧客のもつ暗黙知を軸に、新しい知の創造と社内の知識体系の革新に成功しつつある。

日本ロシュ社は、全世界規模で医薬品事業を展開するスイスの多国籍

企業ロシュ・グループの一翼を担う企業である。SST の開始される1990年後半のロシュには，薬価の見直し，など医療費削減の流れと製薬会社の生命線ともいえる「新薬」がしばらく望めないという危機感があった。画期的な新薬によって製品ラインが充実するまでの間，営業部門の生産性の向上が重要な課題となっていた。しかも，昨今の医薬品産業を取り巻く制度的変化は，既存路線である MR の人数によるマンパワー中心の営業からの脱却という質的革新も要請する。

そこで，同社は，1998年から「コンサルティング・プロモーション」というコンセプトを掲げている。それは，MR のマンパワーによる，いわば買って下さいの「絶叫型」営業から，真に顧客である医師のニーズを探り，それに積極的，主体的に解決策を提言していく方針への転換を試みた。

新しい営業政策を実現するため，MR 研修制度へコンサルティング・プロモーション概念の組み入れたり，衛星放送を用いてダイレクトなプロダクト別戦略の徹底を図った。しかも，優れた MR と平均的な MR の間にいちじるしいスキルのギャップが存在することがわかった。

MR の活動は，一般的に「製品・学術知識の習得」，「重要顧客のターゲティング」，「顧客へのアクセス（アプローチ，会い方）」，「具体的なディテーリング（医薬情報の説明）」の4段階に分けてみられることが多い。これにならえば，すべての段階で基本的な行動や方向性，そして達成意欲に差異がみられた。この差を埋めなければ，営業活動の効率を向上させることはできない。

とくに「アクセス」の段階は，これまで MR の個人的なスキル，あるいは現場での勘であり，本社がサポートすべきものではないと思われてきた。優れた MR が個人的に所有している「アクセス」や具体的な「商品説明動作」といったスキル，すなわち暗黙知の抽出と組織知への転換が営業生産性向上の鍵とされたのである。

こうした分析結果を受けて同社の繁田寛昭社長（当時，現会長）は，現場で優れたMR高質の暗黙知を共体験しながら伝達させることを目的とするプロジェクトを立ちあげた。とくに医師へのアクセスといった微妙なノウハウは衛星放送を通じた説明はもちろん，支店内でのロール・プレイングでも教えることはできない。

　繁田社長は日本における医療制度の変革を目前に控え，営業部門革新の必要性から，**組織的知識創造理論**に着目していた。当社にとって本質的な知が暗黙知であることを認識したがゆえに，コンサルティング会社に頼らない，自分たちのハンズオンによるナレッジ・マネジメントを先導したのである。

　日本ロシュ社にとって，営業という知的労働の生産性を向上させるため，優れたMR（医薬情報担当者）が個人的に所有している「アクセス」や「商品説明動作」といったスキル，すなわち暗黙知の抽出と組織知への転換が必要不可欠な課題と認識された。繁田社長は，高質の暗黙知を共体験によって伝達することを目的として，優れたMRを現場から動員するプロジェクトを構想した。

　その際にもっとも慎重に取り組んだのは，SSTメンバーの人選であった。日本ロシュにとって優れたMRの知識を集結させようとする試みは，初めてではなかった。しかし，それが期待とおりの成果が得られなかった原因のひとつは，エリアでの数字に責任を持つ現場から，本当に優れた知を持ったMRを送り出してもらえなかったことであった。中島則雄SST担当部長を中心として，本社で具体的なSSTプロジェクトの人選を行い，24名のMRが，社長名において召集された。

　全国から召集されたSSTメンバーはまず8週間，本社において自分たちのもつスキルを出しあい，共有することに取り組んだ。オリエンテーションを終え，2日目から始まった最初のセッションでの課題は「われわれはなにをすべきか」，「なにができるのか」というものであった。プ

ロジェクト自体の基本方針と方法論を自分たちで考えさせたのである。

その結果，自分たちは，あくまでライン権限をもたない，苦手なところの相談に乗ってくれる塾の先生のような存在であること，スキルを伝達する方法としては1カ月程度にわたるMRへのフル同行を基本とすることなどが決められた。この最初のテーマこそ，自分たちの使命や存在に関する根源的な問いかけであった。知識とは，そもそも「Justified True Belief」(正当化された真なる信念)であるが，SSTはまさに，belief(信念)への問いから始めたことで，個人の深い暗黙知を吐き出し，本質的な対話を誘発する参加者の共通目的とコミットメント(**自発的献身**)を醸成したのである。

3日目には，日本ロシュの**MR営業活動マニュアル**の見直しが行なわれたが，マーケティング本部の意図に反して，マニュアルは，見直しではなく放棄された。マニュアルに書かれた内容が自分たちの伝えたいスキルを表していなかったからである。SSTメンバーは，MRの新しいマニュアルを一から作りあげることになった。

彼らは新しいマニュアルを作成するため，いままで社内で集められた**ベスト・プラクティス**や自分たちの日頃の実践を出しあい議論を続けた。そこでは，中島SST担当部長の「言葉を丸めるな」という合い言葉から，紙芝居のような商品説明のマテリアルが直接的に披露されるなど，自分たちの実践を物語やメタファー(隠喩)などの具体的言語を用いながら，ありのままに表現された。

本社での議論を2週間行なった後，東京近郊の支店を対象にしたパイロット・プログラムを先行的，実験的に実施する。そこで明らかになった問題点を抽出し，本社で再検討・修正し，また他の支店を実験的に回って自分たちの仮説を検証し，しだいに優れたMR像とそれを伝達していく自分たちのプログラムを完成させていった。本社での集中的な議論を8週間かさねた後，SSTの意義や望まれるMR像，それを伝達して

いくプログラム，達成度を確認するための表などを「SST ハンドブック」としてまとめ，全国に出発していったのである。

SST チームの派遣

各支店には3カ月を期間として3名1チームの SST が派遣された。SST の支店での具体的な活動内容は主に以下のようなステップで行なわれた。①事前情報収集，②着眼点，課題確認，③課長ヒアリング，④課長を除いた課員ヒアリング，⑤同行する MR との目標や行動プランの確定，⑥⑤についての課長合意，⑦ MR と同行および SST チーム内会議，課長へのフィードバック，⑧最終報告会，⑨4カ月後，半年後にフォローアップ。また一カ月に一度，社長出席の SST 会議が本社で開かれ，プログラムの報告や見直しやあるべき MR 像について議論を重ねた。

SST を迎えた支店や MR の対応は不安と期待の入り交じったものであった。一方で，本社からのお目付役として警戒するような雰囲気であったし，他方で本社から何らかの予算をもってくるのではないかという期待もあった。しかし，彼らは，ヒト，モノ，カネといった権限をなにももたずに支店にやってきた。ライン権限のない彼らは，MR の行動変革を脇からサポートするだけである。

目標設定の際も MR 同行の際も「やってみて，言って聞かせて，させてみて，ほめてやらねば，人は動かじ」という山本五十六のことばがスローガンとして認識されていた。SST メンバーの目的は，短期的に訪問した支店の業績を伸ばすことではない。こうした方法が採られたのは，SST の目的があくまで MR への知識の伝授であって，売上げなどの量的なものではないからである。

第1クール，すなわち最初の支店訪問終了後，その成果が如実に現れてきた。彼らのねらいどおり，SST メンバーのいる間に業績が向上す

るのではなく，SSTプログラムが終了した後に訪問した支店の業績がじわじわと上昇し始めたのである。同行したMRからの評判や実際の成果が伝聞され，第一クール終了後から，「私のところにもきて欲しい」という声が全国の支店からあがるようになった。

こうして順調なスタートをきったが，第1クールが終わってのSST全体会議の際に，暗黙知を共体験によって伝授することによって優れたMRを育成しようとするSSTの目的そのものの限界が指摘された。すなわち，いくら個々のMRの能力向上を図ったところで，組織やマネジメントが間違っていては，意味がない。組織やマネジメントのインフラを整備しなければならないというものであった。

それは，支店長や課長のマネジメント能力の改善，また製品別のマーケティング戦略を立案するプロダクト・マネジャーの考えと現場で行なわれる**マイクロ・マーケティング**の乖離など本社と支店のあり方の本部から支援の革新に関わる問題であり，ほとんどが課長以下の職位のメンバーで構成されるSSTの目的や権限を遙かに越えたものであった。

けれども，議論を聞いていた繁田社長の「そこに踏み込め」の決断で，SSTプロジェクトの目的の拡大，あるいは革新がなされたのである。具体的には，まず訪問した支店の課長とSSTがなにをしたいのか，とことん話して課長のコミットメントを引き出す。

このプロセスのなかで課長というマネジャーのリーダーシップを意図する方向へ向けるようにする。このことで，SSTは暗黙知を移転するプロジェクトから社の戦略や組織，マネジメントを変革するムーブメント（運動）に進歩的変化を遂げていったのである。

SSTは暗黙知を移転するプロジェクトから社の戦略や組織，マネジメントを変革するムーブメントに進歩的変化を遂げていった。SSTの成果が具体的な数字として営業活動の効率化を実現した。また，SSTは全社的な営業の知識共有のための**ITプラットフォーム**や専門MRの

ネットワーク，プロダクト・マネジャーの戦略と現場の融合も実現していった。

しかしながら，プロジェクトの最大の成果は，SSTメンバー自身がさらに成長したことである。これまでの知識共有を目的とするナレッジ・マネジメントではすぐれたスキルを主に中間的な技能の持ち主のレベルアップに効果が限定された。マニュアルの作成を通じた他のメンバーとの相互作用や後輩MRからの質問によって，他者に説明するため自己の知を分析的にとらえ直すなかで，自己の暗黙知が磨かれたのである。そもそも，SSTに選ばれたことから，それまでの自己を超越する視点をもつことになったのかもしれない。

全社的な変革運動への転換

また，SSTが全社的な変革運動となっていったことは，偶然ではなく，**暗黙知**を真剣に取り扱おうとする運動の必然的な帰結と思われる。少なくとも，暗黙知は，組織において個人に単独に存在するものではなく，組織のなかの人間のありようや社会的アイデンティティに関わるものだからである。

真剣に暗黙知の変質に取り組んだ結果，組織全体の変革にまで範囲が拡大したのである。個人の暗黙知への直接的働きかけは本当に苦しいものである。しかし，それは，自己超越に欠かせないものでもある。扱いやすい形式知にいくら働きかけても，個人の自己革新にはつながらず，ましてや組織の**知力革新**が起こるべくもない。

SSTプロジェクトに対して問いかけられるべき疑問は，なぜ知識変換の方向が一方向的なものにとどまらず，暗黙知の共有から形式知の表出化，ハンドブックへの結合化を経て，組織や戦略の変革も含めた実践に移され，再び個人の暗黙的なスキルを豊かにするような知識創造のスパイラルを実現できたかであろう。われわれは，その鍵のひとつがたく

みな知識創造の場の設定にあると考えている。SSTプロジェクト，それは関係するメンバーが他人事ではいられなくなる場が成立し，その場に全員がコミットする状況の連続であった。場が，知識変換の質を高めるようなエネルギーを注入したのである。

情報とは異なり，**知識**には，個人や組織の価値観や思いが中心にあり，単に記憶媒体さえ大きくなれば，蓄積していけるものではない。古く時代遅れになった知識を捨て去り，あるいは再定義による新しい意味づけを行い，より高質な知識体系を構築していかなければならない。したがって，知識社会における企業は，情報を処理するのではなく，知を創造する能力によって優劣が決まるといえる。

創造するということは，新しいものを創っていくだけではなく，古いものを壊していくプロセスでもある。すなわち，これまで築きあげてきた自社の考え方やシステムの有りようを破壊する自己革新が求められるのである。組織的な創造的破壊と自己革新を実現するためには，多くの組織構成員が傍観者でいられなくなる知識創造の場に巻き込み，組織的な知識の活用と内発的な創造力を向上させなければならない。SSTプロジェクトは，暗黙知の伝達を真剣に極めようとすることによって，その目的や場の範囲を拡大し，全社的な新しい営業の知識体系の創造と全社的な戦略の革新を実現したのである。

4つの場

場を共有される知識に沿って分類すると，次の4つに分けることができる。ひとつは暗黙知の共有が行われる「**創出 (originating) 場**」である。この空間は実存的で自律的な性質をもつと思われ，物理的な位置を共有したり，フェース・トゥ・フェースの関係を作りだすことで，自然発生的に生じるものであろう。

2つ目は知識の表出化の行われる「**対話 (dialoguing) 場**」である。

図表10－5　日本ロシュ SST の知力革新モデル

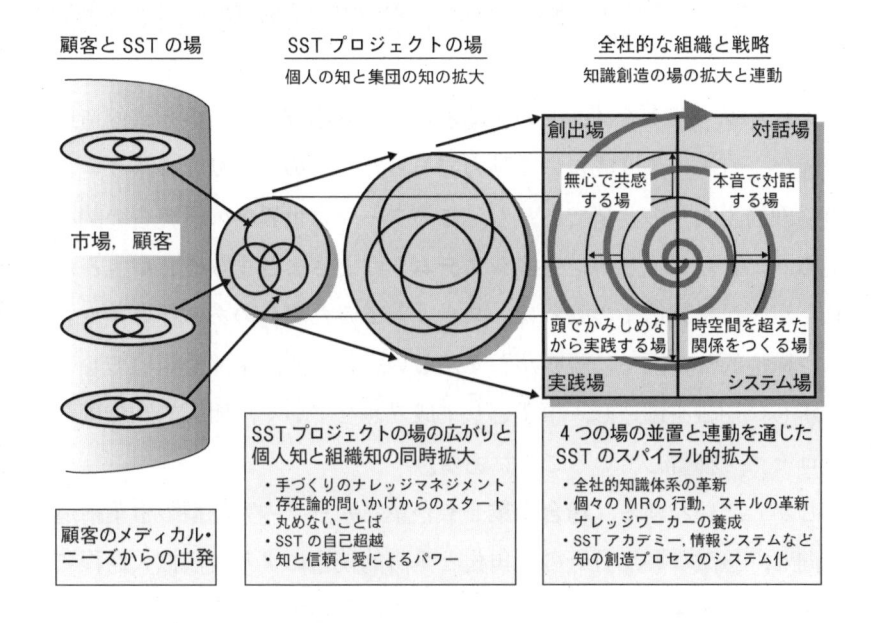

顧客と SST の場	SST プロジェクトの場 個人の知と集団の知の拡大	全社的な組織と戦略 知識創造の場の拡大と連動
市場，顧客		創出場：無心で共感する場／対話場：本音で対話する場／実践場：頭でかみしめながら実践する場／システム場：時空間を超えた関係をつくる場
顧客のメディカル・ニーズからの出発	SST プロジェクトの場の広がりと個人知と組織知の同時拡大 ・手づくりのナレッジマネジメント ・存在論的問いかけからのスタート ・丸めないことば ・SST の自己超越 ・知と信頼と愛によるパワー	4つの場の並置と連動を通じた SST のスパイラル的拡大 ・全社的知識体系の革新 ・個々の MR の行動，スキルの革新　ナレッジワーカーの養成 ・SST アカデミー，情報システムなど知の創造プロセスのシステム化

　これは意識的に作られる場である。3つ目は，表出化された知の共有，活用のために必要な「**システム（systemizing）場**」である。この場を活性化させるためには，IT を徹底的に使う必要がある。そして，最後は訓練や研修などの「**実践（exercising）場**」である（図表10－5）。

　こうした場を並置し有機的に連動させ，知識創造を支援することが新しい組織の存在意義ともいえる。SST プロジェクトは，暗黙知の伝達を真剣に極めようとすることによって，その目的や場の範囲を拡大し，全社的な新しい営業の知識体系の創造と全社的な戦略の革新を実現しつつある。

　新しい「知識社会」が間近に迫っているにもかかわらず，見習うべきモデルは世界に存在しない。企業は，「知の創造」を軸とする経営モデルを自らの手で構築していかなければならない。

5 「知」からとらえた日本企業の現状と課題

　ナレッジ・マネジメントの発端となった**野中郁次郎氏**の知識創造理論研究は，日本の高度成長の原動力であった「**ものづくり**」のメカニズムの論理的説明への要請であった。このテーマは世界中の研究者の関心を集め，たとえば「**リーン生産システム**」などさまざまな概念が生みだされたが，日本製造業の強みは，スポットでみた場合のある種のメカニズムや構造的な要因では説明がむずかしい。むしろ，集団や組織のレベルで新しい知識を創造し，事業として成立させていく，組織的知識創造のプロセスを獲得していることにある。

　しかし，いわゆる「**総合企業**」や企業グループ内完結型の事業構造を志向し，急激な製品分野の多角化と垂直的統合による規模拡大過程で，日本企業は本来もっていた組織的に知識を創造する方法やノウハウ，流儀といったプロセス知を喪失してしまったのではないか。そもそも20世紀のビッグ・ビジネスを代表する組織形態である**事業部制組織**は，市場・製品による横の分化と戦略と戦術という縦の分化を特徴とする。トップも含めた機能や事業部や職能は細分化され，各部門，各機能の部分最適を追及する方向に進んだ。

　換言すれば，事業規模の拡大に伴う，縦と横の機能分化を補完する統合のプロセス知の向上が果たされなかった。おそらくプロセス知の多くは，個人や集団のレベルで保有された暗黙知であり，そうした暗黙知を発展させる知識創造がなされなかったのである。

　日本企業が内生志向によって蓄積してきた知は，組織的に共有され，融合され，新しい知識を産み出す方向には進まなかった。部分最適を追求した結果は，各部門における効率追及であり，改善や漸進的な革新以上のアーキテクチャーのイノベーションやラジカル・イノベーションを

阻害する弊害を産みだしたのである。

　こうした機能分化の弊害を除くため，たとえば３Mのような先進的なイノベーション企業では，**テクノロジー・プラットフォーム**の概念で，同社の基礎的な技術を生産部門や市場と結びつけ，独創的製品に結びつく技術の概念の展開をはかっている。さらに，顧客を巻き込んだ実験的開発センターが設けられ，自動車製造企業や電機メーカーの開発員と一緒に３M製品の革新を図っている。

　戦後日本の高度成長の主原動力のひとつは，**製造業**にあった。**トヨタ**や**松下**や**ホンダ**など，日本を代表するメーカーの歴史をひもとくと，知識の融合がなされる中心的な場は，工場であり，製造部門であったと推察される。工場こそが，研究者や設計者やマーケッターのもつ精神的概念と物質的または経済的現実が組み合わされて，商品が誕生する場であった。市場のニーズと自社のコンピタンス，効率と創造性，品質とコストの同時極大こそが，モノづくりの基本命題であり，そのジレンマから概念創造がスピード化され，新しい知識が生み出されるのである。今日の工場は，そうした知の格闘と融合の場になっているであろうか。

　部門最適のみが追求され，ジレンマの超克から新しい知を生み出す統合の場とプロセスを喪失した企業に長期的な競争優位の源泉となるイノベーションを連発することはできない。

《参 考 文 献》

コリンズ，J. C.・J. I. ポラス『ビジョナリー・カンパニー』日経 BP，1995.

Drucker, P. F. "Capital Disadvantage: Falling Capital Investement System," *Harvard Business Review*, 1992, Sep.-Oct. (「知識主導社会の現実」『DIAMOND ハーバード・ビジネス』Feb.-Mar. 1993.)

野中郁次郎『知識創造の経営』日本経済新聞社，1990.

Nonaka, I. "The Knowledge-Creating Company," *Harvard Business*

Review, 1991, Nov.-Dec.（「ナレッジ・クリエイティング・カンパニー」『DIAMONDハーバード・ビジネス』Feb.-Mar, 1992）

野中郁次郎・竹内弘高『知識創造企業』東洋経済新報社，1996．

Prahalad, C. K. and G. Hamel "The Core Competence of the Corporation," *Harvard Business Review*, 1990, May-Jun.（「コア競争力の発見と開発」『DIAMONDハーバード・ビジネス』Aug.-Sep. 1990）

佐々木圭吾・野中郁次郎・南知恵子「日本ロシュ『スーパー・ナレッジ・クリエーション』」妹尾ほか編著『知識経営実践論』白桃書房，2001．

トフラー，A. 著，徳山二郎訳『パワー・シフト』プレジデント出版，1991．

《いっそう学習（や研究）をすすめるために》

知識創造理論やナレッジ・マネジメントに関する本は数多く出版されているが，入門書としては，野中・竹内（1996）『知識創造企業』がよい。組織的知識創造の理論を深く学ぶには，野中（1990）『知識創造の経営』が必須の書である（これら2冊は，上記参考文献に載せている）。

《レビュー・アンド・トライ・クエスチョンズ》

① 自分の所属する組織において，組織目的を達成する，または組織成果を向上させる上で，重要な暗黙知を抽出し，その活用や共有の手段・方法について考えてみましょう。

第11章

ヒューマン・リソース・マネジメントの新動向

本章のねらい

　本章は，企業のパフォーマンスを向上させる重要な要素のひとつとして，「ヒューマン・リソース・マネジメント」（人的資源管理）をとりあげる。ここでは，とくに人的資源管理の個別的な管理手法ではなく，マクロ・レベルからみた人的資源管理にかかわる領域の重要性についてみていく。具体的には，企業の人材ニーズの変化，知的人材のマネジメント，戦略的人的資源管理，人的資源活用にむけた，制度構築の基礎的条件を検討する。そうした考え方を学習すると，以下のことが理解できるようになる。

① 企業が求める人材像
② 人的資源管理における戦略的視点の重要性
③ 人材の活用のための制度設計の基本

1　企業の人材ニーズの多様化と知的人材のマネジメント

「雇用の動き」からみた人材ニーズ

　企業は，設定した目的の実現を目指し，既存の**経営資源**を有効に活用する方法を，中長期的視点にたって考えている。その意思決定に直接かかわらない第3者としてみると，それが近視眼的すぎるとか，合理性が欠如しているとか，効率的ないし能率的ではない，といった状況を指摘できる点が少なくない。しかしながら，企業が，少なくとも外部環境の変化と内部環境の状況をつねに見定め，目的の達成に向けて最適化活動を試みる行為主体であることに間違いない。

　企業が活用する経営資源のなかでも，**人的資源**はとりわけ異質な資源である。なぜなら，企業が必要とする人的資源の供給主体が，千差万別の価値観をもつ人間であるからである。事実，従業員を単純に労働力の提供者としてみなすことはもはや時流にあっていない。要するに，人材をマネージすることは複雑なのである。

　企業は，さまざまな制度づくりや施策を講じることで，この難問を解決すべき努力を続けなければならない。まず，ここでは，雇用の動きから企業の必要人材をみてみよう。というのも，近年，「**終身雇用**」の崩壊が広く認知されており，雇用の動きを通じて今後，どのようなタイプの従業員に対する相対的重要性が高まっていくかが，ある程度確認できるからである。

　従業員の分類方法には，代表的なものがいくつかある。ここでは，**正規雇用の従業員**と**非正規雇用の従業員**に大別してみていくことにする（図表11−1）。正規従業員とは，一般に，勤務先で「**正社員**」あるいは「**一般職員**」とよばれ，中長期的な雇用契約（就労条件に雇用期間が明記

されていない点）を企業とむすんでいる者をいう。

それに対して，非正規雇用の従業員とは，パート，アルバイト，派遣社員，契約社員などの総称であり，「**コンティンジェント・ワーカー**」（contingent workers）ともいわれる。いずれも就業時間，勤務日数，雇用元，就労期間などの雇用契約の内容について，正規雇用の従業員とは異なる地位の従業員のことである。

図表11－1は，就業者全体に占める正規雇用と非正規雇用の構成比率を示したものである。正規従業員の割合は，近年まであまり変化がみられないものの，若干ではあるが減少傾向にある。それに対して，非正規従業員の比率は，明らかに増加傾向にある。ちなみに，2002年の調査結果では，非正規従業員のなかで，**派遣社員**ではなく，**パート，アルバイト，嘱託**などのウエイトが大きい。

企業が非正規雇用を採用する理由について，**日本労働研究機構**（現在，労働政策研究・研修機構）の調査結果（2003年）をもとにみてみよう。図

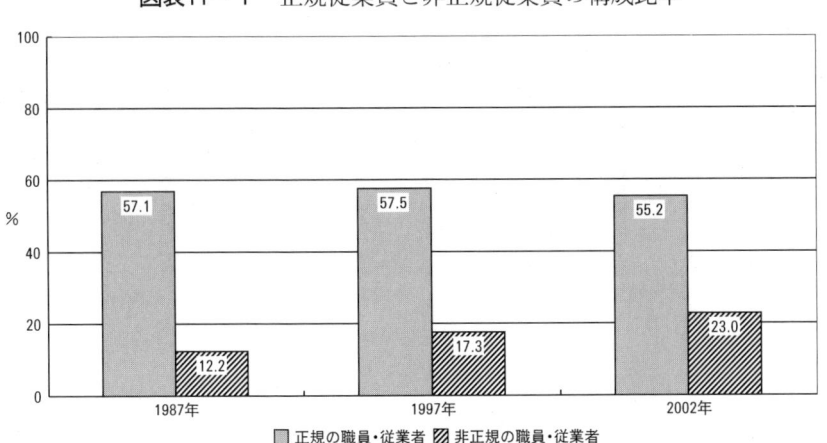

図表11－1　正規従業員と非正規従業員の構成比率

年	正規の職員・従業者 (%)	非正規の職員・従業者 (%)
1987年	57.1	12.2
1997年	57.5	17.3
2002年	55.2	23.0

注）厚生労働省監修『平成15年版　労働経済白書』（2003年の第2－(1)－4図，p.111をもとにして作成。もともとのデータは，総務省統計局『就業構造基本調査』と『労働力調査』である。また，自営業主，家族従事者などの構成比率を抜いており，合計しても100％にならないことに注意されたい。

表11-2は，企業が非正規雇用を重視する理由を示している。調査項目のなかで，**人件費の節約**をみると，パートタイマーがその代表的な対象である。それに対して，派遣社員や契約社員の雇用は，人件費節約の対象であると同時に，**専門的業務の対応**や**即戦力確保**のためであることのほうが多い。これらの結果は，非正規従業員には異なる人材ニーズが期待されていることを示している。

注目すべき点は，正規雇用の代替として，非正規従業員を位置づけていないことである。派遣社員や契約社員の雇用理由は，専門的業務の対応や即戦力の確保にあった。けれども，企業は，彼らに対し，正規雇用の社員とは異なる役割を期待しているようである。企業は，正規雇用の社員に対し，なにを望んでいるのだろうか。以下では，それについてみ

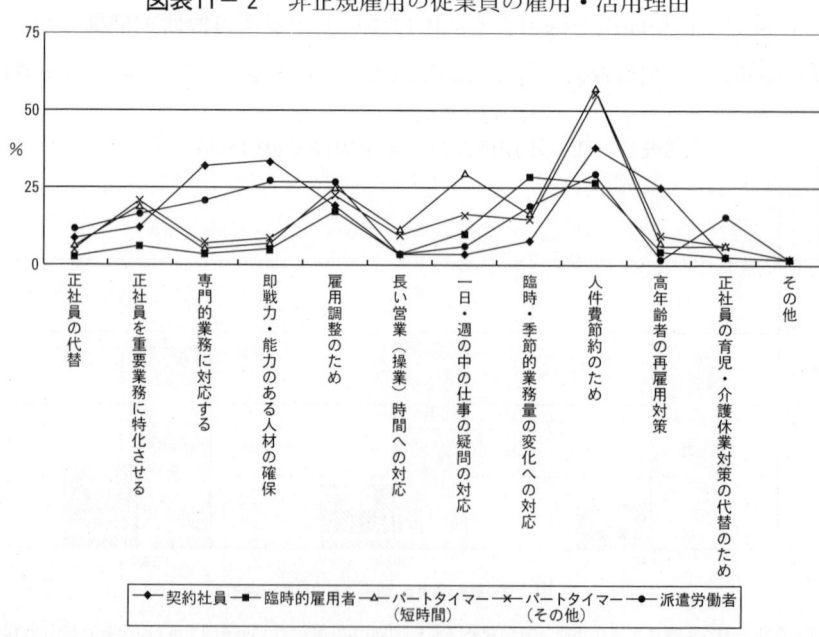

図表11-2　非正規雇用の従業員の雇用・活用理由

横軸項目：正社員の代替／正社員を重要業務に特化させる／専門的業務に対応する／即戦力・能力のある人材の確保／雇用調整のため／長い営業（操業）時間への対応／一日・週の中の仕事の繁閑の対応／臨時・季節的業務量の変化への対応／人件費節約のため／高年齢者の再雇用対策／正社員の育児・介護休業対策の代替のため／その他

凡例：契約社員／臨時的雇用者／パートタイマー（短時間）／パートタイマー（その他）／派遣労働者

注）厚生労働省監修『平成15年版　労働経済白書』2003年の第2-(1)-12図，121頁をもとにして作成
　　もともとのデータは，日本労働研究機構『企業の人事戦略と労働者の就業意識に関する調査』，2003年

ていくことにしよう。

企業が求める人材像

　バブル経済が崩壊する以前は，近年ほど雇用と必要とされる人材のマッチングが意識されていたとはいえない状況にあった。

　このことは，かつての企業がどのような採用方法をとっていたかで，ある程度示すことができる。企業のなかには，いち早く**中途採用方式**を取れいれ，企業の組織文化に新しい考え方を取り込んでいた大企業もみられた。しかし，企業の多くは，最終学歴などを基礎とした**新規一括採用**が中心であった。企業に入社してから，業務遂行に必要な能力を中長期にわたり蓄積すればいい，という考え方が主流であったのである。

　しかしながら，非正規雇用の拡大，中途採用の一般化，**オープンエントリー**の採用方式，**ヘッドハンティング**などの人材確保の方法は，近年，さほど目新しくなくなりつつある。企業が必要とする人材を従来と比べて，より具体的に求めているからである。

　図表11－3は，企業の具体的な人材ニーズを示している。多くの企業に必要とされているのが，「**販売・営業力**」(54.2%)である。具体的に目にみえる成果をあげることができる人材を必要としている企業がほとんどである。その結果を補完するようなかたちで，多くの企業に求められている能力が，「**発想・企画力**」(41.8%)や「**コスト意識・財務センス**」(40.1%)である。

　要するに，企業は，できるかぎりはっきりと評価できる実績の向上を見込める人材を欲しているのである。この回答結果は，企業が従業員の**潜在能力**（狭義の人的資源）よりも，ある程度客観的に評価できる**顕在能力**（労働サービス）に重点を移している傾向がみてとれる。

　しかしながら，**新入社員**が，すでに「販売・営業力」，「発想・企画力」，「コスト意識・財務センス」を充分にもっており，それを発揮するとい

図表11－3　企業が求める能力

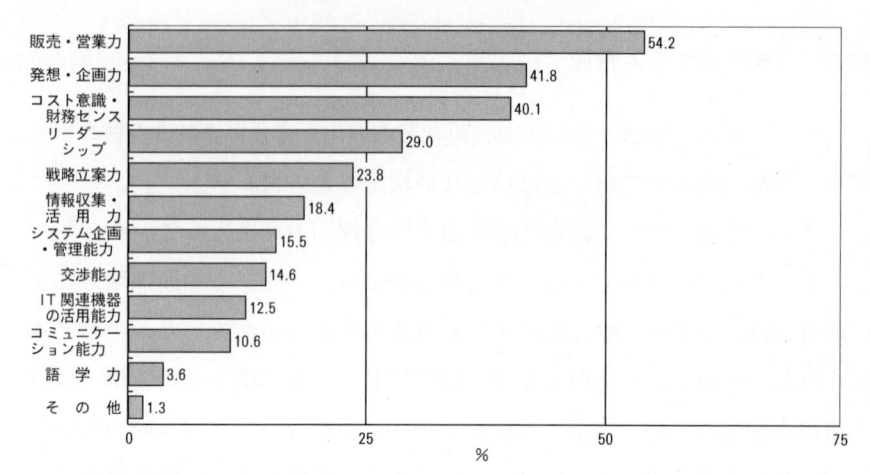

能力	%
販売・営業力	54.2
発想・企画力	41.8
コスト意識・財務センス	40.1
リーダーシップ	29.0
戦略立案力	23.8
情報収集・活用力	18.4
システム企画・管理能力	15.5
交渉能力	14.6
IT関連機器の活用能力	12.5
コミュニケーション能力	10.6
語学力	3.6
その他	1.3

出所）厚生労働省『平成13年 産業労働事情調査』2002年の結果（n＝3,153, 3つまでの複数回答）をもとにグラフ作成

うのはまれなケースである。実際，企業は，自社の人材ニーズを充分に満たすことではなく，むしろ他の要件を新入社員に対し期待しているようである。こうした要件は，どちらかといえば，**即戦力**として期待される内部労働市場の人材や中途採用者に対するものである。

　図表11－3の要件は，期待目標ないし達成目標である。新入社員に対しては，近い将来，能力，知識，スキルが蓄積され，成果に結びつけていくことが望まれているのである。

　それでは，企業が，実務キャリアの少ない新入社員に期待する人材像とはなにか，についてみてみよう（図表11－4）。企業規模，業界などによって，企業の人材ニーズは異なっているはずだが，多くの企業があげている必要な人材の要件をみると，いくつかのキーワードに集約することができる。

　ⓐ　チャレンジ精神
　ⓑ　実行力
　ⓒ　プロ意識

図表11−4　企業が提示する「求められる人材」

企業名	求める人材とは
オリンパス株式会社	「目標達成パワーを持った人材」 ①　達成意欲が高い ②　周囲に働きかける力が強い ③　プレッシャーに強い
株式会社ブリヂストン	①グローバルマインドを持つ人 ②本質を見抜く力，豊かな発想力を持つ人 ③チャレンジ精神に溢れ，プレッシャーを楽しむことのできる人
株式会社資生堂	①主体的にキャリアを切り開き，能力向上を図るとともに，切り開いた専門性を武器に経営課題に意欲的に取り組み，継続的に価値創出ができるプロフェッショナルな人材 ②自分自身で常に高い意欲をもち，自ら仕事を創出し，その仕事に対して問題発見型の思考特性で考え判断できる自律型人材 ③社会に貢献する企業市民としてふさわしい視野識見を持つとともに，幅広いネットワークを構築・活用し，社内外を問わず積極的に行動できる人材
東京コカ・コーラボトリング株式会社	常に問題意識を持って，主体的に物事に取り組んでいく，「自律した個人」
ネスレジャパンホールディング株式会社	「チャレンジ精神が旺盛で，社内に変化を起こせる人」かつ「人に対しても，変化に対しても，さらに学ぶことに対しても，オープンマインドでかつ実行力のある人」
株式会社虎屋	①高潔な人格を目指している人 ②誠実に何事にも真正面から向き合おうとする人 ③会社・自分についての将来の夢を描くことができ，自分の言葉で語れる人 ④問題解決に当たり，時代の変化を的確に捉え，素早い行動，ねばり強い行動をとれる人 ⑤論理的・計数的思考ができ，明晰に表現できる人
日本生命保険相互会社	①夢を熱く語り実行する人 ②柔軟な発想で変革にチャレンジしていく人 ③こだわりを持って粘り強く物事に取り組む人
ヤンマー株式会社	「感受性豊かでいろいろな可能性を秘めた人材」 ・感謝の心 ・豊かな個性 ・チャレンジ精神
株式会社関電工	・チャレンジ精神旺盛な人 ・実行力のある人 ・コミュニケーション能力が高い人
シチズン時計株式会社	・夢や野望を持ちそれを実現したい人 ・大きなことに挑戦し何かを成し遂げてみたい人 ・自分の手で新しいものを作り出したい人

いずれのキーワードも、「**自律性**」概念に含むことができそうである。従業員がみずから行動し、結果に対しても責任をもつ、という意味において、チャレンジ精神、実行力、プロ意識は、自律性概念をより具体化したものである。このように、企業は、これまでの横並びの画一的人材から、企業が必要とする能力とマッチするような人材の確保を目指さなければならない状況に直面している。競合他社との差別化のために、人材による競争優位の構築を考えなければならず、それらは必然的に人材マネジメントの変更にかかわっている。

知的人材のマネジメント

　企業は、必要とする人材を明確にしなければならない。そして、そのような人材を確保した場合には、彼らが能力をいかんなく発揮できるマネジメントを考える必要がある。それは、人事制度の設計・運用だけにとどまるものではない。リーダーシップや動機づけのマネジメント手法についても考慮しなければならない。

　高度な**知識**，**スキル**，**能力**を有する、プロフェッショナル（専門職）については、以前から知的人材のマネジメントとして研究が進められ、実践の場で応用されてきた。たとえば、研究・開発職など、一般従業員とは異なる専門職種については、**複線人事制度（デュアル・ラダー・システム）**が採用されてきた。しかしながら、このタイプの人材がパフォーマンスを発揮する源泉とはなにかを考慮し、制度に組み込んだものではない（図表11-5）。そして、ようやく現在それに取り組みつつあるといった状況にある。

　キムとモボルニュ（Kim & Mauborgne, 1997）に従えば、知的人材のマネジメントでは、フェア・プロセスが重視されなければならない。これは、**手続き的公正**（procedural justice）を重視するものであり、結果のよしあしにかかわらず、従業員に伝達されるプロセスのことである。

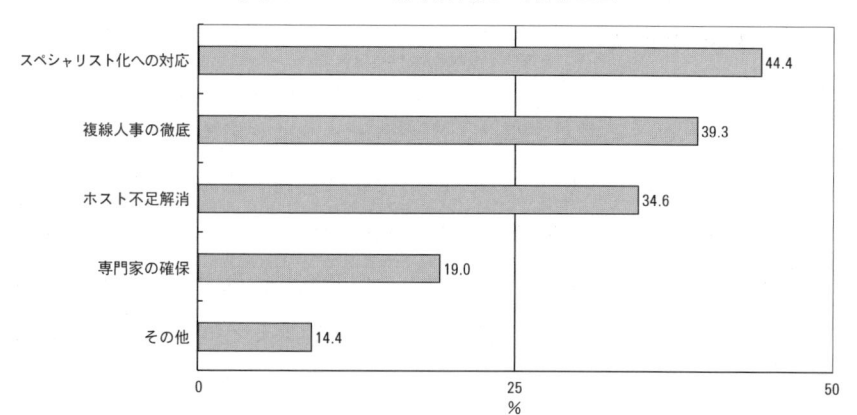

図表11-5　専門職制度の採用理由

項目	%
スペシャリスト化への対応	44.4
複線人事の徹底	39.3
ホスト不足解消	34.6
専門家の確保	19.0
その他	14.4

資料出所）厚生労働省『平成14年雇用管理調査』2002年，専門職制度設定の理由別企業数割合（表9）をもとに作成

フェア・プロセスは，高業績の達成に向けて知的人材の態度・活動に影響を及ぼすマネジメント手法であると同時に，企業との関係を肯定的かつ積極的に強化するものである。それは従業員のコミットメントを引き出す源泉をマネージできることを主張している。それは，ⓐエンゲージメント，ⓑ説明，ⓒ具体的な期待，といった3つの要素からなるマネジメント手法である。

ⓐ　エンゲージメント

　これは，各従業員が企業のあらゆるレベルの目標やプロセス決定に参画することである。個々の従業員がみずから考え，意見具申することを奨励する仕組みは，自律性をひきだす手法として知られる。「コーチング機能」としても期待できる。

ⓑ　説明

　ある案件の決定について，納得のいく説明が徹底的になされることが，この意味である。当然，従業員の意見がすべて反映されるわけではなく，そのような場合には，できるかぎり客観的にみて，フェアであることが重要である。職位などのパワーに基づく決定ではな

く，論理的な説明がフェアであることの補強となる。

ⓒ　具体的な期待

決定がなされた案件について，個々の従業員に期待される役割はなにかを明確にすることが，ここでのポイントである。どのような評価基準を設定しているのか，結果責任はどうするのか，などといった点を周知徹底し，従業員に具体的に理解させることが肝要である。

今日，従業員には，指示される以上の自発的な行動と成果が求められている。企業が必要とする人材ニーズが多様化すると同時に，その**コンテンツ**も高度化している。今後，専門職や企業内プロが一般化するにつれて，これまでとは異なるリーダーシップ，動機づけを考慮したフェアなマネジメントを展開しなければならない。

また，企業は，具体的な人材ニーズを，高度な知識，スキル，能力を基礎としたものに求めはじめている。これは，単純に知識などがビジネスの源泉になっているからというだけでなく，他の経営活動との連動性や整合性が影響しているからである。

次節では，人材ニーズがどのような企業内の意思決定プロセスを経て決定されているのか，どのように人的資源管理が展開されているのか，について，そのメカニズムを中心にみていくことにしたい。空席ポストの補充，新規事業担当者の人事などの場合とは異なり，中長期的に必要となる人材を明確にするには，シナリオの作成が重要となる。これは，戦略的に人的資源管理を展開することと密接にかかわっている。

2 戦略的人的資源管理の展開

人的資源管理における戦略的視点の重要性

　最近の日本企業は，**成果**や**コンピテンシー**（competency）などをベースとした制度設計を積極的に進めている。こうした動きは，人的資源管理の活動領域でいう報酬管理やパフォーマンス・マネジメントが実践されていることを示す。ここでは，そうした個別的な活動領域にみられる仕組みづくりよりも，人的資源管理全体を対象とする最近の研究をとりあげ，その動向についてみることにする。

　人的資源管理が企業のパフォーマンス向上におおきな影響を及ぼすことは従来から知られてきた。だが，人的資源管理と企業のパフォーマンス（たとえば，業界でのポジショニング，持続的競争優位の構築，コア・コンピタンスの構築など）の関係をマクロ的視点から捉える研究は，1990年代に入るまでそれほどみられなかった。

　「**戦略的経営**」（Strategic Management）の考え方にもとづき，すでに1970年代後半から企業経営に占める人的資源管理の重要性は大いに認められていた。しかし，人的資源管理の個別領域の統合化が求められるようになったのは，1990年代に入ってからである。

　戦略的経営の基本的なねらいは，企業組織の競争優位の構築に向けて，経営資源の配置や配分の最適化を目指すことにある。その一方において，人的資源管理の基本的役割は，人材の活用を通じて企業のパフォーマンスに貢献することである。したがって，戦略的経営の考え方が一般化している今日，戦略的経営のフレームと人的資源管理のフレームがシンクロすることの重要性が認識され始めたことは，必然的な流れであるといえよう。

戦略的人的資源管理の意味

　人的資源管理を戦略的経営のプロセスに位置づけるということは，戦略的に人的資源管理を展開することを意味する。ここでは，戦略的経営の基本的な考え方を説明したあとで，「**戦略的人的資源管理**」（Strategic Human Resource Management）の意味をみていく。

　戦略的経営とは，企業の競争状態を扱うためのアプローチを意味している。それは，企業組織の主要な目的，政策，活動といった一連の流れを全体として統合するパターンあるいは計画を管理することでもある。競争状態の分析，戦略的目標の設定，人的資源，組織資源といった経営資源の配置や活動計画の工夫を含み，こうした目標の達成機会を増やすプロセスでもある。

　戦略的経営のフレームに人的資源管理を組み入れたのが戦略的人的資源管理である。しかし，こうしたとらえ方は戦略的人的資源管理の一面しかみていない。なぜなら，企業の戦略と人的資源管理との整合性や連動性を強調することは，企業経営における**「垂直的」統合**の部分しかみていないからである。したがって，雇用・報酬・労働関係といった活動領域間の**「水平的」連動性・整合性**も同じく考慮することではじめて，戦略的人的資源管理の全体的把握が可能となる。

　こうした戦略的人的資源管理の考え方は，**ライト**と**マクマハン**（Wright & McMahan, 1992）の主張にみられる。彼らは，戦略的人的資源管理を「組織目標を達成するために意図した計画的な人的資源の配置や活動のパターン」と定義している。この定義には，戦略という表現は用いられていないものの，つぎの2つの点において，従来の人的資源管理とは異なることを指摘している。

　ⓐ　**戦略的経営のプロセスと人的資源管理活動との連動性**

　戦略的経営のプロセスのなかに人的資源管理活動を位置づけるには，

それらのあいだの垂直的な整合性や連動性がポイントになる。企業が選択した戦略とのリンクがみられないとすれば，戦略的人的資源管理とはいえない。

ⓑ 人的資源管理の個別領域活動間の連動性

人的資源管理を構成する各活動領域（雇用・報酬・労使関係）は，全体として統合されておく必要がある。個別領域活動間の連動性が，ここでのポイントである。一部の活動領域だけが企業の戦略との整合性を示すといったことではなく，人的資源管理活動全体として，整合性・連動性にする統合が進められなければならない。

戦略的人的資源管理のモデルと戦略インプリメンテーション

戦略的経営のプロセスとの連動性と人的資源管理活動の内的連動性が満たされることで，人的資源管理が戦略的に意味をもつことを確認した。そこで，2つの戦略的人的資源管理のモデルをみていくことにする。

すでに多くの研究者が企業の戦略と人的資源管理のかかわりを重視し，

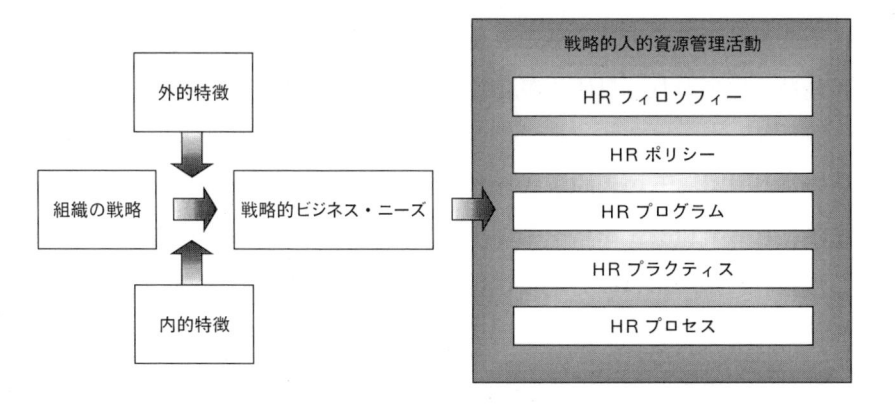

図表11－6　5-Pモデル

出所）Schuler, Randall S., "Strategic Human Resource Management: Linking the People with the Strategic Needs of the Business", *Organizational Dynamics*, Summer 1992, p.20 の図表 1．を一部修正して抜粋

戦略的人的資源管理のモデル化を試みているが，ここでは**シュラー**（Schuler, 1992）と**ノウ，ホレンベック，ガーハート，ライト**（Noe, Hollenbeck, Gerhart, & Wright, 2000）によるモデルをとりあげることにする。

まず，シュラーは，**HRフィロソフィー，HRポリシー，HRプログラム，HRプラクティス，HRプロセス**を人的資源管理活動の構成要素と捉え，企業の戦略との整合性・連動性を強調した「**5-Pモデル**」を開発している（図表11-6）。これは企業の戦略ニーズとさまざまな人的資源管理活動の融合に力点を置いたモデルである。企業の戦略は，すべての人的資源管理活動に反映されている。

このモデルでは，人的資源管理の活動は，**戦略的ビジネス・ニーズ**（Strategic Business Needs）によって規定され，展開されることになる。戦略的ビジネス・ニーズは，ミッションやビジョンのかたちで表現され，**戦略的なビジネス目標**（Strategic Business Objectives）のかたちに具現化される。たとえば，企業組織の存続，成長，適応，収益性などの目標が，より具体的な表現によって，経営計画に組み込まれることになる。

人的資源管理活動は，下記の5つの要素を含む。それぞれは，垂直的に結びついており，具体化が進むことになる。

ⓐ HRフィロソフィー

企業がどのように人的資源をとらえているかを表現するものである。企業にとって組織メンバーの存在意義を示し，どのように管理の対象として扱うのか，について表わしたものである。

ⓑ HRポリシー

これは，戦略ニーズに従い，組織メンバーに関わるビジネス・イシューに対する活動の指針やHRプログラムを開発するための指針になっている。

ⓒ　HR プログラム

人的資源活動の調整を意味する。とくに，戦略ニーズによって必要とされる組織変革活動を戦略的に着手し，それを組織全体に普及させ，持続させることである。

ⓓ　HR プラクティス

戦略ニーズを満たすためには，リーダーシップ，マネジメント，オペレーションの3つの役割が重要である。HRプラクティスでは，組織に必要とされる役割行動へと従業員を動機づけることがポイントになる。

ⓔ　HR プロセス

人的資源管理活動の形成方法とそれの実施方法を対象としている。人的資源管理を構成する活動がどのように形式化され，実行に移されるかをプロセスとして捉えている。

もうひとつのモデルをみてみよう。ノウ，ホレンベック，ガーハート，ライトのモデルは，**戦略策定**と**戦略インプリメンテーション**の2つの局面のなかに人的資源管理を組み入れたものである（図表11－7）。正確には，戦略のインプリメンテーションを人的資源管理として位置づけている。

さきの5-Pモデルと同様に，このモデルで強調されている点は，企業が選択した戦略と人的資源管理との整合性や連動性である。しかし，このモデルはその点だけを強調しているわけではない。上述したように，人的資源管理を戦略のインプリメンテーションとして位置づけ，企業のパフォーマンスとの関連性を示している点が，このモデルの大きな特徴のひとつである。

また，ⓐ **企業のパフォーマンス**，ⓑ **組織メンバーの知識，スキル，能力を構成要素とする人的資源能力**（Human Resource Capability），そしてⓒ **組織メンバーの行動や成果である人的資源活動**（Human Resource Action）がミッション，目標を含め，今後の戦略の策定や再検討を進め

るための判断材料となっている点が、このモデルの特色になっている。

今後のシナリオ作成に活かす仕組みをノウ、ホレンベックらは、「**新興戦略**」（Emergent Strategy）として捉えている。これは既存の戦略を修正するため、新しい戦略を策定するために役立つものである。

図表11－7と図表11－8を用いて、最終的に企業のパフォーマンスの向上に直接寄与する人的資源管理の役割（戦略インプリメンテーション）の流れについて簡単にみてみよう。図表11－7では、人的資源ニーズから人的資源活動までの流れがそれに該当し、図表11－8では、タスク・デザイン、人材の活用、そして報酬システムの設計・運用について検討する。

まず、図表11－7のモデルの戦略インプリメンテーションの領域とその流れをみてみよう。自社の戦略が策定され、そしてそのタイプが選択されれば、企業にとって必要な人材が決定される（**人的資源ニーズ**）。これは採用管理、報酬管理などの具体的な仕組みである人的資源管理活動のための判断材料でもある（**人的資源管理活動**）。

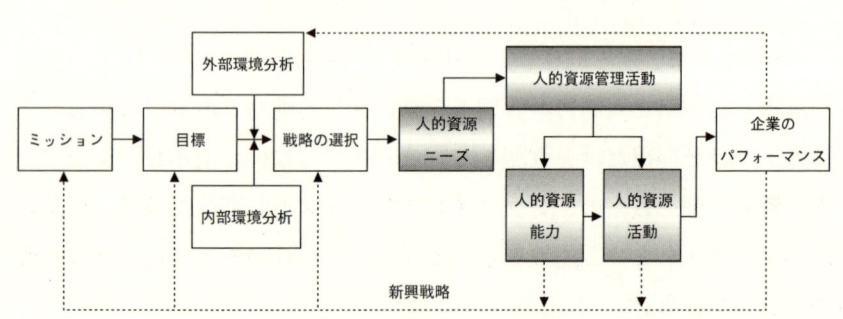

図表11－7　戦略的経営のプロセスでの人的資源管理モデル

出所）Noe, Hollenbeck, Gerhart, & Wright, *Human Resource Management Gaining a Competitive Advantage*, Third Edition, McGraw-Hill, 2000, p.44.の図2.1を一部修正して抜粋

注）図表11－9は、ミッション、目標、SWOT分析、戦略の選択が戦略策定の領域を示し、人的資源ニーズ、人的資源管理活動、人的資源能力、人的資源活動が戦略インプリメンテーションの領域を示している。企業のパフォーマンスは、戦略の評価（Strategy Evaluation）の領域にあたる。

実際，制度設計・運用がどんなに「すばらしい」と思われても，経営資源として企業パフォーマンスの向上に貢献するのは，「異質な」人的資源の働きにしたがう（**人的資源活動**）。最終的に組織メンバーが彼らの能力をどのように発揮するかに大きく依存することになる（**人的資源能力**）。その意味において，人的資源能力を実際の活動に結びつける制度設計は戦略的に重要になる。

　つぎに，戦略インプリメンテーションを構成する変数から人的資源管理の役割をみてみよう（図表11－8）。戦略のインプリメンテーションは，企業が策定した戦略を実施する際に選択可能な組織構造とプロセスのバリエーションがあることを前提としている。戦略のインプリメンテーションの成功は，ⓐ 組織構造，ⓑ タスク・デザイン，ⓒ 人材の採用，訓練，能力開発，ⓓ 報酬システム，ⓔ 情報のタイプと情報システム，といった5つの変数によって左右される。

　この5つの変数のなかで，とくに人的資源管理の領域にあたるのが，つぎのタスク・デザイン，人材の活用，報酬制度の3つである。

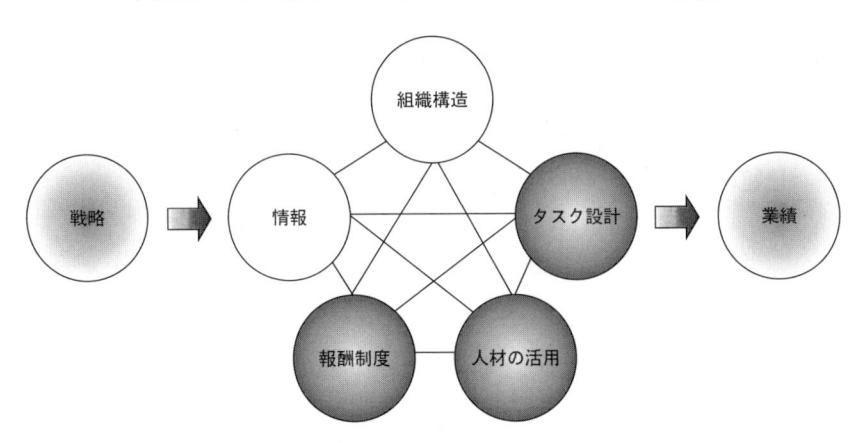

図表11－8　戦略インプリメンテーションの5つの変数

出所）Noe, Hollenbeck, Gerhart, & Wright, *Human Resource Management Gaining a Competitive Advantage Third Edition*, McGraw-Hill, 2000, p.52.の図2.4を抜粋

ⓐ **タスク・デザイン**は，戦略との整合性・連動性を保持しつつ，能率的かつ有効的に設計され，職務を構成するグループとして整理される必要がある。

ⓑ **人材の活用**とは，採用からはじまり，配置・異動，訓練，能力開発に関わるものである。戦略を成功させるには，適材適所を常に熟考し，企業が必要とする知識，スキル，能力をもつ人材の配置・異動によって人材配置の最適化を進めなくてはならない。

ⓒ **報酬システムの設計，運用**は，インセンティブ・システムの構築・運用でもある。給与，賞与，その他の経済的要因だけでなく，職場・労働環境，エンパワーメント，労働時間の弾力化などといった非経済的要因によって，組織メンバーの能力を活動に転化させる必要がある。そのためには，パフォーマンス・マネジメントの展開と連動する必要がある。

組織構造や情報の変数とも，人的資源管理とは相互に規定しあう関係にある。たとえば，選択された戦略をより具体化した情報は，タスクを職務（Job）にデザインし直すために必要であるし，タスク・デザインは，必要な情報を選択するための前提となる。これは，組織構造や情報のタイプとの関係でも人的資源管理の残りの2つの変数が相互に規定しあう関係であることを意味している。

仕組み・仕掛けづくりの主体の役割変化

人的資源管理の主体は，単に組織メンバーを採用，配置・異動，訓練・能力開発，退職といった一連の人的資源活動を担当する部門（以下，HR部門）だけが実施するものではない。しかしながら，企業の戦略を実施する部門として活動する場合，当該部門が意識して変更しなければならない役割がある。現在のままで企業の連動性や整合性の部分を強調しすぎると，HR部門は，上位からの指示待ち部門と化してしまう。そ

図表11-9 戦略プランニングとHRMの関係

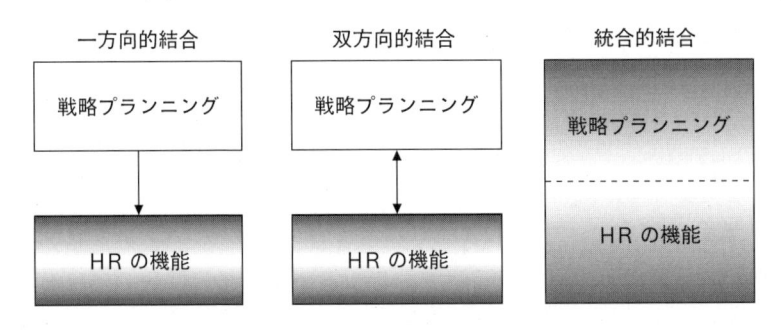

```
  一方向的結合           双方向的結合            統合的結合
┌──────────┐      ┌──────────┐      ┌──────────┐
│戦略プランニング│      │戦略プランニング│      │戦略プランニング│
└────┬─────┘      └────┬─────┘      │- - - - - │
     │                 ↕            │ HRの機能  │
┌────▼─────┐      ┌──────────┐      └──────────┘
│ HRの機能  │      │ HRの機能  │
└──────────┘      └──────────┘
```

出所) Golden & Ramanujam, "Between a Dream and a Nightmare: On the Integration of the Human Resource Fanction and the Strategic Business Planning Process," *Human Resource Management*, 24, 1985, pp.429-451.をもとに一部省略して抜粋

して、たぶんに受動的な活動に終始してしまうのである。

図表11-7からも明らかなように、現在の人的資源能力と人的資源活動は、新興戦略のプランニングや既存の戦略の修正のための判断材料にもなる。したがって、HR部門は、戦略のインプリメンテーションだけではなく、戦略プランニングへの積極的参加が求められる重要な部門である（図表11-9）。

HR部門が本質的な意味において、戦略的であることについて、図表11-9をもとに概観してみよう。

① **一方向的結合**は、企業の戦略策定担当部門（経営企画担当部門）が計画した戦略を、HR部門に周知するだけの関係である。上からの指示待ち部門であって、従来の形態と変わらない。実際、この段階は、すでに戦略的意向を反映したかたちで、人的資源活動を展開するものの、自社の人的資源に関する課題を戦略策定に組み込まない傾向が多くみられる。したがって、戦略的人的資源管理が成功裡に進むことは少ない。

② **双方向的結合**は、戦略策定プロセスに自社の人的資源の課題を組み込む関係である。これは次のような時間的流れを経て結合関係が発生する。ⓐ 戦略策定担当部門がHR部門に戦略のタイプを周知する。ⓑ

HR部門が与えられた情報をもとに人的資源活動のシミュレーションを実施し，戦略策定担当部門に評価報告を行なう。ⓒ 戦略の選択がなされた後，自社の戦略についてHR部門に周知され，それをもとに各種プログラムの開発などを実施する。この段階は，相互依存的な関係であるものの，依然として独立した関係のままである。

③ **統合的結合**は，時間的な流れによるというよりもむしろ継続性を基礎としたダイナミックな関係である。というのは，情報の受け渡しという関係ではなく，HR部門も戦略策定に参画するからである。要するに，戦略策定担当部門との情報の反復活動というよりも，戦略策定と戦略インプリメンテーションにHR部門の役割が組み込まれたかたちになっている。

このようにHR部門の役割は，戦略的人的資源管理の文脈で大きな変容を示すことになる。多くの企業の場合，戦略的人的資源管理を一方向的結合として，とらえる傾向がみられる。しかし，戦略的に人的資源管理を展開するというのは，統合的に結合することである。そのためには，専門特化した企業ほど，風通しのよい企業組織内の部門編成が求められるなど，人的資源活用に向けた全社的な意識構造の変革が必要になる。

3 人的資源活用に向けた制度設計上の留意点

最近の日本企業によるHR制度設計

従業員数が数十人ではなく，何千人，何万人という規模である場合，職場の長による裁量だけで，企業パフォーマンスを向上させる人的資源活動を展開することは難しい。従業員の能力を人的資源活動に転化する仕組み・仕掛けづくりが必要となる。企業の戦略インプリメンテーショ

図表11−10　最近の日本企業によるHR制度設計の取り組み

企業名	制度名称またはその特徴	内容およびキーワード	対象
富士電機工事㈱	約500人の賃金カット，外注費用の削減	総額人件費の圧縮	全社員約500人が対象。賃金カット率①取締役15％，②課長以上の幹部社員7.1％，③一般社員は5.5％。
㈱大和証券グループ本社	年収15％圧縮	高コスト体質の見直し（人員削減を回避）。課長代理職以上では，個々人の業績を反映させた格差を広げる。	グループ各社の総合職6,000人（55歳以上）
アサヒビール㈱	チャレンジ精神を評価する新人事制度（業務目標と行動方針）	目標管理。1998年9月課長職以上に目標チャレンジ制度が導入済みだが，実現可能範囲内での目標設定が問題となった。	営業部門の社員
帝人㈱	女性管理職を対象とした経営幹部候補育成制度	経営幹部の育成。選抜者は社内で公表されない。	課長・係長クラスの女性管理職
㈱ニコン	成果主義型の賃金制度	「資格給（個人の能力と業績貢献）」と「職責給（担当業務の難易度）」によって決定。年齢給，定期昇給，諸手当は廃止。	—
リコーリース㈱	キャリアパス制度	人材育成と組織活性化。入社から9年間でリース業務をすべて経験させる人事制度。	新入社員から順次拡大
日本乾溜工業㈱	成果主義の徹底のための年俸制	基本給部分と業績との連動	全社員
日立マクセル㈱	取締役，執行役の慰労退職金の一部を同社の株式で支払う制度	株価を意識した経営を促進するのがねらい。役員報酬の一部にストックオプションを導入する例があるが「退職慰労金」までを対象とする例はない。	取締役，執行役，理事［社員の最高資格］
名古屋鉄道㈱	賃金・年金制度，成果主義	本社事務・技能職と現業部門との二本立て，総額人件費の抑制。本社部門の従業員に対して年功序列部分を減らし，成果反映部分を上積みする方向。2004年に導入予定。	全社員
旭硝子㈱	新賃金制度	技能職45歳で昇給打切り。定期昇給，家族手当，年齢，家族構成を賃金から切り離す。	技能職（総合職，事務職を除く）
イオン㈱	社内資格制度	野菜の加工技術，専門知識をもつ「イオン農産アドバイザー」，家電売場の「イオンデジタルアドバイザー」といった独自の資格制度を設定。社員の自助努力を促進し，販売力の強化に結びつける。	現場社員（青果販売員＋家電販売員），パートタイマー
日本ビクター㈱	人材育成	幹部候補選抜・育成　①次世代，②第二世代，③若手から選抜し，安定的に中核社員が育つ仕組みづくりをねらいとしている。	幹部候補は人事部門が中心となって決定。
武田薬品工業㈱	職務給一本化の賃金制度，成果主義	年齢給，扶養・住宅手当廃止，定期昇給なし，業績は賞与に反映。	全社員（管理職は1997年に導入済み）
キューサイ㈱	業績連動型の成果給制度	社員が個別に定めた目標を数値化し，経常利益と連動させて賞与に反映。最大100万円の差がつく計算。今後，退職金にもこの考え方を反映させる予定。	新入社員を除く全社員が対象。
㈱電通	業績連動型の賃金制度	社員の収益意識の改革。職種別に業務成果を設定する計画。	全社員
富士通㈱	人材育成	幹部候補クラスのリーダー育成	部長クラス，若手部長＋課長クラス
大阪ガス㈱	技術者向けの人材育成	技術経営スクール	課長・係長クラス，社外にも門戸を広げている

注）2003年4月1日から6月13日までに，日本経済新聞，日経産業新聞，その他全国紙に発表された記事をもとに作成

ンの最適化を目指した制度設計が必要である。

　日本企業が取り組んでいる HR 制度設計を示したものが図表11-10である。ここでは2003年度から約3カ月間のあいだに掲載された新聞記事に注目した。HR 制度の変更を進めている企業が相当な数にのぼっていることがわかる。

制度設計における4つのポイント

　日本企業の多くは，これまでの制度設計・運用上の問題点を克服するために，なんらかのかたちで HR 制度の修正あるいは新しい制度設計を進めている。しかし，実際の制度の成果を，企業パフォーマンスとの関連において具体的に評価できる段階にはいまだ至っていない。だが，つぎの4点を意識しているかどうか，が制度設計・運用の成功の鍵となっていることについては，明らかである。

①　HR 制度設計・運用のねらいの明確化

　本来の意味における HR 制度の設計・運用のねらいは，自社の人的資源活動の最適化を目指すことである。要するに，企業が期待する以上に組織メンバーがもつ知識，スキル，能力を発揮してもらい，人的資源活動として企業のパフォーマンスの向上に貢献してもらうことである。

　そのためには，制度設計やそれの運用と，人材活用の最適化を目指した HR 制度とのあいだに整合性がみられるかを確認することが重要である。たとえば，人件費の圧縮や削減をねらいとする賃金制度の変更によって，人的資源活動の最適化を目指すことができるのかどうかを考える必要がある。

②　状況要因の検討・確認

　HR 制度の設計・運用を展開するにあたり，外部状況と内部状況を同時に考慮する必要がある。「他社が新しい制度を導入し，成功しているようだからわが社も導入に踏み切る」といった話はよく耳にするが，こ

うした状況のもとで設計された制度がうまく機能するケースはまれである。各企業が直面している状況に相違がみられるのは当然のことなのである。

したがって，ⓐ 他社が運用している制度を客観的に評価できる仕組みが必要であること（外部状況），ⓑ 自社に導入した場合に想定されるあらゆる状況（内部状況）を想定しておくこと，について検討・確認する必要がある。

③ 統合アプローチ

従来のHR制度の局所的な修正であったり，人的資源管理活動の部分的見直しや新制度の導入は，企業のパフォーマンスの向上に結びつくとは限らない。

HR制度の個別的改革にとどまらず，人的資源管理活動をトータルな視点でとらえているかが問われるのである。たとえば，最近流行の成果主義や業績連動型の新賃金制度の導入の場合，採用方法，昇進・昇格，配置・異動，能力開発などの各種制度との連動性を考慮したうえで，導入が進められる必要がある。人的資源管理活動内部の整合性・連動性と，企業の戦略との整合性・連動性の双方が吟味された統合的アプローチによって，制度設計は慎重に進められるべきである。

④ 「ヒューマン・リソース」の意味の再考

人的資源は，他の経営資源とは異なる資源である。労働力を提供する主体は，つねに一定の人的資源を提供し続ける「機械」ではなく，人間である。組織メンバーがもつ人的資源の部分だけをとりあげて管理するということはきわめて困難な作業である。新しいHR制度を導入したり，従来のHR制度の変更を実施する場合，どのような影響を組織メンバーに及ぼすかについてつねに想定しておく必要がある。

高業績を保持することができる能力に対して，評価を与える制度を導入した場合には，その対象とならない組織メンバーのケアもあわせて考

慮する必要がある。というのも，組織メンバーは，企業組織の成員であると同時に，消費者，顧客，地域住民，株主などといったステイクホルダーの側面ももちあわせているし，社会の構成メンバーだからである。企業が必要とする「**ヒューマン・リソース**」とは，どのような性格をもつ資源なのかを常に考えておく必要がある。

―《参 考 文 献》―――――――――――――――――――――――――――

平野文彦・幸田浩文編『人的資源管理』学文社，2003年

石井脩二編『知識創造型の人材育成』中央経済社，2003年

K. Golden & V. Ramanujam, "Between a Dream and a Nightmare: On the Integration of the Human Resource Fanction and the Strategic Business Planning Process," *Human Resource Management,* 24, 1985, pp.429-451.

Kim, W. Chan & Mauborbge, Renee. "Fair Process: Managing in the Knowledge Economy," *HBR,* July-August, 1997, pp.65-75.

厚生労働省監修『平成15年版　労働経済白書』日本労働研究機構，2003年

Noe, Hollenbeck, Gerhart, & Wright, *Human Resource Management Gaining a Competitive Advantage Third Edition,* McGraw-Hill, 2000.

P.M. Wright & G.C. McMahan, "Theoretical Perspectives for Strategic Human Resource Management," *Journal of Management,* 18, 1992, pp.295-320.

R.S. Schuler, "Strategic Human Resource Management: Linking the People with the Strategic Needs of the Business," *Organizational Dynamics,* Summer 1992, pp.18-32.

R.S. Schuler & S.E. Jackson, *"Strategic Human Resource management,"* Blackwell Publishers, 1999.

齊藤毅憲編『組織と人的資源の経営学』税務経理協会，1997年

―《いっそう学習（や研究）をすすめるために》―――――――――――――

Noe, Hollenbeck, Gerhart, & Wright, *Human Resource Management*

Gaining a Competitive Advantage, Third Edition, McGraw-Hill, 2000.
戦略的人的資源管理の入門書である。企業の競争優位の構築を目指すために，人的資源管理をどのように位置づけるべきか，展開すべきか，について詳細に学習することができる。

《レビュー・アンド・トライ・クエスチョンズ》

① 人材ニーズが多様化，高度化する理由について考えてみてください。
② 人的資源管理を戦略的にとらえるうえで重要となる点について答えなさい。
③ 人材活用のための制度設計で留意すべき点とは何かについて答えなさい。

第 12 章

女性と企業

本章のねらい

　従来の日本企業は，家事・育児・介護などを女性が担うことを前提として，企業内での処遇に格差をつけてきた。しかし，近年では企業活動に参加する女性は増加しており，企業との関わり方も多岐にわたっている。このことは，性別にかかわらず，個人の生活と企業での活動のバランスを，どのようにとるのかという現代的な問題に発展する。本章を学習すると，以下のことが理解できるようになる。

① 女性と企業との関わり方
② パートタイム労働の課題
③ ヒューマン・リソース・マネジメントの戦略化とその事例

1　これまでの女性労働

「女性は，家庭で家事・育児・介護だけを担い，男性は外で働きその経費を稼ぐ」という生活運営上の**性別による役割分担**は，現代では「伝統的」で「保守的」であるかのように認識されている。しかしながら「女子ども」以外の人びと（成人男性）だけが生産活動にかかわるだけで，つねに社会全体が運営できるほどには，人間の社会は豊かではなかった。実際に，このような生活をすることができたのは，その社会の特権的な一部の人びとであった。

大半の女性は，家事・育児・介護を担う一方で，家業においても当然の労働力として，期待され，貢献してきたのである。しかし，これらの貢献は，女性自身の経済力として認識されてこなかった。

いまなお，「**女は家，男は外**」という価値観が，われわれのなかにあるとすれば，実際にあった過去の慣習やジェンダーの側面だけでなく，その価値観が豊かな階級の象徴という「理想」（あこがれ）を伴っているからなのかもしれない。

第2次世界大戦後，女性は大沢真知子のいう「**フォーマルな**」職場で働くようになった。これらの職場は，家から多少離れており（つまり「外」で），その仕事を遂行するためには，特別な「技能」が必要であった。そこでこの技能が「育成」される必要があった。このような育成されて技能をもつ人びとは人数が限定されるため，業務運営上，勤務時間を定める必要が生じる。そして，このフォーマルな職場では，他の財と比較して「価値測定機能」にすぐれた「**賃金**」という方法で労働に対する対価が支払われたのである。賃金には市場における交換の際に，個別の人間関係を生じさせないという機能もある。

このことは，女性の労働が，家族や共同体のなかの「**シャドウワーク**

（貨幣価値に換算されることがない労働）」だけにとどまらない。そして，それは家族や共同体以外の組織において「**賃労働**」たりえることを示し，女性の労働が経済力につながるという認識を明らかにしたのである。

しかし，同時にこのフォーマルな職場での労働は，これまでのインフォーマルな職場では当然であった，家事・育児・介護との両立が困難になることを示している。この点で，たとえ業務内容が肉体労働でなくても，フォーマルな職場は，家事・育児・介護を負担することから免れている人びとに，優位なものといえるだろう。

2 女性をめぐる現状

働く女性の増加

現在，日本で働く女性は，2,700万人を超えている。これは全労働人口の約4割を占めており，女性の労働力率（労働力人口／15歳以上人口）は約50％である。これに対して，男性は76.4％である。そして，被雇用者に占める女性の割合も40％となっている。

女子の大学進学率は年々向上し，男子との差は専攻学部の差にまだみられるものの，わずかになりつつある。良妻賢母型の教育で名高い伝統的な女子大学の学校案内でさえ，就職率の高さが宣伝されている。女子大生の多くは，就職活動を当然のように受け入れているし，「**内定**」を得るために努力している。あるいは，「フリーターでもいい（フリーターでも仕方がない）」という。

これは，雇用の形態はともかく，学校を卒業した後は，自らの労働で金額の多少はあっても，収入を得ることを自明のことと考えていることを示している。彼女たちの親の世代に一般的であった「**花嫁修業**」や「**家事手伝い**」という選択肢は，現代の女子大生には一般的ではない。

働きにくい女性の状況

　企業のリストラクチャリングの一環として，雇用形態の多様化がすすめられているが，**非正規雇用**で働く人びとの割合は圧倒的に女性が多くなっている。このことは，日本企業に一般的であった，長期間におよぶ企業内教育を経て，ある種の熟練を形成してその企業内で管理的な責任と役割を担っていくという，男性・ホワイトカラーのキャリアパスと，家事・育児・介護との両立の間の距離を表している。

　しかし，女性が学卒後就労し，その後結婚，出産，育児などのために一時期，退職するが，その後再び就労していることを示してきた，**M字型就労**の「谷」の部分は，近年，埋まりつつある。

　「晩婚化」「少子化」という傾向が示すように，家事・育児・介護の負担を最小限に留めるライフスタイルを維持しようとする人びとも少なくはなくなっている。このような場合には，男性・ホワイトカラーのキャリアパスを受け入れ，「男性なみ」に働くことは，比較的容易になる。現代の日本企業は，少なくとも建前では「性による処遇の差」には否定的であるからである。

　しかし，それが，家事・育児・介護を担うことへの理解となると，まだ不十分といわざるをえない。さらに，ライバルとなる同僚が既婚男性の場合，「**生活給**」の意味合いがあったとしても，金額の多少にかかわらず「**配偶者手当**」が支払われてきた。これに「**内助の功**」への期待がなかったといいきれるだろうか。

　また，結婚や出産，育児は自身の意志で選択できても，老親の介護負担は拒否できない（民法370条　親族間の互助義務）。老親が日常的な介護の担い手として，主に期待しているのは，「娘」「嫁」である。そして，もし介護を第3者に委託するならば，相応の経済的な負担を負わなければならない。男女の賃金格差がまだ存在する現状で，**専門職**である介護

者に支払う費用以上の収入を女性が得られていなければ，介護を委託し，働くことを継続することは，経済的に困難である。

最近，一部で反逆もみられているが，結婚している男性がこれを「嫁」に代行してもらうことは，通常の社会慣行であるし，もちろんこれはシャドウワークである。

家事や育児，介護など日常生活上の負担は，**アウトソーシング**（外注化）とサポーターの援助を得ることができれば，軽減することができる。しかし，年功序列型の賃金体系が依然として存在しているなかで，アウトソーシングするだけの費用を負担できる子育て世代は，一般的には少ない。そして，行政の子育て支援が充分であるとはとてもいえない現状では，適切な「サポーター」の存在という幸運に恵まれるかどうかが，フォーマルな職場で就労を継続できるかどうかの決め手となってしまう。

3 女性と企業のかかわり方

女性のライフスタイルは多様化し，企業とのかかわり方にも多様性がみられるようになった。

マネジリアル・ウーマン

これまでも，中小規模企業において，配偶者の残した企業を引き継いで経営に携わり，息子に継承させるまでの「**リリーフ型女性経営者**」は存在してきた。しかし，近年，少子化にともなって，「息子」や「娘婿」だけでなく，「娘」が名義上も，そして実質的にも後継者となる「**継承型女性経営者**」も一般的なケースになりつつある。これらはこのままではいずれも「**同族経営**」の域をでず，事業経営の発展には一定の限界が生じる。

今日では，「**起業家型女性経営者**」が増加している。これはみずから

の手で会社をつくり，経営していく人びとである。この場合，職場における裁量権を自分がもっているので，家事や育児と仕事を両立させることが，容易になる可能性がある。しかし，これらの多くはインフォーマルな職場であり，企業間の競争や，事業を維持していくための収益の獲得を考慮した場合，必ずしも恵まれた職場となるかどうかは不明である。

組織のなかの女性

いわゆる OL といわれる人びとである。「平均勤続年数 3 年，受付・お茶くみ・コピー取りが主な業務内容」の職場は，もはや正社員の職場としては一般的ではない。一般職といえども，ノルマを課されたり，営業成績を張り出される，など直接，企業の業績を左右する業務を担っていることも珍しくはない。

しかし，その業務に熟練がどの程度必要とされるのか，またその熟練を企業が評価できているのかという点は，非常に疑わしい。それでも，フォーマルな職場である利点を生かして，サポーターを獲得しつつ，家事・育児・介護との両立をめざす人びとは増加しており，勤続年数は長期化している。これにともなって，管理職に登用される女性も増えてきた。

スペシャリストな女性

医師国家試験に占める女性合格者の割合は，平成 3 年に19.2％であったのが，平成13年には31.8％になっている。公認会計士 2 次試験の合格者に占める女性の割合は，平成 3 年には14.7％であった。しかし，平成13年には18.0％になっている。司法試験最終合格者では，13.7％（平成 3 年度）が平成13年には22.5％になっている。

このような資格を手にした人びとは，これを用いて開業することもあるし，また組織（病院や監査法人）や一般の企業で活躍することもある。

さらに，以下で述べる働き方を選ぶことができる。しかし，これらの資格の取得は，ゴールではなく，プロとしてのスタートラインにすぎない。さらに，継続的に高度な研鑽を積むことが，職業人として要請されるのである。

「自由」に働く女性

「**マネジリアル・ウーマン**」になるためには，継承すべき事業が存在するか，起業するにはそれなりのモチベーションと原資がなくてはならない。そして，「**スペシャリストな女性**」になるためには，長期間におよぶ学習と訓練期間（おそらく10年単位）と，この期間の学費と生活を支える経済力が必要である。このような幸運に恵まれない場合，「組織のなかの女性」から職業上のキャリアをスタートさせることになる。

しかし，日本企業でフォーマルな職場で働くことと，家事・育児・介護を継続的に両立させることは，困難である。なぜならば，日本企業が正社員に期待する高度な**コミットメント**（関与）や恒常的な長時間労働は，そもそもそのように働くことができるように，家事・育児・介護を代替する存在があってこそ，可能となる。配偶者の男性が会社員であるならば，女性はそのサポーターになることが期待されているのに，女性自身もそのようなサポーターを必要とする職についているとすれば，第3者のサポーターがいないかぎり，生活は成立しない。

そこで，女性がひとりで家事・育児・介護を担おうとすれば，労働市場から撤退するか，両立できるように労働条件について選択が許容される働き方を選択せざるをえない。そこで，派遣労働やパートタイム労働に従事することになる。しかし，このことは，単に「**短時間労働**」や「**職場を選択する自由**」だけを意味するのであろうか。

4　パートタイム労働の問題点

　「パートタイム労働者」(以下,「パート」と記する) について, 労働法上は他の労働者と特に異なる規定はない。しかし, パートで働く人びとにインタビューをしてみると,「私はパートだから……」と枕詞のつく発言が繰り返される。たとえば,「パートなので, 有給休暇なんて私には関係ない。当然, とったことはない」という発言が一般的である。しかし, 労働法上, 有給休暇は権利として, パートにも認められている。

　パートの人びとが法律について無知であるからというのは簡単である。しかし, このようなパートの女性たちは, 家事や育児・介護との両立をのぞむ場合, 少しでも自宅の近くで仕事先を得ようとする。しかもこの条件を優先した場合, 得られる職場は, 必ずしも雇用の保障があるとは限らない。その地域社会の内で, たとえ合法であっても,「権利意識が強く, 使いづらい」や,「計算高い」などの評判がたつことを, 次の求職活動と家族のために恐れている。その結果, この法律を知っていてもいなくても,「有給休暇を申請しない」という行動自体は変わらないのである。

　スペシャリストな女性もパートという勤務の形態を取ることがある。家事や育児・介護の負担が重い一時期を, 仕事量を削減し, 職業上の経験を中断しないための策としてであったり, さらにはスキル・アップのための研究や学習の時間を得るためであることもある。しかし, このパターンは「パート」という就業の形態こそ同じであっても, 専門性や業務内容, 労働条件など, 状況がまったく異なっていることは明白であろう。パートで働く人びとは実に多様であり, 一律に論じることは無謀である。

パート労働の問題点

　そこで，以下では「自由に働く女性」について論じたい。企業側が労働者をパートで雇う理由の一番目は「人件費が安くてすむ」からである。そして，その後「業務の内容がパートで充分だから」と続く。この点からパートの待遇についての問題点が指摘される一方で，人件費圧縮の方策としてパート雇用は増加している。企業側には，パートを雇用する際に，問題はないのであろうか。

　実際にはパートの**勤続年数**は，6年以上ある。その上，残業さえも引き受けることがあり，その結果，労働時間も決して短いとは限らない。その意味では「パート」（短時間労働）ではない。では，パートは他の従業員と一体なにがちがうのだろうか。

　第1には，家事・育児，介護などが，会社での業務遂行よりも優先される確率が高いことを労使双方が認識している点である。たとえ勤続年数は長期化してもそれは偶然，その時期は家事・育児，介護との両立が成立していたにすぎず，将来もそれが継続する保証にはならない。したがって，パートに「**企業内教育**」を行っても，その投資を回収できる確証がない以上，投資は最小限にとどめられる。

　第2に，その結果として企業内教育の内容は，直面する業務遂行に必要な部分だけに限定される。勤続年数が長くなれば，業務のその「部分」については，熟知できるのだが，他部門の業務についてはわからないままである。

　第3に，パートが直面する仕事を遂行するための最低限の「**作業上の手続き**」だけを習得させることが目的なので，遂行している業務の会社全体のなかでの位置づけや，理論的な根拠，また法律的な意味までは教育されない。

　もちろん，従業員自身で，その業務のバックグラウンドや関連部門ま

で学習することが否定されているわけではない。しかし，かならずしも，短時間とはいえない日常の業務と，家事・育児，介護を負担したうえであるならば，これを個人に期待するのは，酷であろう。

インタビューで「現場を支えているのは，われわれパートなのに，経営側はパートの声を聞こうとしない」という意見がよく出される。しかし，このような処遇のもとでの経験に基づく意見は，確かに業務のその「部分」においては妥当であっても，特化していることが多い。そこで，業務全体を管理する経営側には，パートの人びとが期待するほど早急には，受け入れられない状況がある。

だが，当該企業において，担当業務を遂行する以上の企業内教育が行なわれていないのなら，働く人びとは限定された「部分」に特化し，全体の業務構造は知りえていないために，このことが理解されるかどうかは，当該企業外での経験や学習によることとなり，可能かどうかは不明である。そして，これを個人的な対立や管理者の資質の問題として理解してしまうならば，**人間関係の維持**がむずかしくなるのは当然である。

また，「手続き」だけを習得し，その後，これについての経験を有してきているので，この経験の幅を超えた大きな不測の事態やシステムの変化に対応できないことになる。権限も与えられておらず，周辺的な情報をもっていないならば，「応用」を効かせることもできない。日頃，限定された業務のなかで熟練を発揮していたとしても，このような場合には，「（パートなので）わかりません」というしかない，**未熟練労働者**の地位にとどまることになる。

このような，パートとしては当然の，むしろ良心的な言動は，顧客や，ともに問題解決に試行錯誤している他の社員にとっては負担となり，職場の一体感や信頼感を損なう。そして，このことは，パート自身の「パートだから」という疎外感の形成へとつながっていく。

現代のように，変化のはげしい時代には，この問題はしばしば発生す

る。そこで企業は**熟練の程度**よりも，家事・育児，介護の負担がより少ない人材を採用したいと考える。したがって年齢や家庭の事情によって，**求職の難易度**がかわる働き方でもある。

最近のトレンド

　不況が長期化するなかで，より流動的な雇用と人件費の圧縮は，他のコストの圧縮と同じように重要な課題となっている。そこで，さまざまな人事施策の再検討がなされるなかで，パートに関しても，その評価が変化してきている。

　これまでは，主に，高度な専門性や熟練を必ずしも必要としない作業を担う安価な労働力として，企業はパートを認識してきた。しかしながら，現実には勤続年数は長期化し，**固定的な労働力**となっており，限定的とはいえ熟練が形成されているのである。それならば，これを有効な方向に育成し活用しようという方策が考案されつつある。

　以下には，事例を紹介したい。これは，大手スーパー・ダイエーが2003年3月から導入した人事制度である。従来は，採用時の雇用区分によって従事する業務の範囲が限定されていて，パートとして採用された場合には，業務は単純定型的なものに限定され，正社員の業務にはたずさわれないなどの制約があった。

　新人事制度は，このような採用時の雇用区分ではなく，「できる人・やりたい人」を登用するシステムをめざしている。といっても，パートの大半は家事・育児，介護との両立をのぞむ人びとであることはかわらないので，単純にパートの処遇を正社員化することでは，有能なパートの人材を活用することはできないことは明白である。

　そこで，**勤務形態**（勤務時間帯）と**異動範囲**（勤務地）の2つの切り口を軸にして4つの「契約区分」を設定し，従業員はこのうちのどれかひとつを選択する。そして，この「契約区分」は，働き方の変化によっ

て変更することも可能である。

　従来の正社員に相当するのは、フルタイムで、転居をともなう異動もひきうける「**ゼネラルキャップ**」である。これは、定年制でサラリー年俸制である。転居をともなう異動は引き受けないが、フルタイム（シフト勤務を含む）で働く場合には「**キャリアキャップ**」に分類される。1年の有期契約制で、日給月給制で支払われ、シフトの組み方によって柔軟な勤務体制が可能である。能力に応じて課長まで登用される。正社員の退職金の退職金相当額は、賞与に上積みされて前払いされる。

　従来のパートのイメージに近いのは、パートタイム勤務で転居をともなう異動を引き受けない「**アクティブキャップ**」であろう。1年以内の有期契約制で時給制で支払われる。しかし、能力が同等であれば、賃金水準は正社員と同等になるし、課長まで登用される可能性がある。また労働組合への組織化も検討されている。

　さらに、「**プロフェッショナルキャップ**」として専門職（薬剤師等）や店長など特定の職務に応じてスカウトした人材には、1年の有期契約で市場相当額の賃金が支払われるという、契約区分もある。

　配置（業務内容）についても、公募を行ない、仕事と本人の適性を重視して登用されるが、これは契約区分とは直接の関連をもたない。働く人びとが、主体的に仕事にかかわるための方策である。アセスメントとして、能力面を判断して必要に応じた職位抜擢が、全従業員を対象に行なわれることもある。

　このシステムが従来のものともっとも異なる点は、契約区分の変更が可能となっている**柔軟性**にある。これによって、アクティブキャップやキャリアキャップからゼネラルキャップに変更すれば、制度上はさらに上位職への昇進も可能になる。このシステムのもつ柔軟性は、家事・育児、介護との両立を図るうえでの選択肢となる可能性がある。

　しかし、この柔軟性が現実にいかに活用されるかという問題は、残さ

れている。能力という語が用いられているが，この測定は，だれがなにをもって行なうのであろうか。このシステムが整然と運用されるためには，**職務分析**が明確に行なわれている必要があるだろう。

そして，この柔軟性は，同時に「パート」の選別・個別化を意味している。「(パートなので) わかりません」と答えることに気楽さを感じており，だからこそ，家事・育児，介護との両立が可能であった人びとがいた。その一方で，後ろめたさや悔しさを感じていた人びともおり，このシステムの下では，これが，職位・職域・賃金の差につながっていくことになる。このことが，パート間での競争をうむ側面も否めない。経営側には望ましいことかもしれないが，家事・育児，介護の負担が大きい時期に，職場での負担が増大することは，パートであっても退職せざるをえない要因となるだろう。

5 これからの展望

本章は，家事・育児，介護と日本企業で働く場合に要求されるコミットメントや長時間労働とどう両立するのかという問題に対する方法を考察してきた。そして，そのもっとも一般的なパート労働に着目してきた。今後もパートやフリーターをいかに戦力化するかは，企業の人事施策の課題となろう。

しかし，一方で勤続年数の長期化にともなって，フォーマルな職場においても重要な意思決定に参加したり，経営管理的な業務にたずさわる女性達が着実に増加している。また，インフォーマルな職場でも，たとえば農家や農園経営では，財務管理はもちろんのこと，女性が重要な意思決定を行ない，リーダーシップを発揮しているケースは少なくない。さらに，経営の多角化や，**ベンチャービジネス**の立ち上げにも挑戦している女性も登場している。

1990年代には，特別な女性たちが活躍することで，女性の社会進出が話題になり論じられた。新しい世紀には，**ビジネス**は，普通の女性が日常的に活躍する場となりつつある。だからこそ，企業といかにかかわるのかという問題は，個人の**ライフ**（人生・生活）にとって重要なのである。

　現在，そして将来，家事・育児，介護は，必ずしも女性だけが担うものとは限らない。また，これらは単に負担であるだけでなく，人生の豊かさという側面もある。さらに，企業で働くこととの両立に困難をおぼえる原因は，家事・育児，介護だけではない。性別のいかんにかかわらず，職場や仕事ではないことに価値をおいたり，時間を費やしたいと考える人びとにとっても，これは課題となっている。そこで近年，欧米では女性の問題としてだけではなく，「生活と仕事のバランス」の問題として論じられるようになってきた。

　昨今の**雇用リストラ**は，企業内に残った人びとに，以前にもまして長時間労働をもたらしている。厳しい就職活動を切り抜けて入社した若い人びとも，その例外ではいられない。若い人たちの就職内定率の低さと離職率の高さは，問題となっている。このような人びとは「とりあえず，フリーターでもいい」と答える。決して「働く気がない・（どんな職場であっても）働きたくない」とは答えていないのである。

　女性が，家事・育児，介護を担ってる場合には「パート」という言い方をするが，男性や，女性でも家事・育児，介護を担っていない場合には「フリーター」という言い方をすることが慣行になっている。しかし，これまでの企業側のこのような労働者の位置づけは，どちらも同じことであった。要するに，「熟練を必要としない業務を担当する安価な労働者」にすぎない。

　未熟練労働者が大量に放置されることは，国家の経済的なパワーについて考えるとき，けっして望ましいことではない。特定の企業にコミッ

トメントすることはできなくても，企業に貢献できる人材もまた，有効な「人財」なのである。

　また，高学歴化や勤続年数の長期化によって，パートという雇用の形態を選択することがあったとしても，その人材が未熟練労働者とは限らない。

　多様な働き方を企業の競争力として活用することと同時に，魅力ある業務・職場の提供が，現在，企業の人事施策として求められている。

《参考文献》

　　大沢真知子『新しい家族のための経済学―変わりゆく企業社会のなかの女性』中公新書，1998年
　　小笠原祐子『OLたちの〈レジスタンス〉サラリーマンとOLのパワーゲーム』中公新書，1998年
　　玄田有史『仕事のなかの曖昧な不安―揺れる若者の現在』中央公論新社，2001年
　　熊沢　誠『女性労働と企業社会』岩波新書，2000年
　　齊藤毅憲編『女性のための経営学』中央経済社，1993年
　　新谷尚紀『お金の不思議―貨幣の歴史学』山川出版社，1998年
　　中田正則「ダイエー　契約区分社員制度『CAP』」産業総合研究所『労働事情』No.1013，2002年
　　二神恭一編『戦略的人材開発―コンティンジェント雇用システム』中央経済社，1998年
　　矢島正見編『変わる若者と職業世界―トランジッションの社会学』学文社，2001年
　　内閣府編『男女共同参画白書』平成13年度版
　　総務庁青少年対策本部編『青少年白書　青少年の現状と対策』平成元年度版
　　内閣府編『青少年白書　青少年の現状と対策』平成14年度版

《いっそう学習（や研究）をすすめるために》

大沢真知子『新しい家族のための経済学』中公新書　1998年
　学卒後，男性が正社員として雇用されれば，その家族の最低限の生活は保障された時代は，すでに過去のものである。いかにして自分の生活の経済的な側面をマネジメントしていくかは，性差や世代の差をこえて普遍的な課題である。

《レビュー・アンド・トライ・クエスチョンズ》

① 女性と企業のかかわりあいについて，本文を読んでまとめてください。
② あなたの身近にいる，働く女性を分析してみてください。
③ パートとフリーターについて，あなたの考え方を明らかにしてください。

第 13 章

環境経営論

本章のねらい

　地球環境問題は，企業の社会的責任という段階から，企業の存在を左右する問題へと移行している。この事態に対応する環境経営は，あらゆる環境責任主体との連携による相互協力と未来世代への配慮によって「自然と人間の共生」をめざす経営的な試みである。本章を学習すると，以下のことが理解できるようになる。

① 地球環境問題は，企業の存在意味にかかわること
② 地球環境の保全への企業の取り組みと環境経営の生成と変化の実際
③ 企業に加え地域社会やＮＰＯとの協力が必要であること
④ 環境問題は，経営理念を含め，経営のあり方への問い直しであること

地球的視点から，自然と人間の**共生**を可能にする社会経済の形成が推進されている。企業も地球環境問題に主体的に取り組むことが不可欠となっている。

　こうした企業の取り組みは，製品・サービスの生産や消費から生じる**産業廃棄物や一般廃棄物の処理問題**にとどまらず，経営のあり方や経営戦略，さらに経営組織にまでおよんでいる。

　さらに，地球環境の保全が企業の経済的な成果とはあいいれない関係であり，いわゆる"エコロジー（環境）とエコノミー（経済）との間に抜き去りがたい**トレードオフ関係**"が成り立つとの認識は，地球環境問題への取り組みや規制の整備が進展するにしたがって，改められるようになっている。

　つまり，地球環境の保全は，企業活動の前提と同時に新たな革新の機会として理解されつつある。したがって，地球環境問題へ取り組む企業の経営姿勢の違いが，将来の企業存立を左右するようになっている。

　そこでは，地球環境問題への対応が企業の経営戦略，事業戦略のなかで徐々に具体化されるような経営が必要とされている。それは**環境経営**（environmental management, ecological management）といわれる。

1　環境経営の基本的性格

エコロジーとエコノミーの関係

　人間生活に必要な財貨・サービスは，生産されなければならない。地球環境は，生産活動に資源を提供し，生産活動や消費活動から生じる廃棄物などを受け入れて循環サイクルを形成してきた。しかし，生産活動やそれに対応する消費活動の規模と影響力が，地球環境への十分な配慮を欠きながら大幅に拡大したために，地球環境は，いちじるしく劣化し，

地球規模での問題となった。

また，しばしば企業は，地球環境の保全を企業の生産活動に付随して発生する現象としてとらえ，したがってその処置や対応にともなう経済的な負担（損失）からとらえてきた。このような視点では，環境保全の推進は，経済的な行為とはあいいれない関係であり，エコノミーとエコロジーの間に存在する緊張関係を反映したものであると考えられている。

環境経営の意味

これに対して，**ポーターとリンデ**（Porter, M. E. & C. van der Linde）は，「成功を収める環境主義者や規制官庁，企業は，エコロジーとエコノミーとの古いトレードオフ関係を拒否し，環境，資源の生産性，イノベーション，そして競争力をリンクさせる経済理論を築きあげるだろう」と指摘している。

そこでは，欧米先進企業の地球環境の保全への取り組み事例が取りあげられ，つぎのような見解が示されている。

① 資源の生産性を高めることが21世紀の競争力の源泉となる。
② イノベーションが資源の生産性を向上させる。
③ エコロジーとエコノミーのトレードオフ関係を解消せよ。
④ 資源の生産性を高めるプロジェクトは，これからスタートする。
⑤ 「市場原理がイノベーションを生みだす」というのは，もはや過去の法則である。
⑥ 企業内に棲みついた「固定的な思考様式」が機会コストを生みだしている。
⑦ 規制のすべてが悪ではないが，企業を萎縮させるたぐいのものも存在している。
⑧ 環境改善は実は，経済的にも競争的にも大きなチャンスなのである。

⑨　企業の無知が，環境改善への取り組みをネガティブにさせている。

そこには，環境汚染は**経済的浪費**の一形態であり，資源の非効率的使用であるとの基本的な理解がある。そして，地球環境の保全への要請（**環境規制**）に対応した革新を志向する企業は，資源の生産性を向上させ，競争力を高めることになるという。

地球環境に配慮した経営という意味での環境経営は，環境への負荷は経済的浪費であると同時に，資源の非効率であるという視点から，経済的な行為と環境保全への要請との緊張関係を克服する可能性や手立てを検討することになる。

2　環境経営の諸類型

ここでは，環境経営について，その意味と内容について整理したい。

アルバッハの環境経営

アルバッハ（Albach, H.）は，環境経営において人間の行為によって破壊し，放置した環境を修復し，保全し，そして改善が図られなくてはならないと主張する。とくに，環境経営は，政府や利害関係者からの地球環境の保全への要求に対する防御戦略ではなく，むしろ創造的な課題であるとする。

そして，環境経営の課題内容と担当する経営者の視点から，「環境経営」を**環境取締官**としての環境経営者（Umweltmanager als Umweltpolizist），**危機管理者**としての環境経営者（Umweltmanager als Risikomanager），**システム革新者**としての環境経営者（Umweltmanager als Systeminnovator），の3つに分類している。

まず，環境取締官としての環境経営者は，環境保全に関する法律的な規則の厳守を監視し，企業の経営者に忠告することが役割である。つい

で，危機管理者としては，企業によって製造され，そして投入される製品や生産過程から生じる環境負荷にかかわる経営的な危機を認識し，評価し，そして克服しなければならない。そして，システム革新者としての環境経営者は，環境保全を企業の競争力を脅かすというよりも，国際的な競争力を強化する機会とみる。このような機会により，地球環境の保全への取り組みは製品や生産過程における革新を生みだし，それによって市場占有率が高まるということである。

また，環境経営者は，将来，環境規則の強化に対する企業の経営的利害の代弁者（公衆関係担当者）だけではなく，地球環境の保全が提供する市場機会を認知する際の助言者ともなる。このように，環境経営は，経営者の視点から，単なる環境取締官ではなく，危機管理者とシステム革新者という2つの役割をもって特質づけられる。そして，企業全体の戦略的な視点にもとづく環境経営が将来的にめざされることになる。

シェルトンの環境経営

シェルトン（Shelton, R. D.）の環境経営は，地球環境の保全と事業の成功を両立させる視点から，**規制対応型環境経営**（reactive environment management），**先取型環境経営**（proactive environment management）そして**相互協力型環境経営**（interactive environment management）に分類される。

まず，規制対応型環境経営では，地球環境の保全のための規制に対して受動的に対応する。つまり，企業の経営者は主体的な役割や指導力を果たさず消極的経営にとどまる。規制対応型環境経営は，もっぱら応諾的な気質にもとづくパイプ末端部の解決策からなっている。さらに，規制対応型環境経営では，企業の収益性を低くするような法的規制を少なくするように抵抗する。このように，規制対応型環境経営は，地球環境の保全が企業の経済的な成果とはあいいれない関係にあることを前提に

図表13－1　競争的気質

付加価値
・技　術
・組　織
・戦　略

収益性

より高い価値

より低い価値

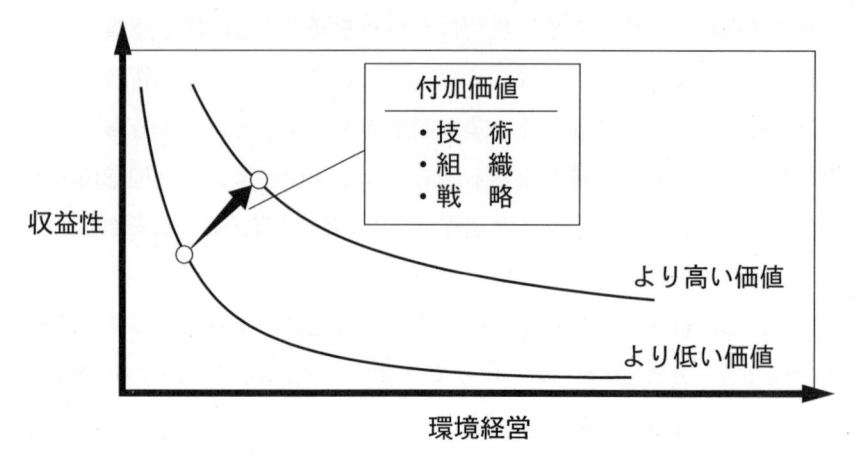

環境経営

出所）Robert D. Shelton, "The Greening of American Industry," Michael D. Rogers(ed.), *Business and Environment*, Macmillan Press Ltd and St. Martin's Press, Inc.,1995, p.10.

している。

ついで，先取型環境経営では，企業の収益性と環境経営とのトレードオフ関係を，図表13－1のように，より低い価値からより高い価値へと変化させようとする。そして，このような付加的な価値は，新しい技術，組織そして戦略への取り組みによってなされる。その結果として，操業費用の低減，市場占有率の上昇，規制担当機関への影響力の改善，市場変化へのすばやい対応，より有利な資本調達，長期的な負担の軽減，消費者との信頼を高めること，などの競争的な優位性が生みだされる。

しかし，事業環境が厳しい場合，とくに企業規模の縮小，事業再構築や人員削減などの合理化が企業の存続を左右する場合には，先取型環境経営を推進するためのスタッフや資金が削減されるという事態を招くことがある。このような状況に対する代替的な推進策が相互協力型環境経営である。

この相互協力型環境経営は，先取型環境経営を継承している。しかし，従来の環境経営が規制担当機関とその監督官を主な**利害関係者**とするの

に対して，投資家，消費者，環境保護活動家，株主，事業所のある地域社会，従業員などを加えたものに拡張される。

さらに，相互協力型環境経営は，企業が多様な他企業を含む外部組織との関係をつくりあげることによって推進される。たとえば，企業と地域政府とが，ともに地域の経済的な発展を考慮しながら環境経営に取り組むことがある。また，企業間の環境保全ネットワークを通して，環境経営の技法を共有する。さらに，新たに設立された地球環境の保全にかかわる企業を初期段階で支援する**環境保全型インキュベーター**の設立とそこへの既存企業の支援参加もある。

このような相互協力型環境経営では，環境経営の技法を広く視野に入れ，費用対効果の点で有効な解決策へ経営資源を統合する。そして，利害関係者との効果的なコミュニケーションを行なえる組織の開発がめざされることになる。

環境庁が重視する環境経営

わが国の環境庁は，『平成11年度環境白書』において，企業が地球環境の保全への取り組みを内部化していく動きを重視している。そして，製品やサービスも含めて地球環境問題への対応を企業の経営戦略，事業戦略のなかで徐々に具体化する試みを環境経営として位置づけている。

このような試みは，地球環境の保全に取り組む企業の経営姿勢から4つの類型に整理されている。つまり，タイプ1：**規制対応型**，タイプ2：**予防対応型**，タイプ3：**機会追及型**，タイプ4：**持続発展型**が，これである。

ここでの規制対応型とは，地球環境の保全に関する政府の規制や社会の要請に追随するかたちで対策を講じていくというものである。これは，シェルトンの規制対応型環境経営に対応している。

ついで，予防対応型では，地球環境の保全の要請を先取りして，予防

的に対策を講じていく。これは，環境対策を事業活動の危機対応として認識する取り組みであり，アルバッハのいう危機管理者としての環境経営者に相応する類型である。この予防対応型環境経営は，シェルトンの先取型環境経営にも近いが，環境保全を競争的な優位性を獲得するための機会とはしていない。

これに対して，機会追求型は，地球環境の保全を事業戦略に取り入れ，ビジネスチャンスととらえている。これは，アルバッハのシステム革新者としての環境経営者，そしてシェルトンの先取型環境経営に相応する類型である。

さて，持続発展型は，地球環境の保全を社会的責任と考え，持続可能な企業経営の重要な要素と位置づけている。また，事業活動の持続可能性の観点から他の主体との連携を図ったり，製品の転換，業態の変更などを行なう場合もあるとされる。

この持続発展型には，他の主体との連携を図るという視点が含まれているから，シェルトンの相互協力型環境経営に対応する。その後の展開では，「持続発展」より「**持続可能な発展**」という表現が用いられており，地球環境との共生を重視した姿勢になっている。

これまでの産業活動の歴史からみると，規制対応型から持続発展型の環境経営へ向かう時系列的な進化を経るものが多く，近年はそれが並列的に現れるという傾向がうかがえる。持続発展型環境経営は，環境経営の進むべき方向性を示すといえる。

以上の環境経営に関する諸見解では，地球環境の保全に役立つ革新的な取り組みによって，資源の生産性を向上させ，競争的な優位性を高める面が強調されている。このような環境経営は，アルバッハのシステム革新者としての環境経営者，シェルトンの先取型環境経営，そして環境庁の機会追求型環境経営に共通してみられるところである。

しかし，環境経営といえども，より効率的な取り組みが求められてい

る。この意味で，ここでは相互協力型や持続的発展型の環境経営における企業と他の環境保全に対する社会的責任主体との連携は，地球環境の保全に役立つ革新的な取り組みの効率性を高める可能性をもたらす。

3 環境経営と環境ビジネス

環境ビジネスの意味

地球環境の保全は，費用削減効果だけでなく，これに関連する技術開発と革新によって，**環境ビジネス創出**の可能性を生みだすと考えられる。ここで，環境ビジネスとは，政府の**産業技術会議**のいう「環境への負荷の軽減に資する商品・サービスを提供したり，さまざまな社会経済活動を環境保全のもとに変革させうるうえで役立つ技術やシステムなどを提供するようなビジネスを中心とする幅広い概念であり，あらゆる産業分野にまたがる横断的な商品・サービスを提供する産業分野」である。

このような幅広い概念としての環境ビジネスは，先取型，システム革新型そして機会追求型環境経営の取り組みによって生みだされることであろう。したがって，地球環境の保全にとって環境ビジネスを展開することは，地球環境に配慮した産業構造の変革や企業活動における環境配慮の高度化につながる。

しかし，環境ビジネスの展開には，**環境汚染の防止**，**法規則の導守**などの費用がまずかかるが，本来やるべきことを実施し，そのうえにたって環境ビジネスの展開，地域社会への貢献などがはじめて可能になる。環境ブームに表面的に乗じるだけの企業は，いずれ大きな危機にさらされるであろう。いうまでもなく，環境ビジネスは，図表13－2のような地球環境の保全に貢献する新しい技術やシステムなどを提供するという意味で，環境経営の推進に不可欠な事業活動である。

図表13-2　21世紀の発展とビジネスチャンス

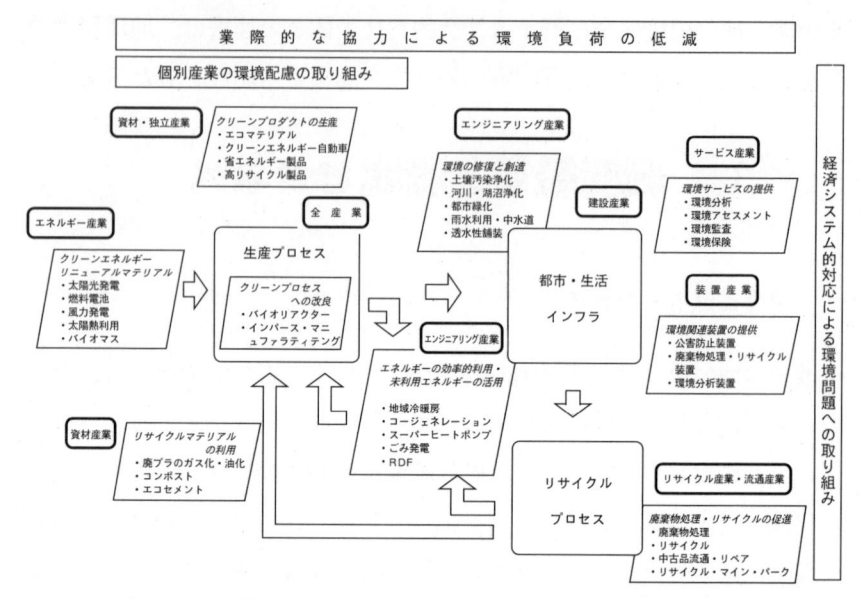

業際的な協力による環境負荷の低減

個別産業の環境配慮の取り組み

資材・独立産業
クリーンプロダクトの生産
・エコマテリアル
・クリーンエネルギー自動車
・省エネルギー製品
・高リサイクル製品

エンジニアリング産業
環境の修復と創造
・土壌汚染浄化
・河川・湖沼浄化
・都市緑化
・雨水利用・中水道
・透水性舗装

サービス産業
環境サービスの提供
・環境分析
・環境アセスメント
・環境監査
・環境保険

エネルギー産業
クリーンエネルギー
リニューアルマテリアル
・太陽光発電
・燃料電池
・風力発電
・太陽熱利用
・バイオマス

全産業
生産プロセス
クリーンプロセスへの改良
・バイオリアクター
・インバース・マニュファクチャリング

エンジニアリング産業
エネルギーの効率的利用・未利用エネルギーの活用
・地域冷暖房
・コージェネレーション
・スーパーヒートポンプ
・ごみ発電
・RDF

建設産業
都市・生活インフラ

装置産業
環境関連装置の提供
・公害防止装置
・廃棄物処理・リサイクル装置
・環境分析装置

資材産業
リサイクルマテリアルの利用
・廃プラのガス化・油化
・コンポスト
・エコセメント

リサイクルプロセス

リサイクル産業・流通産業
・廃棄物処理・リサイクルの促進
・廃棄物処理
・リサイクル
・中古品流通・リペア
・リサイクル・マイン・パーク

経済システム的対応による環境問題への取り組み

出所）高橋真一「今後の環境産業関連施策」通商政策研究会編『月刊　貿易と産業』Vol.37, No.12, 通産政策広報社, 1996年12月, p.42

環境ビジネスへの期待

　また，環境ビジネスは，いまだ市場が確立されていないため，リスクある新規事業という意味でベンチャーという性格をもっている。このことから，単に多角化のひとつとして，また中小企業の新分野への取り組みといった視点だけでなく，環境保全の事業性や技術の流れを積極的，革新的にとらえて，事業化する**ベンチャー企業**の登場が期待される。

　同時に，環境ビジネスは，新しい事業に取り組むという企業家的な性格だけでなく，高い環境保全意識が必要である。そこでは，地球環境問題の特性から，地球的な規模の取り組みを視野にいれながらも，地域性にも配慮するといった広角的な事業理解が不可欠である。

　このような**環境保全意識**の高揚は，環境ビジネスを展開する企業それ

自体の環境保全への取り組みが基礎になっている。したがって，環境ビジネスは，このような意味で企業それ自体の環境経営における深化をともなって展開されることになる。

環境ビジネスは，先取型，システム革新型そして機会対応型環境経営の重要な課題であり，それは規制対応型環境経営を乗り越えることが必要であろう。そうでなければ，環境ビジネスの創出そのものが地球環境の保全に十分な配慮をしていない場合，新たな**環境負荷**を生みだす可能性があるからである。このことは，産業廃棄物や環境機器製造などで生じている問題からも知ることができる。

4 環境経営とパートナーシップ

環境問題の多くは，これまでの企業対応の延長線上では解決されない，広域で未知の革新が求められることも多く，個別企業の単独的な努力では解決されない課題も少なくない。ここでは，環境経営の活動領域を企業内部だけでなく企業外部へと拡大し，他主体との相互協力を重視した持続発展型と相互協力型の環境経営に着目しながら，環境経営と**パートナーシップ**について考察したい。

循環型社会の企業

相互協力型の環境経営では，具体的には，労働組合や環境規制機関（監督機関を含む）だけでなく，投資家，消費者，競争企業，環境保護団体，地域社会などの多様な外部主体との協力関係を形成することによって，環境経営が推進される。このような相互協力にもとづく環境経営は，企業の対応だけでなく，経済社会そのものの地球環境問題への対応によって影響される。

とくに，わが国では，**循環型社会形成推進基本法**（平成12年法律110号）

図表13-3 製品のライフサイクルに沿った環境保全計画のパートナー

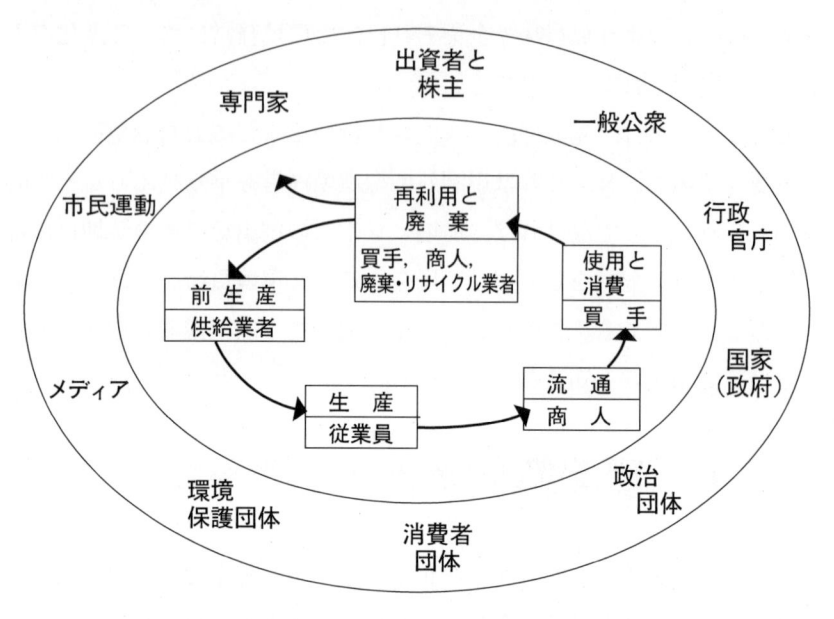

(外側の楕円)
専門家／出資者と株主／一般公衆／行政官庁／国家（政府）／政治団体／消費者団体／環境保護団体／メディア／市民運動

(内側の循環図)
- 前生産／供給業者
- 生産／従業員
- 流通／商人
- 使用と消費／買手
- 再利用と廃棄／買手，商人，廃棄・リサイクル業者

出所) Hansen, U., "Implikationen von Responsible Care für die Betriebswirtschaftslehre," In: Steinman, H. & Wagner, G. R. (Hrsg.), *Umwelt und Wirtschaftsethik*, Stuttgart. S. 133.

において，社会経済活動の地球環境問題への取り組みを「循環型社会」の形成として方向づけたのである。ここでは，企業の**環境責任の拡大**と**環境責任主体の拡大**という方向づけに着目する。

① 企業の環境責任の拡大

循環型社会は，単なるリサイクル型社会にとどまらず，廃棄物などの発生抑制，使用ずみ製品・部品などの再使用を含む物質循環確保が基本となっている。そこでは，「**大量生産→大量消費**」という従来型の生産システムにかわって，「**大量採取→（大量生産→大量消費）→大量廃棄**」という大量の採取と廃棄が「自然」環境に依存し，その許容する範囲内でしか存立しえないことが基盤となっている。したがって，図表13-3のように，生産活動の前段階である自然の資源採取と，生産の後段階である廃棄という企業外部の環境保全活動を組み込んだ新しい企業の環境

図表13-4　環境責任主体（循環型社会形成推進基本法の仕組み）

国	地方公共団体	事業者	国民
○基本的・総合的な施策の策定・実施	○循環資源の循環的な利用及び処分のための措置の実施 ○自然的社会的条件に応じた施策の策定・実施	○循環資源を自らの責任で適正に処分（排出者責任） ○製品，容器等の設計の工夫，引取り，循環的な利用等（拡大生産者責任）	○製品の長期使用 ○再生品の使用 ○分別回収への協力

出所）環境庁編『平成13年版　循環型社会白書』2001年，p.96

責任が問われるようになっている。

② 環境責任主体の拡大

循環型社会では，企業のみが，環境責任主体ではない。具体的には，図表13-4のように，企業の社会的責任に加えて，国，地方公共団体，そして国民の社会的責任（環境責任）にもとづいて形成されることになる。

このような循環型社会における環境経営においては，企業責任の拡大にともない，企業は外部の環境保全活動との結合が求められる。また，環境責任主体の拡大は，新しい外部主体との連携による効果的，効率的環境保全活動（相互協力型環境経営）の推進を意味している。

環境責任主体間の協力

企業の環境経営は，これまでの「パイプ・エンド型環境対応」にとどまらない。廃棄物の発生抑制を第一順位とする物質循環確保が基本である循環型社会では，原材料・部品の供給企業など，他企業との相互協力が求められる。

他企業との環境対応連鎖が、他企業の廃棄物を自社の資源投入として利用する点にみられる。たとえば、**アサヒビール**の試みとして、生産過程で排出される麦芽カスを牛の飼料に、発酵過程で発生する余剰酵母を薬用に、廃プラスチックを固形燃料に、ビールカスなどの焼却灰をセメントの副原料に利用している。このように、パイプ・エンド型環境対応を生産資源投入での環境対応（**グリーン調達**）連鎖によって進化させることができる。

　さらに、企業と国や地方公共団体が相互協力関係を形成して、推進する「**エコタウン事業**」、「**家電リサイクルプラントの整備**」なども、環境責任主体間の相互協力関係といえるであろう。NPO（non-profit organization）やNGO（non-governmental organization）と相互協力して、環境保全活動を展開する企業もみられるようになっている。とくに、「NPOは、さまざまな国民のニーズに対して、行政や企業の行動原理とは異な

図表13-5　環境保全ネットワークのための環境責任主体間の相互協力関係

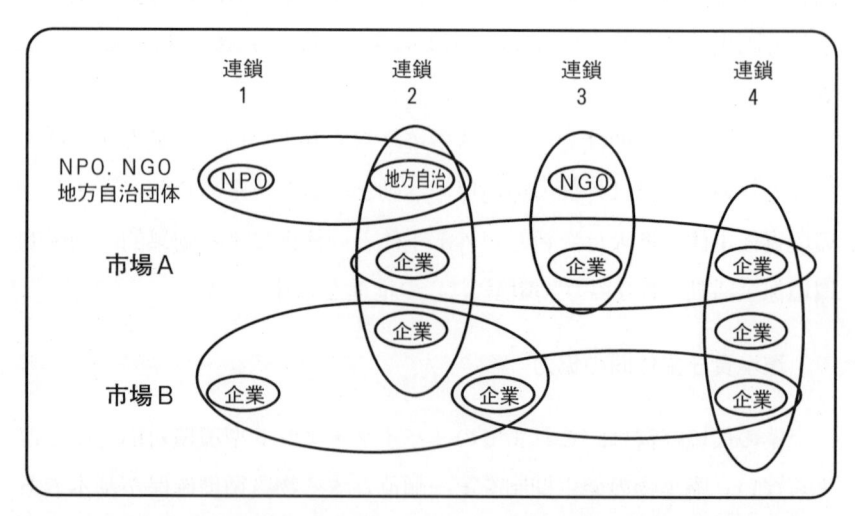

出所）Auliger, A., "Die Vielfalt der Moglichkeiten, Kooperation als Stategie ökologischer Unternehmenspolitik," In, *Ökologisches Wirtschaften* 2/1997, S. 14. を加筆，修正した。

る多元的な価値観により，サービスを提供することが可能である。さらに，NPOは，人間の心に関わる課題に対して，人間としての立場に立脚したきめ細かい関わりを持つことが可能である」とされる。

NPOと企業との地球環境保全にかかわる「協力関係」も形成されるようになってきた。たとえば，「定期的な意見交換会を開き，企業の**環境報告書**作成の参考にする」（NEC），「沼地の浄化活動を共同で展開する」（リコー）などがみられる。

企業間（同業種，異業種），企業と地域社会，企業と市民活動団体など，実に多様な環境責任主体間に相互協力関係が形成されている。たとえば，図表13－5のような協力関係が考えられるであろう。とりわけ，企業とは異なる行動原理と特徴をもつNPOやNGOなどの環境保全組織との相互協力関係の形成は，循環型社会の特徴となる。

環境経営と経営理念

循環型社会における地球環境問題の解決のためには，環境保全活動のネットワークが必要である。そして，この環境ネットワークの基礎は，環境対応連鎖にある。したがって，いかに現在の環境対応連鎖を拡大し，ネットワークへと展開するかが課題となる。同時に，多様な固有の価値である理念をもっている組織体や個人が環境対応連鎖を形成することになる。したがって，なによりも，それぞれの固有な価値，理念に地球環境保全という価値を組み込むこと，そして相互協力とコミュニケーションが不可欠である。

わが国企業における経営理念（企業の存在価値や企業の経営者が経営活動に対してもつ基本的な価値，態度，信念や行動基準）では，環境問題の重要性は必ずしも高いとはいえない。そして，**環境理念**という表現は，経営理念の下位概念として理解されることが多い。とりわけ，環境報告書では，環境理念，ついで**環境方針**という段階を経て実施計画が策定さ

れている。

　このような環境理念の考え方は，**環境マネジメント**（ISO14001）の体系に沿ったものであり，環境理念を独自の主体的な視点から検討する視点とは異なっている。この意味で，わが国企業の経営理念が環境価値連鎖にもとづく循環型社会の理念を組み込み，循環型社会の経営理念へと転換するという基本的考えが求められている。この基本なくしては，循環型社会における企業の存在価値が不明確となり，社会経済の「**自然と人間の共生**」という変化への対応能力を失うことになろう。

5 今後の展望

　地球環境問題への企業の取り組みは，社会貢献のひとつであるとの認識から，今後の企業業績を左右するもっとも重要な戦略のひとつとして考える段階へと進みつつある。

　さて，システム革新者としての環境経営者，先取型環境経営では，環境保全は企業にとって脅威ではなく，競争優位性を高めるための機会となっている。さらに，環境保全への取り組みには，費用削減の効果だけでなく，事業の環境化や新規事業の展開による企業活動そのものの環境化へ，と展開する可能性が期待されている。

　しかし，企業規模の縮小化や事業再構築などの合理化の進展によって，環境経営の進化は厳しい状況にある。このような環境経営の瀬戸際的な状況を克服する代替案として相互協力型環境経営が提示された。さらに，環境保全への責任主体は，企業に限定されない。つまり，消費者，自治体，従業員などさまざまな企業の利害関係者も，同時に環境保全への**責任主体**である。

　したがって，企業の環境保全は，これらの他の責任主体との連携によって取り組まれる構想が生まれることになる。企業の環境保全への経営的

な取り組み姿勢は，このような他の責任主体との適切な連携によって，相互に効率的なものとなることが考えられる。

さて，地球環境問題の特徴のひとつに，「**未来世代**」の問題がある。つまり，環境問題でもっとも重要な課題は，現状での最適化ではなく，「未来世代」が現在の生産活動によって，その生活環境を劣化させられるということである。さらに，この未来世代の意見や利害は，現存していないために，現世代の生産活動に直接反映されないのである。

したがって，環境経営は，このような「未来世代」の存在を考慮しながら，環境保全活動が現状の改善だけでなく，「未来世代」への影響という点からも思考され，実施されることが重要であろう。環境経営は，経営学の新たな展開可能性を内包しているとともに，経営学の新たな意義を問うことになる。

《参考文献》

吉沢正『対訳 ISO14001・14001 環境マネジメントシステム』日本規格協会，1996年

佐々木弘編著『環境調和型企業経営』文眞堂，1997年

Porter, M. E. & C. Van Der Linde, "Green and Competitive/Ending the Stalemate," *Harvard Business Review* (Sept－Oct) 1995.（矢内裕幸・上田亮子訳「環境主義がつくる21世紀の競争優位」『ダイヤモンドハーバード・ビジネス・レビュー』(Aug－Sept) ダイヤモンド社，1996年）

Horst Albach, "Umweltmanagement als Führungsaufgabe," *Zeitschrift für Betribswirtschaft* 64.Jg. 1994, S. 1572.

Robert D. Shelton, The Greening of Industry, Michael D. Rogers(edit.), *Business and Environment*, Macmillan Press Ltd. and St. Martin's Press Inc., 1995.

環境庁編『平成14年版 環境白書（総説）』2002年

政府関係資料『産業と地球環境―経済発展と環境保全の両立を目指して―，1995年版』産業技術会議，1995年

海老沢栄一「組織と環境の相互共鳴行動」組織学会『組織科学』Vol. 30, No. 1, 1996年

内閣府『国民生活審議会総合企画部最終報告, 第1部 わが国経済社会におけるNPOの役割と展望』2001年

大平浩二「経営哲学の経営原理」小椋康宏編『経営学原理』(第二版) 学文社, 2002年

岩井克人「未来世代への責任」『朝日新聞』(夕刊) 2001年8月3日号

《いっそう学習 (や研究) をすすめるために》

吉沢正『対訳ISO14001・14001環境マネジメントシステム』日本規格協会, 1996年

国際標準機構 (International Organization for Standardization) によって考案され, 採択された環境管理システム規格を翻訳したものである。現在では, 企業だけでなく, 地方自治体, 大学など広範な組織体の環境保全活動に導入されている。

佐々木弘編著『環境調和型企業経営』文眞堂, 1997年

地球環境問題への取組を理論的に採り上げるとともに, 具体的な環境経営への取組事例が検討されている。とくに, わが国企業の具体的な事例研究では, 多くの有益な実践的試みがみられ, 地球環境問題をより身近に理解することができる。

《レビュー・アンド・トライ・クエスチョンズ》

① なぜ, 企業にとって環境経営が必要とされているのでしょう。
② 環境ビジネスの具体的な事例を考えてみましょう。
③ 循環型社会とはどのような社会か考えてみましょう。

索引

あ行

ITプラットフォーム　218
アウトソーシング　10,105,255
アサヒビール　114,280
アステロイド（小惑星）・ビジネス　48
アドボカシー機能　197
アメリカン・スタンダード　84
アルダーファー，C.P.　149
アルバッハ，H.　270
アンゾフ，H.I.　25
安定株主　173
アントレプレヌール　109
暗黙知　107,204
維持戦略　52,58
イーストマン・コダック社　164
移動障壁　22
意図せざる逆機能　136
イノベーション　90,109,197,210
異文化インターフェイス管理　66
因果テクスチャー　133
インサイダー取引　164
イントラネット　107
ウェーバー，M.　158
ウッド，D.　156
エコタウン事業　280
SWOT分析　105
HRフィロソフィー　238
HRプロセス　238
NPOの機能　197
FPO（For Profit Organization，営利組織）　187
MR（医薬情報担当者）　213
M字型就労　254
エメリーとトリスト　133
エンゲージメント　233
エンパワーメント　103
エンロン事件やワールドコム事件　170
OEM　105
オースター，E.　128
オープン・システム観　3,73,82,126
オープンエントリー　229

か行

ガーハート　238
外部組織　138
学習する組織　31
価値連鎖　23

株主主権　175,177
環境規制　270
環境責任主体の拡大　278
環境取締官　270
環境ビジネス創出　275
環境報告書　281
環境保全型インキュベーター　273
環境理念　281
関係性マーケティング　105
監査委員会　169
監査役会　170
機関投資家　164
危機管理者　270
起業家型女性経営者　255
起業家社会　49,50
企業効率　177
企業再建　91
企業再生　94
企業市民論　155
企業と社会　154
企業の社会的対応性　155
企業犯罪　49
企業倫理　151,177
技術開発　167
規制対応型環境経営　271
キム，W.C.　232
キャロル，A.　154
QCサークル　209
QCD的経営　89
牛肉偽装事件　159
共進化　140
競争　20
競争業者の能力　25
協調的戦略　130
共同化　108
共同学習　138
クイン，J.B.　29
クーン，T.　114
クーンツ，H.　12
具象知　118
駆逐戦略　53,57
クリエイトの思想　10
クリステンセン　110
グリーン調達　280
グループウェア　107
グローバル・スタンダード（国際基準）　63
グローバル・ビレッジ　64
グローバル競争　6,67

285

経営実践（プラクティス）　13
経営能力　3
経営文化　44
迎撃戦略　52,58
経験知　204
形式知　107,204
言語知　204
顕在能力　229
現場・現物・現実の経験　208
コア・コンピタンス　104,203
公害問題　49,165
公共財・サービス　188
攻勢戦略　21
行動基準　159
行動連鎖　29
行動知　118
効率の論理　92
顧客　21,213
国際競争力　26
コーチング　212,233
コーポレート・ガバナンス　35,89
コーポレート・コントロール市場　169,177
ゴールデン・パラシュート現象　165
個人知　107
コスト・リーダーシップ　23
固定的な労働力　261
5-Pモデル　238
雇用リストラ　264
コラボレーション　105
コリンズ, J.C.　212
コンティンジェント・ワーカー　227
コンテンジェンシー理論　136
コンテンツ　234
コンピテンシー　235
コンプライアンス（法令遵守）　100,159

さ　行

サイモン, H.A.　113
サービス業　42
債権者主権　176,178
最高経営責任者　168
最高財務担当責任者　168
サイレント・パートナー　172
先取型環境経営　271
先取り戦略　21
サプライチェーン　105
差別化　23
産業空洞化　84
産業組織論　20
参入障壁　22
GM社　164
自活志向型中小企業　46
事業ポートフォリオ戦略　83
資源依存モデル　130

市場の限定的セグメント　19
市場経済システム　187
市場主義　62
市場の失敗　188
システム（systemizing）場　221
持続可能な発展　274
持続発展型　273
実践（exercising）場　221
指名委員会　169
社外取締役　169
シャドウワーク　252
従業員主権　178
集団戦略論　136
シューマン, R.A.Jr.　93
手工業的伝統　19
シュラー, R.S.　238
順応戦略　21
シュンペーター, J.A.　109
生涯価値　105
焦点組織　128,138
情報技術（IT）　5,62,103
情報共有　10
常務会　173
嘱託　227
職場を選択する自由　257
所有と経営の結合・一体化　43
自律的戦略　130
事例研究　15
新規一括採用　229
新興戦略　240
新事業開拓戦略　54,57
真正規範　156
新製品開発　209
人的資源管理活動　240
人的資源能力　241
垂直統合　24,236
スキル　232
スコット, W.R.　136
ステイクホルダー経営　153
ストック・オプション　170
ストレッチ　33
スミス&ホーケン　140
スモール・ビジネス　42,57
成果　192,235
正規雇用の従業員　226
制限された合理性　156
清算型（破産型）　95
生産性の論理　92,192
政治戦略　131
政府の失敗　189
説明責任　195
説明知　118
セブンス・ジェネレーション　140
潜在的参入者　21

潜在能力　229
潜入戦略　53
専門職　254
戦略インプリメンテーション　239
戦略グループ　22
戦略スタッフ　26
戦略的人的資源管理　236
戦略的提携　10
相互協力型環境経営　271
創出（originating）場　220
組織　29,191
組織間学習　137
組織間関係　126
組織間信頼　137
組織間ネットワーク　128
組織知　107
組織的学習　31
組織的知識創造理論　31,215
組織パラダイム　116

た　行

代替品業者　21
大量の不良債権　167
大量廃棄　278
大量浪費社会化　49
対話（dialoguing）場　220
ダウンサイジング（企業のスリム化）　102
多角化　24
竹内弘高　31,106,108
多国籍企業　65
タスク・デザイン　242
タスク環境　24
タックス・ヘイブン　66
奪取戦略　54
多品種少量生産　19
短期的キャピタル・ゲイン　35
知識資産　207,209
知識創造論　11
知識変換のスパイラル(SECI)　211
知識　10,232
チャイルド，J.　138
チャンドラー，Jr.A.D.　27
抽象知　118
ディ・ジョージ，R.T.　146
テイラー，F.W.　43
敵対的買収　164
テクノロジー・プラットフォーム　223
デフレスパイラル　100
デュルケム，E.　126
同型化　127
統合的社会契約論　156
道徳的自由空間　156
独占委員会　175
土光敏夫　158

ドナルドソン，T.　154
トフラー，A.　202
ドメイン・コンセンサス　127
トヨタ　223
ドラッカー，P.F.　202
取引コスト　127

な　行

内面化　108
中山茂　115
ナッレジ・マネジメント　106,202
日産自動車　208
ニュー・エコノミー　78
認知限界　30
ネガティブ・パラダイム　116
ネットワーク型　127
ノウハウ　205
野中郁次郎　10,31,106,108,203,222

は　行

バーチャル・コーポレーション　206
パート　227
ハード（技術）　122
配偶者手当　254
派遣社員　227
ハメル，G.　32
パラダイム　2,114
波乱的環境　135
バリューチェーン　89,105
ハール，J.S.　136
範囲の利益　18
反グローバリズム　67
販売・営業力　229
POS（Point Of Salse）システム　79
BtoB　62
BtoC　62
非営利性　184
非公式組織（インフォーマル・グループ）　104
ビジネス・システム・ダイヤモンド　122
ビジネスのスピリチュアリティ　150
ビジネスモデル　89,106
ビショナリーカンパニー　212
筆頭株主　174
表出化　108
漂流戦略　52,58
ファイナンシャル・リストラチャリング　101
ファブレス化　105
フォークナー，D.　138
複線人事制度（デュアル・ラダー・システム）　232
富士ゼロックス　210
プラハラッド　32
フリーマン，E.　153
ブリッジ的組織　121

索　引　287

ブッレサー, R.　136
プロフィット・プール　105
分散アプローチ　136
ベストプラクティス　216
ヘッジファンド　62
ヘッドハンティング　229
ペン・セントラル社　164
ベン&ジェリー　140
ベンチャー企業　276
ポイズン・ピル（毒薬条項）　165
法規則の遵守　275
報酬委員会　169
報知, 連携, 創造　10
ポーター, M.E.　83,269
ポートフォリオ・リストラクチャリング　102
ボディ・ショップ　140
ポラニー　206
ポランス, J.I.　212
ホレンベック　238
本業拡大戦略　53,57,58
ホンダ　223

ま 行

マーチ, J.G.　113
マイケル・ポーター　20
マクマハン, C.C.　236
マズロー, A.　148
松下　223
守りを志向した選択（受動的戦略）　51,56
ミクロ契約　156
ミドル・アップダウン・マネジメント　31
ミドル　212

未来世代　283
無形資産　210
メイン・バンク　173,177
メガ・コンペティション　84
メタルゲゼルシャフト事件　166
モボルニュ, R.　232

や 行

優先度の高い超優先　99
優先の規則　157
ユニバーサル・バンク制度　170
ゆらぎ　33,120
ゆるやかな連携　127
予防対応型　273

ら 行

ライト, P.M.　236,238
リーダーシップ・スタイル　43,207
リエンジニアリング　92,101,102
利潤極大化原理　187
リストラクチャリング　92,101
リンデ, C.V.der　269
倫理綱領　159
レバレッジ　33
連結化　108
ロジカル・インクリメンタリズム　30
ロッキード・エアクラフト社　164
ロビンソンクルーソー型　127

わ 行

ワーキング・アセット　140
ワンマン型リーダー　44

編者紹介

齊藤毅憲（さいとうたけのり）

- 1942年生まれ
- 現　職　関東学院大学教授，横浜市立大学名誉教授
　　　　　研究集団・ISS 研究会代表
　　　　　1971年早稲田大学大学院商学研究科博士課程修了
　　　　　（商学博士）
- 専　門　経営学
- 主　著　『経営管理論の基礎』（同文舘，1983年）
　　　　　『上野陽一――人と業績――』（産能大学，1983年），
　　　　　『経営学を楽しく学ぶ』（中央経済社，ニューバージョン，2002年）など多数

藁谷友紀（わらがいともき）

- 1954年生まれ
- 現　職　早稲田大学教授
　　　　　早稲田大学大学院経済学研究科修了
　　　　　（Dr.rer.pol.（経営経済学）ドイツ・ボン大学）
- 専　門　経営学，経済学
- 主　著　"Unternehmen im Strukturwandel"（Gabler Verlag）
　　　　　"Currency Appreciation and Structural Economic Change"（iudicium verlag；共編著）
　　　　　『デジタル時代の広報戦略』（早稲田大学出版部，2002年；共著）
　　　　　『情報秩序の構築』（早稲田大学出版部，2004年；共著）など多数。

相原　章（あいはらあきら）

- 1969年生まれ
- 現　職　成城大学准教授
　　　　　早稲田大学大学院商学研究科博士後期課程単位取得退学
- 専　門　人的資源管理論
- 主　著　『人事マネジメントのケースと理論』（五絃舎，2001年；共著）
　　　　　『人的資源管理』（学文社，2003年；共著）など多数。

21世紀経営学シリーズ 10　**経営学のフロンティア**

2004年 3 月10日　第 1 版第 1 刷発行	監修者	齊藤　毅憲
2009年12月20日　第 1 版第 2 刷発行		藁谷　友紀
	編著者	齊藤　毅憲
		藁谷　友紀
		相原　　章
	発行所	株式会社 学文社
	発行者	田中千津子

〒153-0064　東京都目黒区下目黒3-6-1
Tel.03-3715-1501　Fax.03-3715-2012

ISBN 978-4-7620-1223-5

©2004 SAITHO Takenori, WARAGAI Tomoki, AIHARA Akira　Printed in Japan
乱丁・落丁本は，本社にてお取替致します。　　http://www.gakubunsha.com
定価は，カバー，売上カードに表示してあります。〈検印省略〉　印刷／新灯印刷㈱